# 共生课堂

## 网络环境下学习文化的建构

钱月琴　周娴等　著

古吴轩出版社

图书在版编目（CIP）数据

共生课堂：网络环境下学习文化的建构/钱月琴等著．－－苏州：古吴轩出版社，2021.9
ISBN 978-7-5546-1823-3

Ⅰ．①共⋯ Ⅱ．①钱⋯ Ⅲ．①网络教学—教学研究—初中 Ⅳ．① G434 ② G632.0

中国版本图书馆 CIP 数据核字（2021）第 203288 号


责任编辑：李爱华
见习编辑：祝文秀
装帧设计：长　岛
责任校对：周　娇


书　　名：**共生课堂——网络环境下学习文化的建构**
著　　者：钱月琴　周娴等
出版发行：古吴轩出版社
　　　　　地址：苏州市八达街 118 号苏州新闻大厦 30F
　　　　　电话：0512-65233679　　邮编：215123
出 版 人：尹剑峰
印　　刷：无锡市海得印务有限公司
开　　本：787×1092　1/16
印　　张：15.5
字　　数：261 千字
版　　次：2021 年 9 月第 1 版　第 1 次印刷
书　　号：ISBN 978-7-5546-1823-3
定　　价：48.00 元


如有印装质量问题，请与印刷厂联系。电话：0510-85522228

# 序：共生课堂　美美与共

最美人间四月天！

四月的浮桥中学也是最美的，百年老校，历史辉煌；全新校园，生机勃勃。校园里最美的是师生，使师生最美的地方是课堂，共生课堂，美美与共。

美是人类的基本追求，构成了世界的一个维度，在"真、善、美"中处于高阶追求的位置。当然，不同时代、不同社会、不同地域、不同文化的人，对美的标准是不同的，可以这么说，美，在每个人的心中都有着不同的概念。苏格拉底说，美是难的；柏拉图说，美是理念；歌德说，美是一种本原现象……朱光潜先生说："人性本来是多方的，需要也是多方的。真、善、美三者俱备才可以算是完全的人。"但相同的是，审美活动是人类最基本的活动和生存方式之一，对美的共同追求根植于人性中。

浮桥中学的共生课堂，正是钱月琴校长带领的教师研究团队积极探索与努力追寻的教学改革范式——基于网络环境下的课堂学习文化，其核心是"和谐共生、情智共长"。我以为，归结到育人的本源，这就是人对美好事物的追求、对美好生活的向往，"心美之人，满目美好"，也就是"美"的力量，也就是教育的力量。从钱月琴校长的身上，我们可以感受到这种力量。她是朴素的、务实的，她以钉钉子精神，潜下心来，引领着老师们一步一个脚印地耕耘；她又是执着的、坚韧的，从"十一五"到"十四五"，她二十年间不断实践探索，二十年间不断积累沉淀，坚持让教师把论文写在校园里，把专著编在课堂上，让青年教师们快速脱颖而出。钱校长主张的"和谐共生、情智共长"的课堂，就如同阳光，温暖明亮、多彩多姿，唤醒了大地中沉睡的生命，唤醒了师生自我成长成才的动力，为师生打造了全面、全过程、全方位发展的"大美之道"。

课堂是师生学习的主阵地，是教学改革的主旋律，而"教"与"学"的关系也始终是教学改革的核心问题。从教学的主体来看，出现了"师本课堂""生本课堂"；从教学的顺序来看，出现了"先学后教""先教后学""边教边学"；从教学的多少来看，出现了"少教多学""多教少学"等。我以为，"优教适学"应该是我们努力的方向，适合的才是最好的，适应的才是最美的，这才是真正打开课堂教学的密码。浮桥中学的共生课堂就是这种最好的和最美的。在这本书里，我们可以看到，什么是共生课堂，它的理论架构是什么；为什么要提出共生课堂，他们遇到的最大挑战是什么，想要解决什么问题；共生课堂学习的文化是什么，操作流程是什么样的……一系列具体而困惑的问题，在这本书中都能找到答案！

这本书，也许还有不少地方有待完善，不少观点值得商榷，但我相信，在浮桥中学的历史上，这批青年教师是成长最快的，也是最美的！在此，衷心祝愿钱校长和她带领的教师们在共生课堂里幸福成长，一路收获满满！

我坚信：最美课堂在共生！

苗长广

2021年4月

# 目 录
## *contents*

# 第一章

# 回望历程——共生课堂的实践探航

　　自从赫尔巴特叩问"什么样的教育最有效"以来，不少教育人士都在不同层面探索和实践提高教育有效性的原理和方法，我们也不例外。新课程改革之初，全体浮中人就在"实现教育教学优化"的追求中酝酿和建构具有浮中根基与特点的优质课堂。我们认为，教育教学的有效性发端于学生真实的学习过程，只有学生自己真实主动地学，有了真切的学习经历，才会有发自内心的体验与感悟，才能积累"有用的知识"，建构"自我生长"的学习与学科经验。在认真学习、厘清教学改革的各种模式与操作经验之后，我们充分认识到，师生关系的内核是"共生"，师生从"共生"走向"共长"，在网络环境下"教"与"学"不再泾渭分明，学习是不断领会、积累、创造知识和经验的过程。师生"教"与"学"的方式在发展中演进，师生的学习行为在持续中改进，我们逐步探索了网络环境下共生课堂教学范式，渐渐形成促进师生发展的学习文化。

# 第一节 校本研究的历史回顾

我校的课程改革从 2006 年启动到 2021 年的十五年间，在历经"启动探索、整体推进、重点突破"的持续不断地推进过程中，始终站在文化变革、文化重建的高度，聚焦"有效教学"，创设高效课堂。课堂教学，从初期的无所适从，甚至盲从，一步步走向成熟；从关注课堂方向，到关注课堂生命，再到关注课堂文化的重建，一步步孕育并形成了浮中人认同并为之奋斗的新的课堂形态——共生课堂。在这一课堂形态里，我们注重学生的自主学、团队学，注重引导学生在学中思、在思中悟、在悟中行，在自我实践中不断生成自我的学科知识、学科能力、思维方式与学习经验；我们以不同形式帮助学生完成知识与能力、学科与生活、学习与经验、书本与自我、课堂与生命的对接与转换，这一对接与转换的过程，就是学生自主发展教学文化的形成过程。当然，在这过程中，我们理性地意识到：课程改革成败，系于教师。教师是课程改革的实践主体，课程改革中产生的诸多问题都需要教师以研究者的姿态去研究和解决，所以建立一种以校为本的教学研究制度显得很有必要。

## 一、理清对新课程的认识、革新观念是课程改革持续推进的前提

21 世纪的教育，从某种意义上讲，需要以学生的个性发展为核心，为提高全民族的科学文化素质，培养数以亿计的高素质的劳动者，数以千万计的专业人才奠定基础。新课程的基本价值取向从关注知识转向关注学生的发展，尊重学生的发展规律，为每一个人的发展提供机会。新课程改革是一场教育观念、教育行为、教学方式的更新，是人才培养模式的变革。

我校在这场改革实践中力求充分体现课程改革新理念，实施新课程标准下的素质教育，落实学校"以人本管理为取向，以科学管理为基础"的工作思路，以"融铸人本理念，打造共生课堂"为办学理念，以"双主互动、情智共生"为

课堂教学主张，力求把我校建设成"人文校园、书香校园、健康校园"的三大特色校园，为此而不断努力。

思想是行动的指南，我们认为：有什么样的教育教学思想，就会有什么样的教育教学行为。因此，提高教师对课程改革的认识，加强培训，促进教师教育教学观念的转变，使教师们理解新课程标准及其精神实质，并把新课程标准及其精神渗透到每一位教师自己的潜意识中去，这些是课程改革的关键所在。为此，我校课程改革工作领导小组要求教师对课程改革理念进行认真思考和研析，形成课程改革工作的一致认识。

首先，从转变全体教师的教育思想观念入手，加强学习，让全体教师从思想上认同新课程改革的理念和精神，咬定目标，一路前行。

其次，结合我校八十多年文化底蕴和教育教学工作实际，在传承的基础上有所发展，通过对我校问题进行研究分析，提炼亟待解决的问题，选准课程改革实施的着力点，大胆进行"扬""弃"，抓住教育教学实效性，为学生终身发展和幸福奠定基础。经过三年的培育，力求使学生达到四个"学会"（学会做人、学会学习、学会办事、学会健身）、三项"达标"（思想五育达标、学业成绩达标、良好习惯达标）、两种能力（初步的自我导向能力、一定的自我监控能力）、一个"形象"（树立浮中学生的品牌形象——诚实友善、敢于担当）。

最后，重视教师学习培训。再好的教育理念也要通过教师的学习，将其内化成自己的教育观念，才能使教师自觉地在教育教学实践中探索和贯彻落实新课程改革。

## 二、调整和优化师资队伍是课程改革的关键

现实的挑战，总是超越现存的理论，没有人能够给我们提供完美的解决问题的方案。课程改革正是这样，挑战与机遇并存，这是我校全体行政人员的共识。新课程标准实施之初，千头万绪，无从着手，尤其是新的教育教学观念、授课方式、学习方式等，无不发生着深刻的变化，很多在变化中难以确定，要进行创造性的更新，必定会导致思维方面的迷惘和实际操作中的困难。抓住课程改革的关键，问题就会迎刃而解。教师是教育活动的执行者，教学的改革必须依靠一线的教师来实践，因此，我们紧紧抓住教师这一个关键因素。

（一）开展校本培训，提高教师分析、解决问题的能力和素养，为课程改革奠定基础

针对这个课程改革推进工作的重中之重，学校注重对教师进行新知识、新理论、新观念、新成果、新信息的培训，以促进教师教育教学观念的转变。我们制订教师培训计划，采用"走出去，请进来"和学校内部学习的方法，提高教师对新课程改革的认识，使其深入学习新课程标准对教学的要求，领会新课程标准的精神实质。措施有：1. 积极派教师参加上级教研部门组织的学习和培训，邀请市级以上名师和有关专家学者到校做讲座。如邀请了江苏省教育学会名誉会长杨九俊先生，江苏省教研室政治教研员、省特级教师、教授级中学高级教师顾润生老师，华东师范大学霍益萍教授，南京师范大学王一军教授，《江苏教育研究》金连平主编，杰出校友、浙江理工大学偶国富教授，苏州工业园区教育局沈坚局长，苏州市教育名家朱开群老师，专家们的讲座通俗易懂、实用性强，给我校教师带来最新的教学理念、最新的教学思路，教师们普遍感到受益匪浅。2. 每个学期全校教师都有外出学习交流的机会，远至山东、广州、北京、成都，近到苏州市景范中学、常熟市海虞中学等课程改革实验区和课程改革工作做得比较好的地区或学校学习取经。3. 学校每学期组织不少于两次的全体教师集中理论学习，学校领导身先士卒，一马当先，既是学习者，又是指导者。钱月琴校长多次给教师们讲她的课程改革理念和认识，使课程改革工作深入我校实际，不但促进了教师教学形式的改变，更重要的是促进了教师教育教学思想的改变，尤其是促使教师从传统的"传道、授业、解惑"角色向教育教学活动研究者的角色转换。

为了掌握实验的第一手资料，语文组进行了多次阅读兴趣、阅读习惯和阅读基础的问卷调查。经过三年的研究，语文老师们掌握了实验前有关学生阅读方面的第一手资料，为实验进一步开展和日后对实验进行有效监控提供了基本的参数。以初二年级为例，学生人均每周阅读4—6小时，50%以上的学生每学期比小学多读了5本以上的书。如此数字，听来简单，但却是整个语文学科组老师的心血所在，他们花费了大量的时间、精力，为2018年太仓市科研项目"基于核心素养的农村初中学生自主阅读能力培养的实践研究"的有序开展打下了扎实的基础。我们深知，没有教师观念上的转变，是很难做这些吃力、短时间内看不到效益的调查研究的。

（二）建立教师培养制度，完善机制，为教师铺设课程改革的坦途

通过学习，大家逐步认识到：只有将培训和教师自己的教育实践相结合，特别是针对实践中遇到的问题，用在培训中学到的理论做指导进行深入研究，这种培训对教师的作用才是巨大的。我们认识到，要使课程改革深入持久地开展，学校需要建立适合于课程改革的教师发展制度，形成激励机制，使教师的成长和发展与课程改革同步，培养适合新的教育教学形势要求的新型教师队伍。

为此，我们制定了《太仓市浮桥中学教师发展规划》，做出了金字塔型的教师队伍建设的具体规划，筹划出教师发展、评价、奖励"一条龙"式的教师培训管理的措施。教师发展涵盖教师的新课程培训、课题研究、专业化发展等方面的内容，注重教师的师德修养与人文精神的结合，尊重教师的人格特质，注重教师工作价值观的引导，帮助教师认识自己，审视自己的发展机会，制订自己的发展目标和行动策略。

与之相适应，在日常教学中，学校推出各种教研课、公开课、观摩课、学术讲座、报告、校本课程、社团活动等等，这不仅给教师们提供了展示的舞台，而且开阔了他们的视野。同时，制定浮桥中学"教坛新秀""教学能手""学科带头人""骨干教师"等各梯级教师培训评选方案，进行客观公正的评选活动，从组织上、制度上给予适合新课程改革的教师成长和发展的有力保障，给教师以强烈的震撼，促使教师自我提高、自我发展意识觉醒、复苏。

苏联著名教育家苏霍姆林斯基说过：如果你想让教师的劳动能够给教师带来一些乐趣，使天天上课不至于变成一种单调乏味的义务，那你就应当引导每一位教师走上从事研究的幸福道路上来。结合我校实际，我们着重做了以下几个方面的工作。

1. 历练"教学基本功"

青年教师有其自身的特点，只有针对青年教师的特点去疏导、去培养，才能卓有成效地促使青年教师素质不断提高。为此，学校按照一年适应、两年成熟、三年出成绩的总体设想开展一系列培训活动，为青年教师的成长搭台铺路，创造机会。

（1）师徒结对，姗姗学步。"新竹高于旧竹枝，全凭老干为扶持。"新教师所学理论和教学实际尚有一定距离，学校教务处有针对性地指定教学经验丰富、工作实绩佳的骨干教师为指导教师，充分发挥骨干教师的传、帮、带作用，从

思想、教学、教研、科研等方面对新教师全面指导。尤其是教学上帮助他们闯"五关"，即上好适应课、达标课、汇报课、优质课、示范课，使新教师有明确的引导方向，经常接受导师的指点，尽可能在最短时间内适应角色的转变，熟悉教学的各环节。

（2）创设条件，搭建舞台。新课程改革是一次全新的实践，有很多东西需要我们在实践中不断摸索、创造。学校领导设法为教师成长创设条件，千方百计邀请名家、名师来校做讲座，开示范课。如聘请教培研中心施国良老师、严乃超老师来校做课题研究方面的讲座；请省特级教师王永元老师开示范课。此外，补充挖掘学校现有的优质师资资源，开展如何备课、上课、评课等系列活动。在更高层次上使青年教师把握教学发展规律，在新课程教学中能进一步感触到时代的脉搏。同时，积极引导中青年教师参加各项培训，主动投入"教师基本功大赛"，这是教师专业化发展的关键所在。开学初，学校组织"地毯式"的全员听课、评课活动，为优秀教师提供了展示的舞台，为有待提高的教师找到了症结所在，大家都觉得受益匪浅。学校组织青年教师进行教学基本功现场比赛，展示优秀作品、教学课件、论文成果等，检验了教师教学基本功，满足了教师成就感，激活了积极向上的竞争机制。实践证明，"历练教学基本功"中的指导和激励是调动教师积极性的左膀右臂。

（3）三项评比，固本强基。一比见习期优质达标课。参照教坛新秀要求进行评比，让中青年教师充分施展自己的才能。在每届优质课评比中，参评教师的课件精彩，紧扣教学内容；教学基本功较扎实；教学设计贴近学生实际，在课堂上较好地贯彻了新的教学理念，表现出新一代浮中人的潜质，受到同台竞技者的一致认可。二比命题把握能力。体现现代新五项基本功的要求。教师结合每学年第二学期期中检查的要求命制一份相应的模拟试题，看其对教材内容的把握程度，看其对学生实际情况的了解程度，看其试卷分析的针对性和实效性。三比论文的撰写水平。学年的论文是一年工作实际的升华，学会反思，总结得失，是教师专业发展的需要。

2. 探索"教学新模式"

随着新课程改革的不断推进，单一的人才目标、划一的教学形式、统一的考评方法已无法适应教育发展，甚至成为课程改革的阻力。教改十五年间，我们以苏州市"十一五"规划课题"农村初中实施'三导'教学法的实践与研究"、江苏省"十二五"规划课题"基于网络环境下构建学生自主发展教学文化的实践与研究"、江苏省"十三五"规划课题"'互联网+'背景下农村初中共生课堂学习文化建设的研究"为引领，结合校情和学情，在实践中摸索、创造，要求骨干教师探索符合新课程要求的课堂教学模式，发挥课堂教学的主阵地作用。十五年间，我们在课堂教学中，形成了具有我校特色的"三导"教学法、翻转课堂教学模式、网络环境下共生课堂自主学习模式。我们依托课题研究，以"双主互动、情智共生"为课堂教学主张，倡导课堂教学体现"四化"。

（1）课堂教学"生活化"

新课程是以广阔的自然和社会作为背景，体现新教材与社会、与学生的广泛联系，为学生设置更多的活动和探究的内容。因此，课堂教学应关注学生的生活经验和学习经验，让课堂真正成为生活化的课堂。

（2）课堂教学"活动化"

以往的教学是教师讲、学生听的"灌输式"教学。新课程以学生的自主活动为主要方式，把学习的主动权交给学生，鼓励每位学生积极参与教学活动，在教学中创设丰富多彩的活动情境，让学生亲自实践、大胆探索。

（3）课堂教学"自主化"

学生是教学活动的主体，是学习的主人，这不仅仅是教育工作者的一种理念，教育工作者更应当采取适当的方式，促使学生表现出这种学习的"自主性"。在教学中，我们倡导教师注意充分调动学生学习的积极性、主动性，坚持做到以人为本，以学生为"先"。即让学生先看、先想、先说、先练，根据自己的体验，用自己的思维方式，通过独立思考、合作交流，学好知识，树立学习的信心，从而全身心地投入自主探索、自主创造的实践中去，这样能让学生充分体验到成功的愉悦。

（4）课堂教学"情感化"

情感是课堂教学的催化剂。我们在教学中倡导和实践"尊重教育"这一教育理念，切实落实"双主互动、情智共生"这一教学主张，让教师用自己的激情去启迪学生的学习智慧，唤起学生的学习热情，让学生充满自信、充满热情地学习。目前，尊重学生、关心学生、教学民主、创设良好的课堂教学氛围，已成为我校教师的共识。

（三）引导教师自我反思，发展科研意识，让教师拥有"源头活水"

高素质的师资队伍是支撑学校发展的基石。建设一支素质优良、结构合理、治学严谨、充满活力的教师队伍，是学校教育教学改革和发展的百年大计，是培养高素质创新人才的迫切需要。因此，我们必须走科研之路，做扎实文章，努力打造一支观念新、师德优、业务精的教师队伍，全力提升教师教育科研的水平。

"十一五"到"十三五"期间，学校从校长、主任到一线教师共有各级教育科研课题 28 项，其中国家级科研课题 2 项、省级规划课题 2 项、区级课题 5 项、市级课题 19 项。课题主持人 36 人，占一线教师人数的 60%；课题参与者 60 人，占教师人数的 94%。目前课题均已结题。教师通过参与课题研究，真正实现"教学即研究""教学者即研究者""研究教学化、教学研究化"，进行"一线科研""过程科研"，深化课题研究，提高研究水平和学术品位。

实践证明，课题实施的过程，就是一个教师对课程改革理念认同、理解的过程，就是教师思考课程操作、实施课程操作的过程，就是教师在课程改革中自我调整、自我提高的过程。教师同科研结合，研究同教学结合，教学同课题结合，可以改变教师的生活方式，提升教师的精神境界，优化教师的思维品质，为教师搭建科研平台，真正让广大教师在课程改革的征途上拥有"源头活水"，让教育充满研究，让研究充满思想，让思想充满智慧。当课程改革实验进行十年以后，我们已经走出迷途，从追求高效的课堂，到追求生命的课堂。课程改革的核心——"以学生的发展为本"已成为共识，成为学校工作、教师教育教学的出发点。

### 三、校本教研制度是课程改革落实的载体

随着新一轮基础教育课程改革实验的全面进行，开展"以校为本"的教学研究，及时解决课程改革中出现的问题，创造性地实施新课程，落实课程改革目标，切实提高教学质量，促进教师专业发展，实现教学个性化，是全面推进素质教育的重要途径。推行"以校为本"的教学研究，既是教研工作机制创新、课程改革深化的需要，又是教师专业成长、学校自身发展的需要。因此，我们通过建立校本课程研究的制度，为课程改革的落实提供一个载体。

（一）全员动员、组织落实

思想意识上的问题解决后，我校自上而下、如火如荼地行动起来。学校要求行政领导做到观念先行，课题研究成为我校的头号"工程"，人力物力优先得

到保证；必须身体力行，给广大进行课题研究的教师以人文关怀；我们成立课题研究领导小组，下设子课题研究小组，每个教研组均成立课题研究小组；对课题研究所需的经费，如培训费、资料费等广开绿灯。经过有效的组织，建立相应的各级培训队伍和制度。我校对教师进行多次、多级、多形式的培训。例如，对新教师和二级教师，以师徒"结对子"的形式进行培训；对班主任、年级组长、教研组长、学科带头人等骨干教师，派出去进行专题研究培训；学校主办了校刊《浮中教研》《新绿》，行政领导不仅是决策者、指挥员，也常常利用各种例会，对教师进行理论知识的讲解与灌输、问题的发掘分析与研究的指导等，为校刊的成功出刊尽心尽力。

（二）以解决实际问题为目标，踏踏实实开展校本课题研究

新一轮的课程改革，带来了教育理念、内容、方式方法等方面很大的变化，给教师的创新性工作提供了更广阔的空间和更充足的时间。怎样开发校本课程，如何指导学生探究性学习，在大班额情况下如何兼顾学生的差异，怎样提高小组讨论的有效性，怎样教好综合课程，在新课程改革中教师角色有哪些变化，等等，新课程改革带来了大量实际问题，这些问题没有现成的答案，给教师从事教育研究提供了很好的机遇。我们重视在学校的教育教学改革中发现问题、提出问题、研究问题、解决问题，反对盲目攀比大课题、追求课题的级别和档次、将研究和学校教育变成"两张皮"的形式主义做法。学校行政领导班子敏锐地指出解决这些问题的关键所在，组织并指导由学校教研组长、年级组长组成的精干科研队伍，对学校现有矛盾、问题进行发掘、筛选，最后交由各个教研组提炼形成自己的课题。

例如，物理科组的"网络环境下物理教学中学生自主学习活动方式的研究"发现问题："当前的教学，发现妨碍学生学习物理的问题：学生有思维无智慧，有行动无激情。存在这种状态的原因：物理教学没有把鲜活的物理事实引入课堂。本来物理教学必须从物理事实开始，物理学习最后还是要回到事实中去，也只有从事实开始，最后才能回到事实中去，培养学生的能力。"提炼成课题，解决如下问题："如何使学生产生具有智慧光芒的质疑，提出真正有价值的问题；如何让学生进行有效的探究，而不是走过场，或是学生自由发挥，或是教师引导；如何活跃学生的思维，使学生互动起来，积极主动地去学习，获取知识；如何利用网络、电脑等辅助教学手段进行探究式学习"，以达到上述目的。

各个科组确立课题之后，渐入角色，他们注重对个案的研究，注重在平时的教学行动中观察、调查及收集资料、数据，然后进行"去粗取精，去伪存真，由此及彼，由表及里"的分析概括。在分析概括的过程中，及时开展一些讨论，进行思想的碰撞，从而加深对数据资料的认识和进行理论观点的阐发，最后再寻找问题的成因，提出教育教学方面的改进意见。

## 四、校本研究结硕果

我们的科研目标是将学校办成一所"具有解决自身基本问题能力，能确保基础教育实施并有所（和谐）发展、有所创新"的现代化特色学校。我们坚信：有科学的行动就会有丰硕的收获！事实胜于雄辩，我们取得了初步的成功。

（一）提高了教师的教学水平和教研水平

新课程改革实施以来，我校教师与之共同成长，取得了可喜的成绩。2017年我校被认定为苏州市综合实践活动基地，2018年我校被苏州市教科院认定为苏州市教育科研基地学校。每年，我校有多篇论文在省级以上正规刊物上发表，多人次受到市、区级政府、教育局表彰，多人次获各类竞赛辅导奖。吕建东老师在江苏省生物实验技能操作比赛中获初中组一等奖；胡勇华老师在江苏省信息技术基本功竞赛中获一等奖。作为一所初级中学，我校有正高级教师1人，高级教师14人。教师的教育教学观念在改变，教学行为方式也发生了根本性的转变，课堂教学由模式探索逐渐转向学习方式实践，从教学文化转向学习文化，由关注技术和模式向关注教师和学生成长转变，让技术为人的发展服务，让课程为人的成长规划。在此期间，教师们开始由"居高临下的权威者"向"平等的合作者"转变，由"传授者"向"促进者""研究者"转变，由"管理者"向"引导者"转变；教学由以往的单兵作战向团队合作过渡，由囿于教材向开发校本课程资源过渡，由单一型结构向综合型结构过渡。教学方法开始呈现出多样化趋势，教师们更乐于以研究者的身份介入课堂教学，也渐渐学会审视、反思自己的教师职业生涯。

（二）提高了学生的综合素质和学习成绩

现在，"学生更用心用情了，课堂氛围变活了"，"学习的面拓宽了，知识点与能力点得到了融合"，"师生间的关系平等了"，"学生自信了，与众不同的见解多了，共性与个性协同发展了"。学生是新课程改革最大的受益者，他们取得了累累硕果。在各级各类的竞赛中，共 300 多人次获得语文、数学、信息技术、体育、艺术、航模方面的奖励，其中有全国机器人竞赛的二等奖，有省作文竞赛的一等奖。学生综合素质得到极大程度的提高，学校的教育教学事业全面开花。教师们说，新课程改革实施以来，变化最大的是学生，新课程改革唤醒了他们活泼的天性，他们的学习方式愈发多样化，也开始尝试自主合作与主动探究，并乐于享受其中的愉悦和成功。学生的学习行为历经"要我学""我要学""我爱学""我会学""我学会"的变化。接受式学习不再唱独角戏，探究式学习、研究性学习、合作式学习、体验性学习和实践性学习等主动学习方式介入，与接受性学习交相呼应、相辅相成。我们有理由相信，我们能够做到"为学生的终身发展奠基"。

（三）解决了部分或部分解决了我校的教育教学实际问题

在这 15 年的课程改革中，学生、教师、学校伴随新课程改革一起成长。

1.学生初步养成一些良好习惯，得到一定的发展

我们认为：学生的基本发展应包括心理健康、美德智商、情感智商、学力智商四个方面的发展，或者说基础性（包括心理健康、美德智商、情感智商）发展和基本的学科学习（学力智商）两个方面的发展。学校教育是养育人的"主战场"，学校本着"以学生的基本发展为本，为学生的一生发展和幸福奠基"的理念，充分体现课程改革新理念，实施素质教育。这不仅需要一定的强制意义下的"教"，更需要复苏学生灵魂深处渴望与追求的"育"，新课程标准下的教育教学理念正是以此为基石。价值成为教育的内涵，价值是教不会的。"教"在某种意义上不能体现出教育的本质，反映不出人们的价值取向；"育"则使人向"善"——灵魂深处的渴望与追求，体现着人们的价值取向，"育"是教育的根本。

2.学校的育人管理和导学管理模式初具形态

学校的教育教学管理模式往往注重教育者"教"的方面。在此基础上，我们进一步解放思路，加大改革的力度，探索育人模式和新的有效的学习途径，即把重点放在"育"与"学"的方面，力求通过"育"达到"教""学""评"的和谐生长。

3.学校的各项资源得到充实和发展

我们认为，学生、教师、课程、设施都是一所学校的资源，学校是一个可

以利用自身各项资源循环运转，并使各项资源得以再生和发展的"学习场"，学习便是这个"场"中学生、教师的一种存在方式。

4. 学校的教育教学业绩在课程改革中得到了提升

教学质量是学校的生命线，我们在学校的教学管理中紧紧抓住校本研究这个关键要素，实践着新课程标准精神下的教育教学理念。我们以学习用表为载体、以小组合作学习为主要课堂组织形式的教学改革取得重大突破，近几年中考成绩一直位于农村中学前列。

当然，课程改革是一项艰巨而复杂的系统工程，对学校来说，更是一个要不断探索、充满艰辛的教育改革实践过程。同其他兄弟学校一样，我们也曾彷徨过、怀疑过，也曾有种种痛苦和不安，我们还有许多问题没有解决，教改之路漫长，探索之道更长。然而，我们不怕，不怕的人才敢于起步，敢于踏出新路，铸就辉煌！

# 第二节　网络环境下教学改革的新命题

《中共中央关于制定国民经济和社会发展第十四个五年规划和2035年远景目标的建议》："发挥在线教育优势，完善终身学习体系，建设学习型社会……加强网络文明建设，发展积极健康的网络文化。"中国《人工智能标准化白皮书（2018版）》："人工智能的发展模式也从过去追求'用计算机模拟人工智能'，逐步转向以机器与人结合而成的增强型混合智能系统，用机器、人、网络结合成新的群智系统，以及用机器、人、网络和物结合成的更加复杂的智能系统……人工智能还可以在教育、医疗、养老、环境保护、城市运行、司法服务等领域得到广泛应用，能够极大提高公共服务精准化水平，全面提升人民生活品质。"可见"互联网＋教育"对于建设学习型社会的重要性不言而喻。新课程改革背景下，网络成了现代教师改革创新课堂教学模式、优化教学内容、构建高效教学课堂的有效途径，是实现教育高质量、均衡发展的必由之路，也是新时期教师进行教育教学改革的新命题。教师在开展课堂教学的过程中，应当立足新课程改革的思想，树立与时俱进的教育理念，构建网络环境下的课堂教学模式，有效地改变过去单一的教学课堂，不断丰富教学的形式和内容，激发学生的学习兴趣，促进学生学习质量的提升。

**一、网络环境下构建的教育教学优势**

（一）教育资源更为丰富

丰富的教育资源，有利于拓宽学生的知识视野，提高学生综合素质。在传统的课堂教学模式下，受教学条件的限制，教师只能依靠课本教材、教参开展课堂教学，要想不断拓展教学内容、优化教育资源，教师需要耗费大量的时间，借阅图书，整合教育资源，不仅耗费了大量的人力、物力，往往还难以取得好的效果。而在网络环境下，教师获取教育资源的途径将会更加便捷。在备课的过程中，教师可以借助互联网资源的优势，通过关键词检索，快速查询自己想要的教育资源。同时，在教学中，教师还可以借助一些教育网站，如中国微课网等，将文字、视频、音频等形式的优质的教育资源整合，运用到教学课堂，达到丰富教学内容、拓宽学生知识视野的目的。可以说，在网络环境下，教师可以轻松地获取自己想要的教育资源，大大节省人力、物力和财力，同时还能够实现良好的教学效果。

（二）学习空间更为广阔

网络资源包罗万象。在网络环境下，学生的学习空间将会更为广阔。在课前预习的过程中，学生可以借助互联网资源优势进行自主学习，增强课前预习效果；在课堂教学中，学生可以结合教师的多媒体课件、音视频资源、微课教育资源等进行学习；在课后复习的过程中，学生可以借助现代化的沟通交流工具，如微信、校园网等，搭建师生之间、生生之间的沟通交流平台，通过沟通交流，及时解决自己在学习过程中遇到的难题，同时可以学习借鉴一些优秀学生的学习方法。由此可见，网络环境下教育教学模式的构建，是增强学生自主学习能力的有效手段。

（三）教学手段更为多元

在网络环境下，教师的教学手段更加多元。首先，在课堂教学过程中，教师可以借助多媒体辅助教学手段的优势，整合多样的教育资源，制作优质的教学课件，有效地改变过去单纯的知识讲解的教学模式，借助图片、视频、音频等形式的现代化的教育资源，创设教学情境，突破教学的重点难点，最大限度地激发学生的学习兴趣，构建高效的教学课堂。其次，借助互联网资源优势，教师在教学课堂中，可以通过微课教学手段，积极构建翻转课堂教学模式，有效地调整课内外的学习时间，培养学生的自主学习能力，提高课堂教学的质量。此外，在课堂教学中，教师还可以结合教学内容，自主开发课程教育资源，积极构建现代化的、信息化的课堂教学，促进教学质量的提升。

## 二、网络环境下面临的教育教学新挑战

（一）教师层面

教学缺乏有效性。在教学中，有一部分教师过度依赖新引入的信息技术，没有将它们与课程进行有效整合，甚至出现占用学生学习时间、偏离教学目标等现象；也有一部分教师不应用新引入的信息技术，还是按照原有的教学方式进行教学，不仅不理解新技术与原有信息技术的区别，甚至认为新技术干扰正常的教学秩序，会导致学生学习成绩下降。

学科教学缺乏平衡。绝大部分信息技术仅应用于艺术、地理等小学科的教学中，很少用于语数英等主学科教学中，这源于家长的压力和对学校教学质量的考虑。信息技术在学科应用上的不平衡导致实践结果有偏差，影响教育教学技术手段的推广。

开放的教育生态中，教育的育人功能面临被弱化的危险。传统的教育中，教师面对面将知识传授给学生，在此过程中，教师会将德、智、体、美、劳的育人工作融入其中，给学生以美德、艺术等层面的熏陶感染。然而，在互联网时代的教育中，师生之间更多的是知识和信息层面的交互，教育的育人功能被弱化。

（二）学生层面

学生，尤其是低龄的学生，他们还没有足够的道德判断能力，在没有教师引导的情况下独自面对开放的、鱼龙混杂的互联网，学生心理健康难以得到保障。长期运用各种互联网设备辅助学习，网络交流逐渐替代了日常的线下交流，这也会对学生的身体健康造成不良影响。学生学习方便快捷，但是他们与同学日渐疏远，真正用多种感官去感受世界的机会越来越少，创新力、艺术感，甚至孩子的天性都可能被扼杀。

学习的碎片化让学生专注度下降，学习深度下降。学生可以随时随地选择自己感兴趣的知识进行学习，学习的广度大大增加。然而，学习时间、学习内容却严重碎片化，往往会导致学生养成懒于思考、不进行知识加工的坏习惯；学习内容的碎片化会使得知识与知识之间的关联难以建立，学生获得的是很多零散的点，难以加工成系统性的知识网络。

（三）学校层面

学校往往会更重视硬件方面的投入，而忽视软件方面的投入，未能根据现代教学管理的现实需要对各类管理信息系统进行系统性设计，信息化管理工具在教学管理中的促进作用未能有效发挥。学校对如何健全信息化教学管理体系缺乏了解，更无相关的规划。多数系统在建设初期强调了实用性，但因其设计缺乏战略眼光，仅能满足当前的需要，一旦教学管理思想发生变革，系统往往只能重新设计。另外，学校因为缺乏与设计者的沟通，且不会参与具体的系统研制过程，这使系统设计公司在具体的程序设计和开发方面缺乏对教学理念和教学事务的了解，缺乏对教学管理工作中各个环节内在联系的了解，缺乏感性认识，仅能从技术层面完善和优化，这就导致信息系统建设与教学管理思想不相适应，严重制约现代信息化教学管理模式的长远发展。

（四）课堂层面

课堂教学不断在理念与实践的交织中演进，质疑、调整、回归、再质疑……呈螺旋上升态势。新课程改革不断向纵深发展，培养学生核心素养是课堂教学改革中的新焦点。在瞬息万变的大数据时代，教育背景、受教育对象、教育环境等都发生巨变，面对时代的新挑战，教师在教学实践中必须抓住本源，保持定力，克服一些矫枉过正的情况。

1. 片面强调师本课堂

传统的课堂教学理念片面强调教师的主导地位，整个课堂教学由教师主宰，教学目标的确定、教学内容的选择、教学进度的控制、教学技术的运用、学生学习行为的评价等，主动权和掌控权都在教师。学生在整个课堂教学中，只是参与者或旁观者。如此的课堂教学往往导致：教学方式上表现为机械重复的填鸭式，教师生龙活虎，学生昏昏欲睡、没精打采；教学内容上往往注重考试知识的传授，而忽视能力和情感、态度、价值观等多元目标；教师的教学评价"一厢情愿"，师生关系表现为教师的绝对权威和学生的绝对服从；教学手段的运用缺少互动性，演变成教师展示教学内容的工具……这种课堂教学模式的弊端，早在新课程改革之初已被多方批评。

2. 片面突出生本课堂

适应21世纪初新课程改革的要求，很多教育理论工作者明确提出应该把学生作为课堂的主体，确立"以学生为中心"的自然主义教育观。自然主义教育观认为，孩子身上蕴藏着巨大而丰富的潜能，只要为他们提供一种轻松、和谐、自由的发展环境，像园丁给树苗施肥浇水那样对待学生，他们就能得到良好的发展。因此，教育活动应该尊重儿童的自然禀性，鼓励学生独立地发现知识，而不能干扰和限制他们的学习活动。自然主义教育观下的课堂在价值观上倡导"一切为了学生"，在伦理观上力主"高度尊重学生"，在行为观上认为课堂教学必须"全面依靠学生"；最易出现的是"目中有人，心中无纲（课程教材）"教学困境，过分"迎合"学生，有时会偏离课程的目标与要求，"因为走得太远而忘记为什么出发"。当然，在实践探索中涌现了不少教育教学的成功案例，在教育界也引发了思考和争论。

3. 片面强调技术万能

在以知识经济和科学技术为基础的信息社会，科技让教育变得更加便捷、灵活、个性化，让学习变得如同寻宝游戏般有趣味，泛在学习、个性化学习、协作学习等变得广泛而深入，产生了可汗学院、翻转课堂、慕课等；教学技术改革更是如火如荼，任何无知之事似乎"百度"都有解，只要有"网"，学习似乎变得轻而易举。技术是为育人、教学服务，所有脱离育人的技术都是无用，甚至是有害的，尤其是对于自控能力、是非分辨能力还不强的青少年，技术如何有效运用、信息如何有效甄别、技术平台如何有效选择等，都将影响着初中生的信息素养。信息素养是当代青少年必备的素养。

课堂教学过程是"教"与"学"动态统一的过程，师生双方在教学活动中成了一个矛盾统一体，既对立又统一，既相互依存又相互排斥。从教学实践来看，当前课堂基本由教师所掌握，课堂对话由教师所主导，教师对自身在课堂上的成长关注不够，课堂上"教"与"学"的融合不够，师生合作欠缺，这些都将影响学生的"学"。因此，构建教育生态系统已成为课堂中重塑"教"与"学"关系的应然状态。

教师、学生、课程、教材、技术与环境等要素组成教育教学的生态系统，这些生态要素相互作用，如师生与技术交互、师生与课程对话、课程与技术融合，各要素在交互、对话、融合中形成共存共生的状态：在交互中，师生信息素养、学科素养得以提升；在对话中，课程更好地促进师生发展；在融合中，技术丰富了课程内涵。在课堂教学生态系统中，各要素异质共存、共荣共长，从而使课堂教学生态得到动态平衡，这种平衡会促使每一种生态要素进一步优化和发展，最终实现"人"（师生）的发展。

# 第三节　学生自主发展需求对教学改革的新挑战

胡东芳先生在《谁来改造我们的课堂——东西方教育杂谈之六》一文中这样描述我们的课堂："在中国学校的课堂，只见所有的孩子都是腰板挺直、双手背后、双脚并齐。教师讲课的时候，学生们鸦雀无声；老师提问的时候，学生们无声地举手并且举手的姿势都是统一规范的。这样的画面给人的感觉是犹如到了军营一般……在让人感到一种神圣与威严的同时，也让人感到巨大的压抑和束缚。"有人戏称，我们的课堂教学基本上遵守着"四步曲"：首先是"赶鸭子"，把学生都赶到教室里去；其次是"填鸭子"，给他们很多东西；再次是填完以后，到期终是"考鸭子"；最后学生都变成了"板鸭子"。

这样的说法显然有点夸张，但反思我们的课堂教学，的确道出了传统教学模式的弊端。这种"封闭型"课堂是不可能培养学生的学习能力的，学生没有个性的张扬，没有人格的塑造，更没有主体的回归。而新课程改革的核心理念是"以生为本"，教育必须树立学生的主体地位，实现学生的自主发展。自主发展是以尊重学生的独立人格、发展学生的个性为宗旨，最大限度地发挥学生在学习过程中的积极性、主动性。

教师作为教学活动的引导者，应该积极构想在新课程标准下，以全新的工作理念和切实的工作方法进行教学改革，真正实现学生的自主发展。如何引导学生自主发展，充分体现学生的主体地位，是摆在我们每一位教师面前重要的课题。

## 一、宽松民主的课堂氛围是学生自主发展的前提

苏霍姆林斯基曾经说过："只有能够激发学生去进行自我教育的教育才是真正的教育。"生动活泼、积极主动的课堂氛围具有很强的感染力，易于造成一种具有感染性、催人向上的教育环境，使学生从中受到感染和熏陶，从而激发学生对学习的无限热情，提高学生在教学过程中的参与度。在教学中，教师要为学生创造良好的自主学习环境，帮助他们树立主体意识，使学生能根据各自的特点和需要，自觉调整学习心态和策略，探寻适合自己的学习方法和途径。作为教师，我们要根据自己所教学科的特点、所教的内容，选择恰当的组织形式，让学生有足够的空间去学习。在学习过程中，允许学生站起来就说、离开座位交流、和自己喜欢的同学自由结成小组等，使学生在课上真正地动起来。当然，学生还可以大胆质疑问难，如果不满于教师或书本对事物现象或问题的解释，就大胆发表不同意见，阐述独特观点；教师适时引导，必要时可以在班内进行讨论，让学生通过讨论交流、实践操作自行解决问题。教师要鼓励学生将"为什么"记心间，将"我认为这样做更好"挂嘴边，甚至可以不时地向教师提问，从而使学生建立起自信，让学生与文本、教师与学生、学生与学生进行交流，产生心灵深处的碰撞，实现情感交融。当然，几年下来，班内肯定能建立起一种有利于师生之间情感交流和信息交流，有利于学生充分展示自己聪明才智，有利于学生主动参与课堂活动，有利于学生充分发挥自己主体地位的课堂教学新秩序、新氛围。

## 二、自由开放的教学活动是学生自主发展的载体

德国著名教育家第斯多惠在论及人的发展问题时提出，发展与培养不能给予人或传播给人，谁要享有发展与培养必须用自己内部的活动或努力来获得。因此，根据年级特点，教师可以在教学中开展丰富多彩、多角度的教学活动，确保学生处于学习的主动地位，为学生自主发展创设有利氛围。例如，在教授"7B" Unit 7 "What a brave young man"一课时，课前，教师让学生阅读文章并自拟问题，对于能力较弱的学生要求其编制的问题紧扣教材内容；对于能力中等的学生要求其编制的问题以陈述性问题为主，略带些开放性问题；对于能力较强的学生则要求其提出的问题以参考性问题为主，以给予其更大的思维

开放空间。导入阶段，通过观看演示、问答问题、做听力练习、自主探究、讨论等多种形式的活动，引起学生注意，保持学生学习的新鲜感和兴奋程度。在活动过程中，教师只是适当地铺垫、点拨、引导，发挥辅助和主导作用。问答过程中，当学生无法正确回答时，帮助；当学生没讲明白时，提问；当学生没讲全面时，补充；当学生观点有漏洞时，质疑；当学生模棱两可时，辩论；当学生观点错误时，反驳。当以上元素介入交流时，课堂就会呈现出别样的风景：教师适度隐退，把讲台让给学生；提出、回答问题的学生像小老师一样大胆发表自己的观点，其他学生进行评价、补充、修正，学生们聚焦问题，进行激烈的交流与辩论。这就改变了传统课堂上学生被动听讲的状况，每个人的注意力都高度集中，思维完全处于一种"放松的警惕状态"，不仅能发现别人观点中的亮点与漏洞，还能融入自己的观点，并进行积极回应。这样的合作学习，为学生自主学习提供了合适的环境，让课堂涌动着生机、充满着创造性。

当然，由于个体的差异性，学生提出的问题或许是散乱的，是天马行空的，这就需要教师对学生提出的问题进行梳理、聚焦，归纳和提炼出有代表性的问题，以便在课堂中向全体学生提问，并适时点拨和指引。于是，教师将所有学生自拟的问题整理、汇总如下：1. Who's the brave young man? 2. Did the fire burn the young man? 3. What did Liu Tao do on 10th May? 4. Why couldn't Mrs Sun get out her house when it was on fire? 5. How did Liu Tao save the old woman? 6. How long was Liu Tao in hospital? 7. Fire can be dangerous. What should we do? 8.What can we learn from this story?

实践证明，只要教师精心设计和创造具有教育性、探索性和创造性的活动，引导学生主动参与、主动探索、主动思考，学生就能在学习活动中自觉感受、体验、感悟，增强自主意识，从而促进自身个性行为的主动发展。

## 三、丰富多彩的作业形式是学生自主发展的载体

作业与教育活动的其他各方面有着密切的关系，多样化的作业对于学生自主发展起到了重要的促进作用。2011年以来，我校一直致力于课堂教学改革，实施"一统两分"的管理机制，即统一目标、分层走班、分类推进。在教学中，教师也通过设计多样化的作业，全方位地提升学生自主发展能力。

（一）有声作业

将枯燥的朗读练习改为有声作业，即录音练习。不仅能使学生在兴趣盎然的情况下提高表达能力，也能给予水平稍差的同学第二次机会，使每个学生都能将自己最完美的一面展现出来。

（二）一起中学 App

教师利用一起中学 App 平台，根据本班学生实际情况，设计不同层次的作业供学生选择，以满足不同水平学生的发展需求。对于学生没有掌握的知识点，系统可以分组自动发送由易到难的训练检测题。学生如果做错，平台网络系统就自动切换回学习页面，学生重新思考、解答；学生如果做对，平台网络系统就自动增加难度，再发送一组试题。不同水平的学生获得不同难度的题目。这样，巩固了学生原有的知识，开阔了学生的思路，使全体学生在原有的基础上都能有所提高。

（三）微课视频

例如，在教授"7B"Unit 3 Grammar 时，充分利用微课，让学生在课前观看教学视频，自主学习形容词性物主代词和名词性物主代词的用法。由于这两种代词的用法学生容易混淆，教师围绕这一主题精心设计了时长在九分钟左右的视频课程。该微课借助 PPT 课件，结合教师讲解，呈现、归纳两种代词的基本用法。同时，通过表格让学生在观察的基础上，总结出变化规则，并编"形容词变名词，我变（mine），他（它）不变，其他加 s"的口诀，帮助学生理解、记忆。接着，通过一组对话让学生在语境中感知两种代词的不同，学生在对话中思考、发现规则并总结规律，得出两种代词的区别与联系；教师再以口诀的形式帮助学生趣味记忆。最后，通过三道由浅入深的练习，巩固运用所学知识。

（四）自主性作业

学生在教师的引导下，不仅可以根据所学知识自行设计作业内容，还可以为同学出作业互相考查。丰富多彩的作业形式从不同角度培养学生的主动学习习惯和创新精神。

## 四、形式多样的评价手段是学生自主发展的保证

《基础教育课程改革纲要（试行）》指出，要"建立促进学生全面发展的评价体系。评价不仅要关注学生的学业成绩，而且要发现和发展学生多方面的潜能，

帮助学生认识自我，建立自信"。大纲对实施开放的评价体系提出更高的要求，如何保护学生的好奇心，为创新意识的形成提供动力支持，是评价改革的重要内容。在教学过程中，教师不仅要激发学生的认知兴趣，更要让学生在自主的学习过程中获得成功的情感体验。这时，形式多样的评价手段就必不可少。

（一）自我评价，真情流露

自我评价是鼓励学生进行自我反思、自我调节、自我提高的重要途径。学生是学习和发展的主体，也是评价的主体，在新课程理念的指导下，教师在课堂上尝试着把评价权交给学生，让学生由被评价者向评价者的角色转换。课堂中，教师根据学生之间的差异性分别给他们自我展示的机会，引导他们学会对自己评价。例如，在教学"8B"Unit 8 "A green life"一课时，巧妙安排自我评价的环节。开展"环保小卫士风采展示"活动，引导学生分组活动，在小组中交流自己的优点，肯定自己的长处。让每一位学生参与活动，拥有展示自己、相互欣赏的机会。当然，在学生进行评价的过程中，教师要善于引导学生自我反思，从而发现自身优点，改正自身不足，使评价在个人成长过程中既发挥鉴别、诊断功能，也发挥激励、调节作用。同时，让学生在自我认可中获得成就感，最大限度地调动学生学习积极性，促进学生自主发展。

（二）同伴互评，友情递增

学生根据一定的标准互相评价，这种评价可以帮助他们逐步养成尊重理解、欣赏他人的态度。但在学生之间互相评价时，教师往往会发现大部分学生对别人的评价只用"好""不好""不错"等简单的语言。造成这种现象的原因在于学生对评价的方法不了解和认知水平的限制，存在着"不敢说""不好意思说""不知说什么"等问题。为此，教师要注意引导学生把握好评价的分寸，要引导学生对同学的学习情况做出全面评价，使他们面对面地相互交流，深化所学知识。要引导学生主要找优点，在同学之间形成良好的评价环境，营造团结合作、互相勉励、共同提高的氛围。例如，在展示自己制作的小报时，一位学生这样评价同桌的作品："小报设计富有创意，不过字写得不够端正。"学生在评价中学会了一分为二地看待他人。同时，学生在互评中既了解了他人的学习过程，又反思了自己的学习过程，进而取长补短。

（三）教师评价，情真意切

人人都有渴望别人赏识的愿望。因此，教师评价应以激励为主，注重情感效应。教师的评价可以分为：激励式评价、期待式评价、接纳式评价、亲近式评价等。例如，教授"8B"Unit 2"A trip to Hong Kong"时，教师利用多媒体向学生展示了很多各地名胜的图片，学生们踊跃发言，准确地说出地名，这时教师可以用"excellent""knowledgeable"等评价学生。但是，当学生的想法有道理却表述得不够清楚时，教师千万不可全盘否定。教师及时有效地进行评价，把对学生的关爱融于评价之中，更能促进学生的发展。

（四）家长评价

教学评价需要家长的参与，学校教育要与家庭教育结合，才能确保教育目标的达成。教师要努力搭建家长参与评价的平台，可以利用家长开放日，把家长请进课堂，让家长亲眼看到自己孩子的表现，给予家长评价的机会。引进家长评价，目的是利用评价对学生的学习成就进行鼓励，对不足之处提出改进建议，保证课程目标的顺利实现，激励学生自主发展。

新课程改革给课堂教学带来了春天，带来了新气象，实现了"教"与"学"观念的大转变，优化了课堂教学。在课堂教学中，给予学生应有的权利，是发挥学生主体性的体现。只有这样，才能使学生的主体作用贯穿于教学过程始终，课堂教学才能充满激情和智慧。这充分体现了教育的公正与民主，努力使每位学生都享受到最好的教育，让每位学生都得到发展，使每一所学校充满活力。

# 第四节　"互联网+学生"教学改革的文化视野

教学改革是一个动态的过程，在不同的历史时期有着不同的内涵和任务。当前，随着"互联网+"技术的飞速发展，信息技术与课堂教学的深度融合已成为教育改革的主要趋势。借助互联网、大数据、云平台以及各类智能移动终端，"教"与"学"正发生着前所未有的变革。浮桥中学紧跟时代步伐，积极引入"互联网+"思维，立足应用驱动，倡导融合创新，从技术支撑、组合形态、应用策略、评价手段等方面入手，整体架构面向未来的云课堂。

"互联网+"是一个趋势，"+"的是传统各行各业。例如，"互联网+媒体"，产生了网络媒体；"互联网+娱乐"，产生了网络游戏；"互联网+教育"，产生了网络课堂、微课、慕课；"互联网+学生"，产生了混合式学习、小组合作学习等。同时，在"互联网+"背景的影响下，教师的教学方式、学生的学习方式发生深刻变革。为此，我们应该考虑从深层次上，即在文化底蕴和思维方式上进行教学改革，找准教学改革的文化参照和认识论上的支撑点，对传统教学所依赖的教育观念和思维框架进行解构和重建，不断提升教师的信息素养，积极转变"教"与"学"的方式，努力实现线上与线下、课内与课外相结合，有效延长学习的时间、拓宽学习的空间，从而最大化地实现教师教学的高效率、学生学习的高效益，并以高效能课堂促进学校高质量发展。

## 一、"互联网+学生"背景下教学改革的文化视角

在"互联网+"的影响下，现代教育的观念、手段、教学模式等方面有了较大改进，先进的教育技术不断被引入教育领域，引发了课堂教学的深刻变革，教育改革的焦点已由致力于增加教育的财力、物力投入，逐渐转向增强教育内容、教育过程对学生发展、社会发展的适应性和提高教育质量上来。教育观念的更新与转变是教学改革的基本前提，而教育观念本质上是一种文化思维方式，一切教学改革无不渗透着文化内涵。

（一）从"教"走向"学"的学习文化

信息技术时代，从"教"的文化走向"学"的教学文化包含了两个方面的含义。一方面，从偏重于教师教学中的"教"走向学生的"学"。《中国学生发展核心素养》提出强调"学会学习"、重视"乐学善学"，以及关注学生的"勤于反思"等理念。在此理念下，教师需要改变传统的教学文化理念，特别是教育文化观念，改变教师一味地教——那种填鸭式教学方式，改变学生的被动学习，重视学生知识框架的建构。华东师范大学钟启泉教授曾指出，新时代教育的诉求就在于实现课堂的根本转型——从"知识传递"到"知识建构"的转型。另一方面，"互联网+"时代也强调教学文化的变革，改变"教"与"学"分离的状态，改变一味地教的状态，让教师与学生成为学习的共同体，使教师积极参与学生的学习过程，成为学生学习的引导者、参与者以及指导者。

（二）从被动走向自主的学习文化

自主发展一直以来是教育所强调的，学生具有问题意识、能独立思考和独

立判断也是新时代教学所需。但是，受到"大一统文化"的影响，在教育中形成教师权威和"教师中心""课堂中心""教材中心"等局面，学生往往是被动地去听讲，一切都等待教师的"安排"和"命令"，"上课记笔记，考试背笔记，考后全忘记"，以致学生的质疑力、判断力和创造力缺失。在"互联网＋学生"背景下，教育重视学生的自主发展，强调学生能有效管理自己的学习和生活，认清自我价值，发掘自身潜力，有效应对复杂多变的环境，发展成有明确人生方向、有生活品质的人，成就出彩人生。因此，教师在教育过程中就要重视学生的主动性，让学生形成健康的生活方式和良好的学习习惯，让学生能根据自己的兴趣、经验、能力等，选择性地学习。在此过程中，教师就需要挣脱传统教学文化的束缚，积极地适应新的教学文化要求，重视培养学生的自主性。

（三）从忽视责任到社会参与的学习文化

教育的两个基本规律就是教育与社会发展相适应的规律以及教育与人的发展相适应的规律。由此可以看出，教育需要培养学生的社会性，即重在强调学生能处理好自我与社会的关系，具备现代公民所必须遵守和履行的道德准则和行为规范，具有较强社会责任感和创新精神、实践能力，能实现个人价值、推动社会发展进步，有理想信念、敢于担当。在这样的培养目标下，责任担当、社会参与成为中小学教育必须承担的责任和应当完成的任务。那么，教师就需要改变传统的忽视责任和社会参与等方面的教育，重视学生的责任意识和情感教育，强调学生的社会参与意识和社会参与能力的培养。

（四）从科学与人文偏离到二者融合的学习文化

核心素养要求形成学生的人文底蕴、科学精神，培养学生的好奇心、想象力及不畏困难、坚持不懈的探索精神等。但是，在学习文化建构中，特别是在教师观念和行为中，往往是要么重视科学的价值，要么重视人文的知识，于是产生了"什么知识最有价值"等疑问。纵观古今中外，更多的学校教育是重视科学知识的传授，重视技能的培养。而我国近现代以来的教育则是重视科学的价值，忽视人文精神的培养，让科学与人文对立、分离，不仅不利于人文精神的发展，相反导致了人文精神进一步的缺失。因此，"互联网＋学生"背景下，教师需要改变科学与人文相分离的观念和行为，重视在教育教学过程中培养学生的人文底蕴和科学精神，从而促进人文素养与科学素养的融合。

## 二、拓宽"互联网+学生"教学改革的思路

为了积极应对"互联网+学生"背景下教育生态的新变化，充分利用互联网的创新成果推动我校教育教学质量的提升，我校在"互联网+学生"背景下积极进行课堂教学改革。学校内部拥有共享、共建、共进的教学共同体教育资源平台。该平台为教育教学提供了资源支撑服务与展示空间，形成了"教学研一体化"的生态教学新体系，不断提升课堂教学的有效性。

（一）"互联网+"背景下的"教"

互联网与教学相结合，使得教师的"教"发生了重大变化，主要表现在课前准备量变大、课中管理难度变大、课后与学生交流增多三个方面。

1. 课前准备量变大

互联网与教学相结合，使得教师在课堂上可以利用网络多媒体辅助教学，为学生展示更多的素材。网络教学资源的整理是课前准备工作的重要组成部分，为课堂教学提供了更丰富、更优质的资源，而这需要教师花费更多的时间和精力。随着学生对互联网认知的深入，其对教学资源的要求也越来越高，教师制作和寻找教学资源的难度也随之增大。

2. 课中管理难度变大

随着互联网应用越来越广泛，教师利用网络进行授课的难度在不断降低，授课的时间也在减少。虽然教师可以有针对性地对学生进行个性化辅导，但是由于学生的人数众多，班上的学生对知识的掌握程度也不尽相同，这使得课堂上总有一部分学生处于闲散状态，导致教师对互动教学的管理难度加大。

3. 课后与学生交流增多

传统的教学是教师课堂上进行讲解、课后布置作业，学生上交作业；而在"互联网+"背景下，教师和学生可以利用网络通信工具及相关软件随时进行交流互动，这给学生的学习带来巨大的便利。但由于学生人数众多，对教师来说，课后与学生的交流时间明显增加，加大了教师的工作量。

（二）"互联网+"背景下的"学"

随着教师"教"的变化，学生的"学"也发生了变化，主要表现在学习观念和学习行为方面，学生由被动地学习逐渐转变为主动学习。师生之间的互动，一方面增加了师生之间的情感，另一方面有利于学生认识并弥补自己的不足之处。

1. 利用互联网促进课堂内外的融合

以前信息闭塞，交流途径少，学生在课堂上没有弄透的问题难以在课后得到有效解决，因此学业变得繁重。网络时代，信息传递快，学生弄透没有理解的内容不再局限于当面向教师请教，能通过互联网及时查找相关信息，便捷、高效地解决。有了互联网，教师答疑解惑更及时；学生课程预习方向更明确，温习知识更系统、更完善，而且能及时地补回落下的课程。在互联网的支撑下，学习环境与学习模式重构，学生从单一地与教师面对面交流，到随时随地可以向"教师们"请教，课后作业也可由诸多"良师"适时辅导。对学生个人而言，遇到问题就能及时得到应答，对薄弱科目更有针对性，学习拥有更大的自主性。

"互联网＋教育"的出现，激活了过去静止的课堂，增加了上课的"重量"。一张"网"，一台电脑，延展了课堂的边际。课堂上教师的讲义、案例、PPT等教学资源通过互联网向学生传输，方便学生课后进行查阅，当学生有疑问的时候可以再次走进"课堂"，师生之间、同学之间可以随时随地互动交流。课前，学生积极完成教师发布的个性化学案或测试，也可以在线参与教师或同学发起的在线讨论；课中，学生不再是被动地听讲，而是带着问题听课，主动参与小组讨论、进行合作学习；课后，学生不仅能够在线做作业，而且能够自主拓展。这样，教师可以在课前、课中、课后各个时段及时了解每位学生对知识的掌握程度，也可以及时检验自己的教学方法和教学效果，从而根据反馈信息及时调整教学策略和进程。

2. 活用互联网构建自主学习平台

"互联网＋"的背景下，学生仅仅靠在课堂上学习知识已远远不够，还必须借助各种网络学习平台进行自主学习。网络环境下的自主学习是指学生在教师、家长的指导和帮助下，借助网络学习平台，通过自我识别、选择、培养和控制，主动而又具有主见地进行学习。自主学习的最大特征在于学习者的高度自主性，它要求学习者具有非常明确的学习动机、高度的责任感、强烈的学习意识和自我控制、自我激励的能力。自主学习不仅能使学生掌握知识，还能使学生学会如何学习，培养学生独立思考和自主学习的能力，适应学生的个性发展。当下，微课、翻转课堂等接踵而至，成为课堂变革的热门话题。以微课为例，它以视频为主要载体，记录了教师在课堂教育教学过程中围绕某个知识点或教学环节而开展的"教"与"学"活动全过程。微课注重的是"三小"（小现象、小问题、小策略），可以让学生有针对性地选择不同学科知识点进行个性化学习；可以让学生随时、随地、按需进行学习，让学习变得更加个性化；可以让学生重温课堂教学的重点、难点、疑点，重复播放直至掌握知识点。"互联网+"背景下的教育模式、学习模式充分体现出因人而教、因人而学的理念，在各种在线学习平台、移动学习终端的支持下，个性化的移动学习一定会成为未来主要的学习方式。

3. 巧用互联网实现学习资源多元化

互联网与教育融合后，网络上汇集了各地区、各名校的学习资源，实现了教学资源大范围的共享。学生获取知识的途径不再局限于固定的教材和教师的传授，他们可以利用网络选择并接受优质的课程资源。教师也可以将微课上传至互联网，实现线上教学、答疑、讨论，使教学资源由小范围的使用变为大范围的共享。碰到重点、难点，教师采用多元化方式，就能够更精细地对一些问题做详细的讲解，特别是对于一些解题过程比较复杂的物理题、数学题，需要作图和运用相关公式进行解答的时候，互联网的各种学习资源能做到不留遗漏，而且可以进行多次的讲解和演练，不受空间和时间的束缚；对于化学和生物问题则能利用相应的动画匹配相关的知识点和公式来讲解。教师可以通过网络来布置学习任务、发布学习资源，学生可以分单元、专题进行学习探究。在互联网支撑下，学生阅读方式也发生了深刻的变化，从文本阅读转变为超文本阅读，这基于互联网的各类学习平台展示了全新而高效的超文本阅读与检索方式。不仅如此，我们还可以在资料库中以对话方式进行高效率检索式阅读。这些都将最大限度提高学习效率、创新学习方式，更能满足个性化、多元化的学习需要。

"互联网+教育"是教育信息化发展的必然趋势，教师在互联网上教，学生在互联网上学，信息在互联网上流动，知识在互联网上成型，线下的活动成为线上活动的补充与拓展。随着技术的不断进步，教师的教学方式会越来越符合人性化的特点，符合学生的学习习惯和学习特征，最终实现信息技术与学科课程的深度融合。

# 第二章

# 内涵概述——共生课堂的理论探索

信息化时代，人类的生活、学习、工作与思维发生大变革，挑战着一成不变的课堂教学方式。生物界普遍存在的共生现象因其互利共赢的特质被广泛引用，信息技术赋能课堂教学使其更具活力，教师与学生、技术与环境、课程与教材三要素从来没有如此紧密依存，共生是新时代课堂教学的必然状态，师生共长是课堂教学的最终归宿，"网络环境下共生课堂"应运而生。"双主互动、情智共生"是我校网络环境下共生课堂学习文化所呈现出的一种态势，也是我校的教学主张。师生利用互联网构建学习发展共同体，以主体学习者身份，实现赋权增能、平等合作、相互学习、共在共荣、共生共长，双主情感得以滋养，智慧得以提升。和谐共生是共生课堂学习文化的外显，情智共长是共生课堂学习文化的内核。

# 第一节　网络环境下共生课堂的内涵与理论基础

当前，信息化和大数据技术开启了一次重大的时代转型，它使人类的生活、学习、工作与思维发生了大变革，当然也改变了人类知识获取与生产的方式，E-Learning（网络环境下新型学习模式）就应运而生，它赋予青少年学习方式新含义，挑战一成不变的课堂教学方式。在一个资源、信息、技术共生共存的时代，共生课堂从应然走向实然，也将成为当前课堂教学改革的一种新常态。

## 一、共生的概念与分类

"共生"（Symbiosis）概念最早由德国植物学家、医生、著名的真菌学奠基人安东·德里巴（Anton de Bary）在 1879 年提出，随后一百余年来，这一概念在生物学界和社会学界受到了高度关注并取得了重大发展。

（一）生物学的共生

共生（Symbiosis）是生物科学中一个重要的基本概念，涉及生物学许多分支学科，如微生物学、寄生虫学、真菌学、植物学、昆虫学、细胞生物学等。目前，生物学中研究种间关系的学说都会用到共生概念。

现代生态学把整个地球看成一个大的生态系统——生物圈。生物圈内，各种各类生物之间以及其与外界环境之间通过能量转换和物质循环密切联系起来，这发展成为广义的共生。狭义的共生即生物圈内的生物之间的组合状况和利害程度的关系。

Silvertown 和 Charlesworth 指出植物之间相互作用有五种类型，分别为竞争（- -）、寄生（+ -）、互利共生（+ +）、偏利共生（+ 0）和偏害共生（- 0），并认为分类可进一步精细化。

复旦大学生命科学学院教授周德庆提出，甲、乙两种生物间的关系，理论上可归纳为 9 种类型，去除重复的，实际有 6 种：1. 既利甲又利乙（+ +），如一体化共生（Symbiosis）、互利共生（Mutualism）、互养共栖（Syntrophism）和协同共栖（Synergism）；2. 利一方而损一方（+ - 或 - +），如寄生、捕食（predation）和拮抗（antagonism）等；3. 利一方而不损另一方（+ 0 或 0 +），如偏利共栖现象（commensalism）、卫星现象（satellitism）和互生（metabiosis，或称代谢共栖）；4. 既不损甲又不损乙（00），例如中性共栖（neutralism，既无关共栖）；5. 不利一方而损另一方（0 - 或 - 0），如偏害共生（amensalism）；6. 同时损双方（- -），如竞争共栖（competition）。

共生是生物界中广泛存在的一种自然现象，它凸显生物的异质共存、互惠的意义，是动态发展的过程。生物共生按其作用程度可分为互利共生、偏利共生和原始协作。它是一种生存状态的最优化倾向，自然界生态系统要保持动态平衡，共生起到举足轻重的作用。共生不仅仅是存在和生存，更是生物间相互吸纳新的养分、新的要素，不断改进、进化、发展。共生是共存、共在、共荣、共长。共生是自然界普遍存在的现实，具有自然属性。

（二）社会学中的共生

自然科学影响社会科学的效应机制是类比和借用、联想和借鉴。社会科学中人与人之间、企业与企业之间等也是相互联系、相互影响，类似于生物学的共生关系。共生现象不仅仅存在于自然界，同样存在于社会科学领域。20世纪中叶以来，共生理论开始被广泛借用到社会科学领域。

日本著名建筑师和建筑理论家黑川纪章1987年出版《共生哲学》一书，将共生思想应用到建筑领域，共生思想成为其城市设计哲学理念的主体。他预言，"共生"一词在21世纪将会成为时代的关键词。他的共生哲学的含义涵盖了社会与生活的各个领域，其核心是兼容并蓄的共存理念。1993年，日本哲学家花崎皋平出版了《主体性与共生的哲学》，阐述了生态学的共生思想与作为社会哲学的共生思想的区别，探索在生活的具体场所实现共生而构建"共生的道德""共生的哲学"的可能性。

袁纯清和吴飞驰将生物学中的共生现象拓展为经济学中的"共生理论"，建立了经济学领域共生分析的理论框架。袁纯清最早借鉴生物学的共生概念及相关理论，运用数理分析，构建了经济学分析的共生理论框架：以共生三要素（共生单元、共生模式和共生环境）描述共生的本质，以共生密度、共生界面、共生组织模式（点共生、间歇共生、连续共生和一体化共生）、共生行为模式（寄生、偏利共生、非对称性互惠共生和对称性互惠共生）分析共生关系状态。他也应用共生理论对日本、德国、美国、意大利、韩国和印度的小型经济进行了对比分析。

（三）哲学中的共生

共生哲学是关于共生的哲学理论，旨在对共生现象进行哲学概括和把握，从而澄清和阐明自然界与人类社会的共生本质、原理和规律。共生是自然界与人类社会普遍存在的现象与客观规律，共生哲学主张用共生原则化解各类冲突矛盾，用共生规律优化共生关系促进发展，倡导建立人与自然、人与社会、人与人的共生关系，实现个人、家庭、组织、民族、国家、文明的共生，构建一个共生共荣的大同世界。共生哲学既是对现象规律的揭示，又是一种新的世界观，更是一种行动指南。

共生哲学作为一种哲学思维方式，它为人们对集团与集团、民族与民族、人与自然、人与他人、人与自身之间关系的审视提供了新的视角。共生哲学的产生与发展有其时代诉求的必然性，在共生视域下重新审视和理解哲学上的本体论、认识论、价值论、伦理学、发展观等哲学问题有着积极意义。

从哲学角度，共生可分为人与自然的共生、人与社会的共生、人与文化的共生、人与人（自身和他人）的共生等。人与自然共生，能实现人类的可持续发展；人与社会共生，能推动社会和国家的和平与发展；人与文化共生，能促使人类文明得以传承；人与人（自身和他人）共生，能让人诗意栖居，得到最优发展。

## 二、教育场域内的共生理论

经济全球化以及新冠肺炎疫情让人类更清楚地认识并坚定践行人类命运共同体理念。互联网迅猛发展，"地球村"早已是不争的事实，人与自然、人与社会、人与人之间从来没有像今天这样紧密相联。与自然和谐共生，人类才能长期生存发展。人不仅具有自然属性，更具有社会属性，从生命学角度，个体与社会、个体与自然、社会与自然都是一种相互依存的共生关系，人类的优势就在于能够在共生关系中不断地塑造自己，不断地完善自己。

共生是人类之间、自然之间、人与自然之间形成的一种相互依存、和谐、统一的关系，它是生命存在的一种方式。从社会发展理念角度，共生在中国具有传统文化背景，如和为贵、大同理想、和而不同、天人合一、中庸等都蕴含着深刻的古代共生思想，异质共存、相互依存、共同发展，与我国提出的构建社会主义和谐社会的目标是相一致的。

共生作为自然界中一种普遍的生物现象和生物学中的一个重要概念，其内涵的丰富性与价值的延展性已从生物学延伸到更广泛的研究领域。共生不仅是一种生物现象，也是一种哲学的思维方式，不仅承认"自我"作用，也强调"他者"的功效，更注重相互间依存关系，从而形成了一个互利共赢的发展整体，这种发展理念和思维方式被引入各领域之中。共生关系的核心在于既相互依存、互惠互利，又尊重个性、和而不同，这是教育领域极力追寻的一种理想状态，所以引入共生理念是教育发展的一种内在必然性。当前互联网的迅猛发展，不仅改变了人们的生活方式、学习方式等，也重构了教育教学发展的生态。

在教学领域中，以共生为核心价值观的新课堂教学理念是对传统课堂教学理念的一次成功更新，以网络为中心的机器世界构成学习者学习的一个基本场所，学习者的学习方式在某种意义上讲，也是一场重大变革，教学生态再平衡也得以重新优化。在当前教学生态领域中，教学中的诸要素——人、资源、信息、技术、教材与课程，构成了一个动态发展的生态系统，这些以学习为中心的各因子因网络存在和发展，无形或有形地相互交织着，联系愈发紧密，和谐共生理念显得尤为重要。

南京师范大学吴康宁教授通过重新审视受教育者的概念，指出网络时代、知识经济时代受教育者与教育者之间具有共生互动性——"共生互学"，这在一定意义上揭示了共生的"共同生成"意蕴在教育领域中人与人之间关系上的表征。黄厚江和华卜泉等一线教师引入与借鉴共生理念，提出了各自学科共生教学的主张，并在教学实践中进行积极有效地探索。

### 三、剖析共生特征为教育教学所用

（一）共生是以异质共存为前提

异质性普遍存在于自然界、生物界和社会生活的各个领域。异质性是系统演化不可缺少的因素，也是生物共生互利的基本条件。虽然在共生系统中不同共生单元的地位和作用是不同的，但你中有我，我中有你，相互依存，不可分割，异质并存，和而不同，有利于优势互补，提升整体效能，使生物呈现出多样性和丰富性。在教育生态系统中，两大主体是教师和学生，师生之间和生生之间的关系是异质共存。

教师和学生由于年龄、受教育程度、人生阅历、成长时代等主客观要素，在知识素养、思维能力、洞察力等方面差异较大，异质是必然的。生生之间，一个班内学生的家庭经济状况、父母受教育程度等客观条件，以及自身的认识水平、学习基础、兴趣爱好等主观条件有差别，学生之间差异大也是必然的。异质共存是课堂教学的前提，差异是动态发展、协同进步的切入点。不同的课程理解、不同的教材解读、不同的生活经验，共同演绎了丰富多彩、生动活泼的课堂教学。

（二）共生是以共享资源为载体

共生关系的各因子相互作用，相互依存，各自依据自身资源，吸收生态系统中其他因子的资源，同时也分享着自身资源，各因子资源共享，为整个生态系统的存在和动态发展提供能量。课堂的核心应该指向学习，课堂教学目的是为了更好地开展学习活动，在教师与学生、教材与课程、环境与技术构成的教学生态中，师生以学习为靶心，一起发力，走向深度学习。在共生教学生态中，教材与课程、环境与技术提供资源，教师既是资源的分享者，也是资源的受益者；学生既是资源的受益者，也是资源的分享者；师生、生生为学习分享着各自的资源，从而促进信息技术与学科学习深度融合。

（三）共生是以动态发展为特征

人与自然的和谐共生，不仅表现为人和自然中空气、土地等无生命事物的相互依赖，也表现为人与植物、人与动物、人与人的相互依赖，形成有机的共生体。共生追求的是人与社会（虚拟社会与现实社会）、人与他人、人与环境（真实环境与网络下的环境）的动态平衡，各因子在动态平衡中不断优化和发展。

在课堂教学前，师生带着各自的生活经验、知识储备、对教材的认知和理解、掌握信息技术的能力等诸多方面的不同，走进课堂。教师依托信息技术手段等设置教学情境，突破教材重难点，引入思辨主题，及时学习评价；利用教室便利的交流空间、温馨和谐的教学氛围等，构建有利于学习发生的教学生态。围绕教学主题，教师组织学生开展小组合作、主题研讨、相互质疑等互动，在不断预设与生成中，再优化、再平衡教学生态。

（四）共生是以产生效能为宗旨

共生单元充分利用共生环境（内部和外部环境），在共生过程中产生新能量。这能量并非是几个共生体能量的简单累积，而是发生了质的飞跃，产生了共生效应，具备了共生系统的新特征。共生系统的最大的发展优势是在共生过程中能够产生最大的共生效能。

人类的长处在于能够在共生系统中不断地塑造自己，不断地完善自己。以往评价课堂教学优劣，很大程度上是依据学生学科核心素养是否提升，共生课堂的教学评价指标不仅仅止此，课堂是师生共同演绎的场所，共生课堂教学效能的最大化是师生共同发展。共生教学是"双主互动、情智共生"，教师是主导、学生是主体，相互作用，师生情感与智慧从滋生、累积到过滤和提升，学生学习的过程也是教师发展的过程，师生共生共长，美美与共。

综上所述，共生不仅是一种生物现象、一种社会现象，是存在于不同领域的综合性概念，共生也是当前教育教学改革所追求的绿色发展之态，共生课堂是师生共生共长最优的生态场域。

## 四、学校网络环境的概述

网络环境泛指因网络创设的整个虚拟和现实的世界。引入教育领域，网络环境特指学习者为了实现学习目标，采取多样的学习方式，使用信息技术工具和综合运用信息资源，来促进改善学习的场所。网络环境不仅指网络资源与网络工具发生作用的地点等物理特征，也包括因信息技术辅助教学引发"教"与"学"策略的变化等非物理形态。

网络环境的物理特征，主要包括：1.设施：多媒体计算机、智能手机、平板电脑、多媒体教室网络、学校局域网和班班通、未来教室等。2.平台：向学习者展现的学习界面，实现网上"教"与"学"活动的各种软件系统。3.通信：实现远程协商讨论的保障。4.工具：学习者进行知识建构、创造实践、解决问题的学习工具。

网络环境的非物理特征，相对于学习者中心事物而言的，网络环境是为了促进学习者更好有效学习活动所创设的，主要包括：1.外在资源学习环境。学习资源是指那些与学习内容相关的信息，比如教材、教案、参考资料、书籍、网络资源等。这些信息资源可以以不同形式存储和呈现,包括印刷、图形图像、音频视频、软件等,还可以是这些形式的组合。在大数据时代,由于学生学习时间和精力及检索信息的能力有限,教师应优化整合信息资源,把自己设计的有针对性的学习资源放到网络上,供学生在活动过程中使用。2.内生学习环境。课堂教学的四要素包括教师、学生、教材与课程、环境与技术,围绕有效学习这一核心,教师科学合理使用信息技术,支持学生进行 E-Learning,如搜集、整理资料进行自主学习、小组讨论和协作学习。师生依托网络环境,适时适度调整"教"与"学"方式,创设和谐师生关系,营造良好学习氛围,有目的、有计划完成课程任务。

现我校师生常用的网络平台和软件有(详见第72页图3-6):

社会和个人层面:QQ、微信、腾讯会议、希沃授课助手、钉钉、哔哩哔哩视频网站、新浪微博、问卷星、云盘、学习强国、小题科技等;

苏州市教育层面:苏州线上教育中心、苏州市名校资源网等;

太仓市层面:OA办公系统、智慧教育云平台、互动课堂、教学助手、小闲精准教学系统、学生成绩分析系统、感知网校等;

学校层面:教学共同体教育资源平台、鸿合教学系统、希沃授课助手、凤凰教育系统、LearnSite学习平台(信息技术学科)、智慧校园系统等。


## 五、网络环境下的共生课堂

网络环境下的共生课堂是针对学习者真实的生存方式、生活方式、学习方式等现状,基于教育信息化服务观、教育信息生态观而提出的一种新的课堂教学主张,以引导和支持学生进行 E-Learning,以共生理念为核心,强调课堂是人与他人(师生、生生)、人与教材和课程、人与技术和环境(真实环境与网络下的环境)共同组成的教育生态系统。在这系统内,师生、生生间的异质共存是共生课堂的前提条件,资源共享为共生课堂创设平台载体,师生动态发展是共生课堂的呈现方式,师生合力最大化产生共生效能是共生课堂的最终追求。

共生是网络环境下共生课堂的生存状态,共长是网络环境下共生课堂中师生的生长状态。"人在技术之上",人是资源生产者和创造者,师生"双主赋权",通过技术赋能和资源赋能,让技术与资源助力于师生的生长。教师之间开展线上与线下融合型教研，学生之间开展线上与线下互动型探索，师生以主人翁态度积极投入学习，成为主动学习者，从而实现师生共生共长的教育教学生态。见下图：

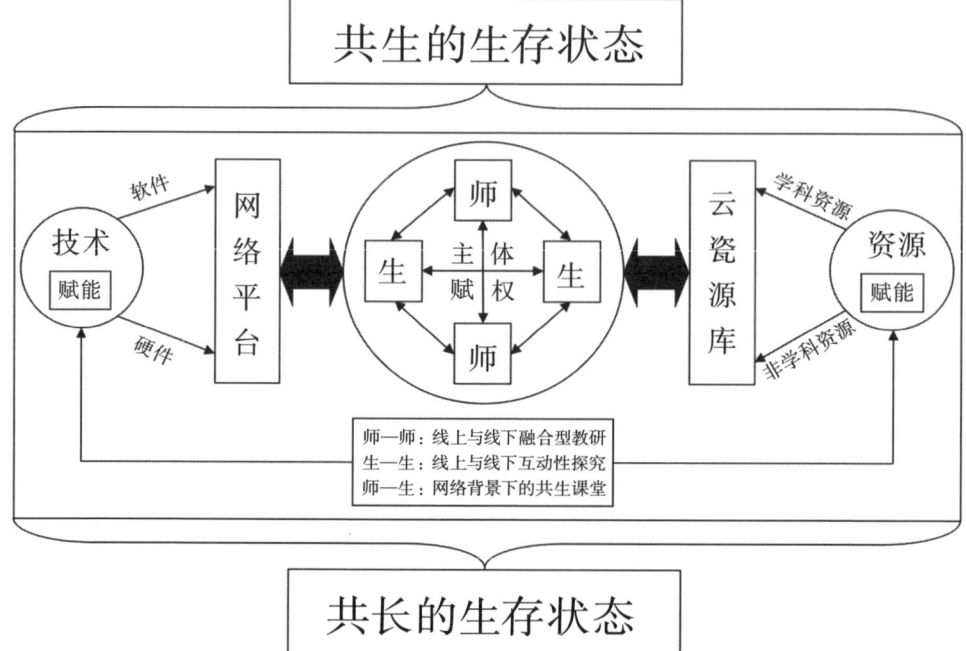

图 2-1　网络环境下的共生课堂架构

# 第二节　网络环境下共生课堂的学习文化表征

学习文化（learning culture）是个体与组织系统所创造的，包括基于积极学习原则所形成的规范、价值观、态度、哲学观。学习文化反映了一个学习群体的态度、价值观和历史，一个学习群体只有通过长期的互动、个体相互之间的同化和顺应才能形成自己的学习文化。

## 一、网络环境下学习文化的概述

学习文化是学习者在学习活动中产生与凝结成为群体所普遍认同的稳定的存在与发展方式，其生成与变化受技术、制度及其他文化等因素的影响与推动，反过来学习文化也会影响这些因素的存在形态。任何时期的学习文化都是以当时的特定技术条件为基础，技术自身也是一种文化现象，与学习文化在一定程度上不可避免地发生着交叉和共生。

华东师范大学教授祝智庭认为，技术器物是信息化背景下学习文化外在的表征，但是信息时代学习文化的表征更为深刻的是体现在人类学习的制度行为及思想理念之中，并从技术手段层面、制度行为层面、理念意识层面做了深入的分析。见下图：

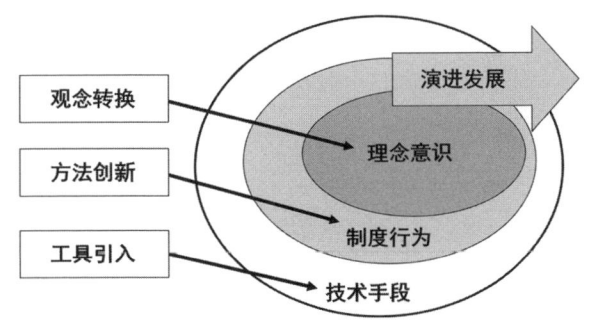

图2-2　网络环境下学习文化演示

以多媒体技术与网络技术为代表的技术文化对传统学习文化产生了颠覆性的影响，如知识数字化、教室虚拟化、设备无线化、泛在学习、自主学习、协作学习、情境学习、全民终身学习等已成为信息时代学习文化的重要表征。被动式的学习方式、孤立的学习状态、功利性的学习目的等传统学习文化得到深化拓展和嬗变，新的学习工具、行为习惯、理念意识随之产生，重构以信息技术为支撑，促进学习者深度学习的学习文化已迫在眉睫。在教师与学生、教材与课程、环境与技术等要素构建的课堂教学中，技术在学习文化构建中起到极其重要的作用，并引发学习文化的变革。

## 二、网络背景下师生共生生态的要素透析

### （一）技术与环境关系

信息技术应用于教育教学过程中，通过提供外部刺激、搭建开放环境、改变认知工具、丰富教学资源、创设可视化情境、利用互动平台及时反馈等方式，促进教学内容呈现方式、"教"与"学"方式、师生互动方式三方面的变革，改变了"教"与"学"的时空，为"教"与"学"创造新的环境。

### （二）人与技术关系

乔纳森认为，教育不是为了更有效地传递信息，也不是为了控制学习者的思想和行为，而是允许或促进学习者对其所知、所信进行反思和表达，并且运用信息技术支持学习者相应的行为活动。在越来越智能化的社会中，人要积极主动控制信息技术，与媒体、技术和平共处，使之成为智能伙伴，共生共长，这是一种生态化的人机关系。

### （三）人与人的关系

网络环境下的师生关系，更具平等性、主体性、成长性，凸显共生生态的特征。

1. 人的平等性，师生作为独立生命体进行平等互动

一个网状结构的互联网没有中心节点，没有一个点是绝对的权威。互联网的技术结构决定了它内在的精神——去中心化。平等是互联网的基本原则。网络环境下的师生关系，打破传统师生依存权威的关系，打破各自的身份界域，师生人格更具独立性，互动更具真实性，师生作为平等个体进行交流互动。

2. 人的主体性，师生以主导和主体的双主身份履行各自职责

在网络中每个人都是专家又是门外汉，师生都是以学习者身份出现。师生通过一定的中介与客体互动对话，教师激励学生积极参与、自主发展，是学生学习的"旅伴"；学生则成为学习的管理者、自我发展的掌控者。

3. 人的成长性，师生以共生共长为主旨重释教育目标

在网络面前，师生都是"问题生"，都有学习的潜能。随着信息技术与教育教学的不断深度融合，教师必须与时俱进，运用技术不断学习；信息技术使学生的学习变得无处不在，共学共进改变着传统师生生态，使教育生态更具多元、进化、渐进等特征。

网络环境下师生共生生态，指教师与学生、教材与课程、环境与技术，因技术利导融合为一体，师生关系不再是直线、单向型，也不是上对下关系，而是多元、平等、生动的立体型，师生教学相长、美美与共的和谐之态是网络环境下师生共生生态的模样。

## 三、网络环境下学习方式的变革

信息技术的迅猛发展，原有被动、孤立的学习方式逐步被弱化，功利化的学习也受到挑战，学习方式变革伴随着最新数字技术的应用而产生。

（一）泛在学习

任何学习者，只要想学习，随处随时都可学习任何内容。学习不受时空限制，不受制于课堂45分钟和教室这一狭小空间，无限的网络内容为学习者提供源源不断的学习资料。

（二）自主学习

在网络无限的内容和资源面前，每个人都是学习的主体，相对于被动性学习、机械性学习和他主性学习而言，自主学习要求学习者能够认识到自己的知识、能力等方面的缺陷，根据学习能力、学习动机等要求，积极主动地调整自己的学习策略和努力程度，自主性地学习。主要表现为：学习活动前，学习者自己能够确定学习目标、制订学习计划、做好具体的学习准备；在学习活动中，能够对学习进展和学习方法进行自我监控、自我反馈和自我调节；在学习活动后，能够对学习结果进行自我检查、自我总结、自我评价和自我补救。学习者的学习态度逐步改变，自主学习能力在实践中不断提升。在新媒体时代，以网络媒体和移动媒体为代表的数字新媒体对学习者影响较大，面对众多媒体平台上的复杂信息，学习者必须增强解读、识别和判断媒体信息的能力，并充分有效地利用新媒体信息实现自我发展，在网络学习实践中不断提高媒介素养，慎思、慎行、慎独，做学习的主人。

（三）协作学习

协作学习是指采用协作式学习方式促进学习者学习的过程，主要包括协作小组、成员、辅导教师和协作学习环境。学习中的协作活动有利于发展学习者个体的思维能力，增强个体的沟通能力以及对个体之间差异的包容能力。协作学习必须在一定环境中进行，其环境主要包括：组织环境、空间环境、硬件环境和资源环境。组织环境是协作学习成员的组织结构；空间环境是协作学习的场所，如班级课堂、互联网环境等；硬件环境是协作学习所使用的硬件条件；资源环境是指协作学习所利用的资源，如公共网络资源、局限性网络资源等。网络环境在协作学习中发挥着极其重要的作用。师生可以依据网络硬软件资源，课前、课中、课后以学习者身份协同共享、互教互学，从而达到教学相长的目标。

（四）情境学习

学习并非简单的个体意义建构，而是必须发生在一定情境中，是在学习者和学习情境的互动、学习者与学习者之间的互动过程中生成的。学习情境可以让学习者带着各自的生活经验、学习任务重新回归到真实的、融合的情境之中，通过网联网提供的社会热点、学习者关注点和认知或情感上的疑点等引发学习。学习的本质就是对话，是学习者与情境对话、与课程对话、与个体生活对话，学习者之间的对话，甚至于自我对话等。互联网的快速、简便、准确等特点，为学习者提供了丰富多彩、形象生动、真实可靠的学习资源，让学习者尽可能多视角、多方位进行对话和互动，激发学习兴趣，增加思维广度与深度，从机械学习、被动学习、孤立学习走向多维度的深度学习，提升学习的趣味性、有效性。

## 四、网络环境下共生课堂学习文化的概述

长期以来，由于人们往往从狭义的知识学习角度来观照和理解学习，仅将其归属于人的认识活动，悬置了学习文化在整个文化家族中的重要地位。学习文化是文化的一个子系统，从文化生态的角度看，理想的学习共同体应该是一个完整的文化生态环境。网络环境下的共生课堂是教师与学生、课程与教材、资源与环境各要素之间相互依存、相互影响、动态发展，实现从共生生存状态走向共荣共长状态，实现共生课堂教学生态的再平衡，呈螺旋上升态势，最终促进师生情智共长。文化具有"为人"的本性，学习文化亦是如此。

教师与学生是共生课堂学习文化中人的要素，网络环境下的师生关系是多元、平等、生动的立体型，具有平等性、主体性、成长性，师生教学合一、教学相长，呈现美美与共的和谐态势。同时，网络环境下学习方式发生改变，泛

在学习、自主学习、协作学习、情境学习等学习形式也促使教师主导作用和学生学习的主体性更密不可分。在网络环境的共生课堂教学语境中，教师既是学习的指导者、促进者，也是与学生交流互动的学习者。学生既是学习的实践者，也是学习目标、学习内容、活动安排的参与者和学习结果的创造者。

"双主互动、情智共生"是我校网络环境下共生课堂学习文化所呈现出的一种态势，也是我校的教学主张。师生群体利用信息技术，构建学习发展共同体，充分发挥教师群体主导作用和学生群体主体作用，激发师生学习的主观能动性，在共生课堂的教育教学生态中，技术助教、技术助学，师生情感得以滋养，师生智慧得以提升。和谐共生是共生课堂学习文化的外显，情智共长是共生课堂学习文化的内核。见下图：

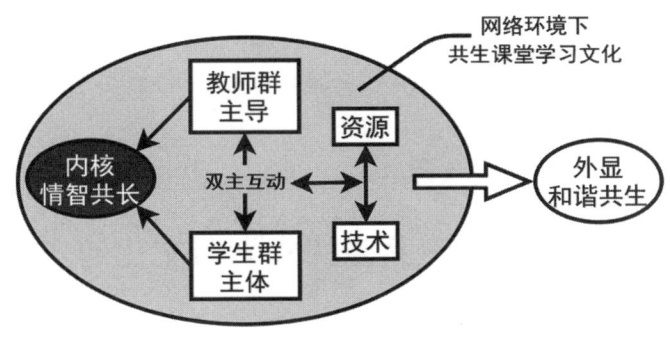

图2-3 共生课堂内涵

"十一五"期间我校承担国家级规划课题的子课题研究方向是网络环境与学校发展，迈出了信息技术助推学校发展的第一步；"十二五"承担的省规划课题研究方向是网络环境下学生自主发展教学文化；"十三五"承担的省规划课题研究方向是网络环境下共生课堂学习文化。十五年，不断实践探索，十五年，不断积累沉淀，逐步实现"四个转变"：以技术和资源为人的发展服务为轴心，从关注网络硬件资源转变为软件硬件兼顾，从关注宏观学校发展转变为宏观学校与微观教学兼顾，从关注学生主体发展转变为师生共生共长，从关注个体学习研究转变为群体学习文化。师生群体积极主动实现资源、技术、教与学的深度融合，在十五年探索实践过程中产生并凝结了师生群体所普遍认同的共同价值导向——网络环境下共生课堂学习文化。见下图：

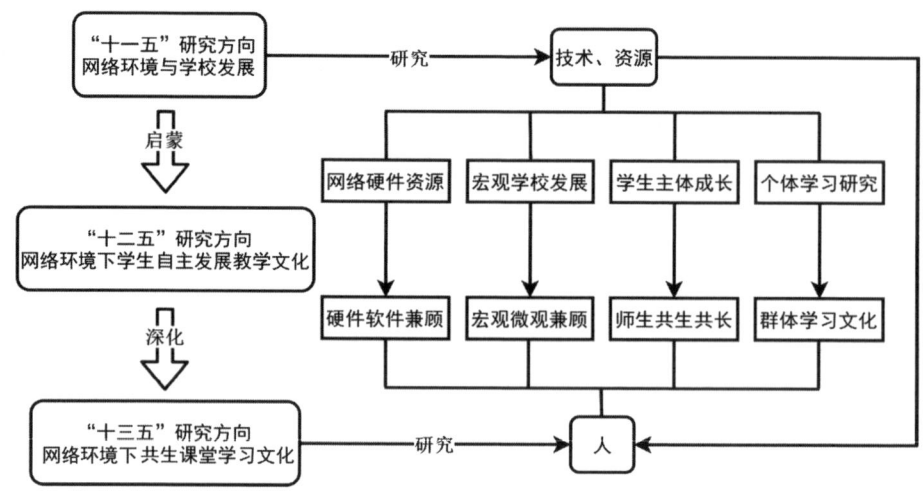

图2-4  我校网络环境下共生课堂学习文化的演进过程

# 第三节  网络环境下共生课堂学习文化的实践框架

我校网络环境下共生课堂学习文化是师生在近二十年"教"与"学"实践探索过程中，与技术、资源相互影响、相互作用，不知不觉、自然而然凝聚而成。网络环境下共生课堂学习文化的构建离不开环境文化、制度文化、课程文化、课堂文化，课程文化是根基，制度文化是保障，通过环境文化的熏陶，促进课堂文化落地、转型。其中，环境文化、制度文化是学习文化形成的外在要素，课程文化、课堂文化是学习文化形成的内生要素，这四方面作用于教师文化和学生文化，最终形成了促进师生共生共长的学习文化。见图2-5。

## 一、课程文化

课程是学校发展的命脉与动力，决定着学校培养目标的着陆与实施。我校

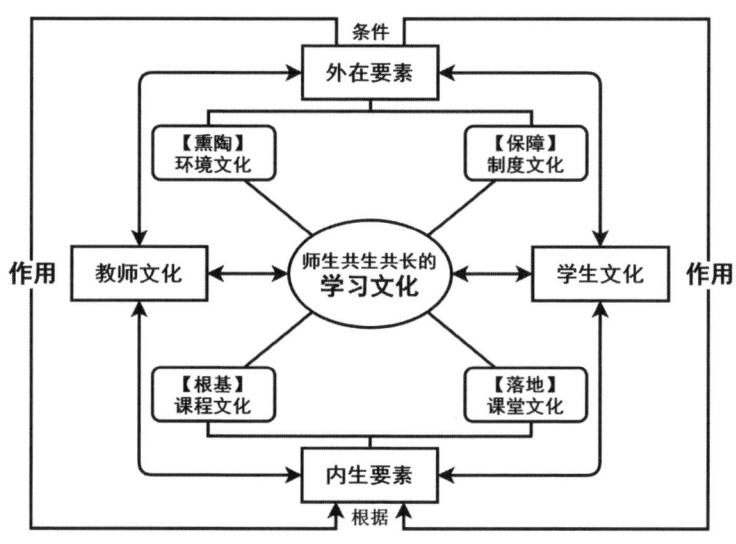

图 2-5　我校网络环境下共生课堂学习文化的构成要素

坚持立德树人的根本任务，立足于"乃德大成"之校训，对课程进行整体规划，着力构建"乃德融创"课程体系，此课程体系按照实施内容可分为：学科课程、跨学科课程、德育活动课程。学科课程主要是国家课程的校本化实施；跨学科课程以三个课程中心为载体，包括乃德·寻根校史课程（校史教育课程中心）、江畔·梦田地域课程（长江生态课程中心）、海岸·扬帆科技课程（科技课程中心）；德育活动课程包括校政协同的综艺社团课程、校社协同的劳动实践课程、校企协同的职业体验课程、服务社会的志愿者课程、专家引领的家校课程。政社协同和"互联网+"是课程实施的两大抓手，"共生课堂"教学创新工程和"大成品格"德育提升工程是课程实施的两大载体，校内与校外协同，线上与线下融合，力求使"乃德融创"课程落地生根，为全面育人创设最佳平台和最好环境。见图 2-6。

## 二、环境文化

当前，学校运用的网络技术方面，最常用的是 QQ、微信、腾讯会议等，

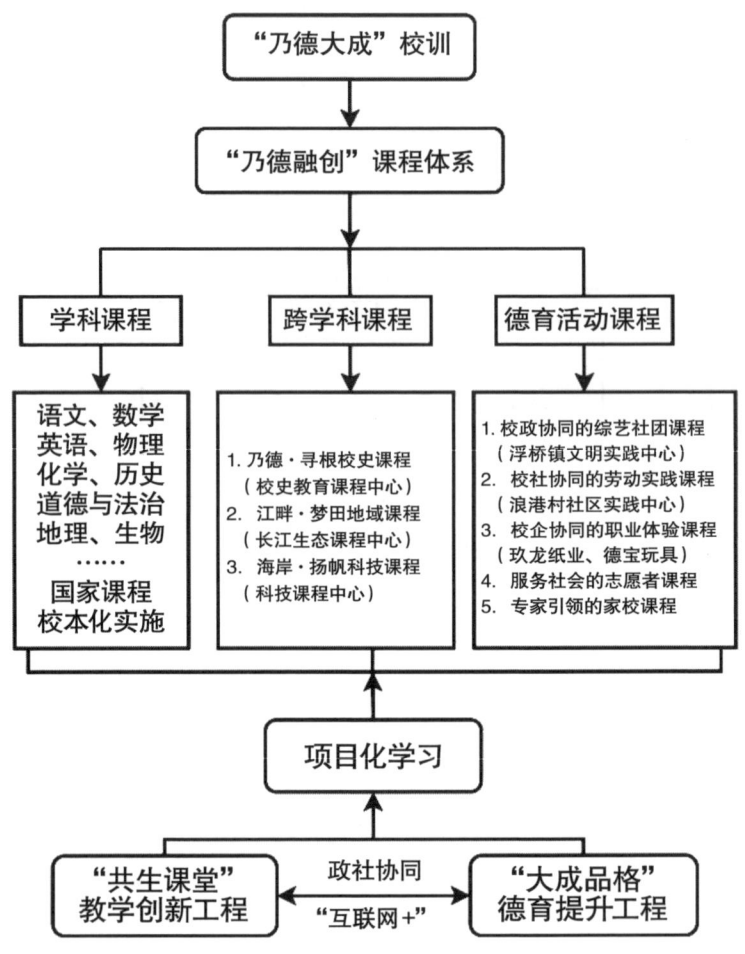

图2-6 我校课程文化结构图

教育专用平台软件有苏州线上教育中心、智慧教育云平台、互动课堂等，学校运用平台软件有希沃授课助手、各班班牌系统等。这些设施与平台，营造了师生自主发展的在线学习环境。

　　学校将每年企事业单位来校捐赠的图书和学校购买的书籍摆放在校内各休闲空间，校园内绿化设施与书架随处可见。走进校园，就打开了一本写着学校历史的大书，从校史教育课程中心、喷泉、浮中年轮，到80年的古钟、100年的紫薇树、长江生态馆内的动植物，只要是学校呈现在外的所有物品，都配有相应的二维码，扫描便有浮桥方言朗读和文字，营造校本化的学习环境，为学习文化形成构建了场域，润物无声，使之成为一本唤醒学习者学习激情的"流动书本"。

## 三、制度文化

课堂教学改革、教学行为和学习行为改进，都有可能是阶段性或者是偶发性的行为，而确保这些改进行为具有持续性并有新的突破，必须以制度保驾护航，以点带面，构筑指向学习的三维空间，形成师生共生共长的学习文化。

共生课堂是我校课堂教学变革之产物，学校经过近 20 年的探索，先后出台了一系列相关制度，使这项课堂教学探索与实践不断深入。如：校企联合，设置促进师生共同发展的奖学金、班级奖励，制定《乃德学子学习之星评比方案》《班级"五星级"评比方案》等；学校成立教师发展共同体、PBL（问题式学习）工作坊，每学期发放主题式学习书籍，推进《"研、学、训"一体学科整体提升工程》等制度；组织"乃德论坛""课堂观察录像分析法"等活动；充分发挥信息技术的载体功能，制定学校电子班牌使用和考核条例、学生德育积分电子考评制度。学校以技术为手段，以活动为载体，以制度为保障，力求使共生课堂学习文化成为一种观念，一种师生自觉、自发的行动。

## 四、课堂文化

网络环境下共生课堂以师生异质共存为前提，以共享资源为载体，以动态发展为特征，以产生效能为宗旨，人、资源与技术深度融合，通过教师主导与学生主体的交流互动，课堂从一种共生的生存状态逐步走向共长的生长状态，最终实现师生情智共长。教师不是单纯意义上的牺牲者和奉献者，而是生长者和收获者，是学生的助学者和促进者。在技术和资源面前，虽然教师和学生学习起点不同，但都是学习者。在技术与资源搭建的课堂教学生态中，师生以学习为靶心，互动、交流，思维碰撞、情感交融，成为学习发展共同体，共同进步、共同发展。

课前，教师依据教育教学目标，通过网络调查和腾讯会议等，与学生互动交流掌握学情，制作课前用表或导学微视频等，并以此实现翻转课堂；学生自主学习，以学定教。课堂，依托网络环境，师生互动交流、生生互动合作，解课前学习之惑，深化、内化教育教学内容。课后，依托网络环境，促使学科深度学习与实践探究相融合，最终实现人、教学、信息技术共生共长，提升包括人的媒介素养在内的学科核心素养，使人在共生系统中不断地完善自己，凸显生命的价值。

（一）"共生源"：教学流程的重构

现在大多数课堂的教学流程：教师上课，学生听课，课后做作业，阶段性考试，检测学习成效。网络环境下共生课堂的教学流程：课前教师依据学情和教学的重难点，制作问题化的学习用表，设计师生可探讨的教学话题，或制作精品化的微视频；学生通过教师的微视频先自学，然后在公众群里提出学习后的困惑；在学生先学、普学、质疑的基础上，课堂上生生、师生进行研讨，生生互助或教师指导，推进个性化学习。

网络环境下的共生课堂教学流程，以学生课前学习时遇到的问题为导向，展开课堂教学。显然，课前教师花费的时间与精力比传统备课要更多。一是编制学习用表（导学案），帮助学生课前自学。二是拍摄微视频，这一过程中，教师要熟悉各种软件，如录屏软件 Camtasia Studio、视频编辑软件绘声绘影等，再确定微视频的主题，准确定位教学重难点，摸清学生学习的困惑，海量搜集相关时事热点等，准确选材、认真制作、精心编辑，可能一气呵成，可能反复修改，这对于一线教师来说，有一定难度。当然，微视频资源可以用网络共享的。但事实上，"本班本学科本人"需要的微课程资源少之又少，教师学习和研讨共同体自然形成，分工制作、资源共享。三是视频制作完成，该怎么提供给学生？最简便的是放在 QQ 群和微信平台上，或是专用学习平台上，通过各种形式告知学生。

1.课前分析要适情

教师按照课程标准，对本章节的教学内容进行深度解读，把握教学重点，化解教学难点，同时结合初中各年级学生的特质，针对班情和学情，设置包括"知识巩固类的习题、能力拓展类的主题、情感提升类的环节"的学习用表，并通过网络技术，与学生进行课前交流互动。教师可根据学生交流的困惑，有针对性地调整课堂教学。

2.微视频制作要适切

当前信息泛滥、碎片化阅读已成为普遍现象，针对初中生的阅读特征，课前微视频应短小精炼，紧扣教学重难点和学生困惑所在，不可面面俱到、泛泛而谈，可根据不同学科的特征，采用生活片段式、主题探讨式、时事追踪式等方式制作视频，同时尽可能选用初中生喜闻乐见的图片、视频和音乐，使视听效果更佳。

3.学习平台使用要适当

根据信息技术课调研结果，我校95%的学生家庭有台式电脑，50%的学生家庭有笔记本电脑，90%的学生有智能手机；学生最常用的网络平台有QQ、微信和专用的网络学习平台，如感知网校、家长学校等，还有电子邮件、微博等。教师在使用网络学习平台时，尽可能选择学生使用频率最高和最熟练的。

（二）"共生体"：师生关系的再造

在"师道尊严"的传统师生观念下，教师往往"居高临下"，学生正襟危坐、洗耳恭听，然而，随着时代的发展，尤其在大数据时代，师生多渠道获取信息，师生之间"一桶水与一杯水"之说早已不复存在，二者关系已不再是直线、单向型，而是多元、平等的立体型，师生教学相长、共生共进，已成为必然。

1.课前互动须畅通

在信息社会，师生沟通的渠道并不局限于面对面的交流，可以电话沟通，也可以借助微信、微博、QQ群等。"平等交流"要求教师必须转换角色，教师犹如医生，认真倾听"患者"的症状和需要，对症下药，进行个性化教学。网络使师生、教师与家长关系更密切，教师可加学生、学生家长的QQ和微信，成为好友，围绕教育教学经常性地进行交流互动。微视频制作完成后，要上传至学生、家长使用最方便的信息平台上，主要策略：一是教师在班级群内用友情提醒的方式，让学生及时下载收看，并阶段性统计下载次数；二是班内每个小组长检查和督促本组同学收看视频，采用组员收看汇报制；三是观看微视频后学生在群内交流心得，由课代表统计各组人数及交流内容；四是设计收看微视频后的进阶性作业，以检测学生是否认真看过微视频；五是在家长群内，告知家长微视频的情况，让家长督促学生看。多管齐下，确保课前微视频教学的有效性。当然，教师主动参与，正确引导和督促是必不可少的。为了激发学生学习的主动性，教师制作微视频时，可采用游戏方式为教学教育增添趣味性。

2.课上研讨必入题

课前互动为课上研讨提供话题，课上师生间交流话题：一是课前在互动平台上有争议的，二是课前探讨认为有价值的，三是分解教学重难点的。课上交流话题宜少不宜多，宜集中不宜分散，根据学科特点，可采用主题式探讨、一例到底等方式，这要求教师对课上宜交流话题进行筛选、组合、整理，使分散话题集约化，凸显主题。在这过程中，师生运用信息技术，使探讨更深入更有效，一方面锻炼学生深度思维的能力，培养学生综合能力；另一方面，教师在预设与生成中，修炼教育教学智慧，锻炼教育教学能力。当然，课堂探讨过程中，教师必须把握原则：生生间能探讨解决的，教师做旁观者；生生间不能解决的，教师做综合性的点拨引导，让每位学生都能通过信息技术、同学的帮助、教师的引导，发现问题，解决问题。教师无声、有声地引导与点拨，俯下身来与学生一起研讨，新型民主和谐的师生关系在课上就悄然形成。

3.课后延伸重引导

网络环境下学习已没有课前、课中、课后的显性界限，学习无界限，沟通无障碍。从培养学生学科核心素养、媒介素养高度来看，课后建立有学科特点的评价机制尤为重要。在制定评价机制时，可发动学生一起参与，采用"从学生中来，到学生中去"的网络评价机制，学生参与度定会高涨。评价维度或是知识的巩固和升华，或是行动的纠偏和引导，关注点不能只停留在习题训练、内化知识上，也可制定行为考核表，重在引导行动，如：让学生制订网上文明公约，自拟班级群、家长群、朋友圈的规章制度，建立删除信息的标准，每月一开奖，每学期评比一次网络之星等。教师作为群内一员，积极参与各项活动，有利于规范学生网络行为，提升其信息素养，师生共学、共探、共进的氛围随之而生。

古罗马教育家昆体良说，教师必须是一位有丰富教学知识的明智之人，时刻准备着把自己降至跟学生相同的水平线上。当教师与学生步调保持一致时，便会形成教育教学共生体，共生效应由此蔓延开来。

（三）"共生效应"：教学实效的续升

自然界里，一株植物单独生长时往往缺少生机、长势不旺，而众多植物一起生长时却郁郁葱葱、挺拔茂盛，这种相互影响、相互促进的现象被称为共生效应。它不仅存在于自然界，人类社会中有，教育教学中有，在信息化时代的课堂教学中也有。

1. 技术与人的共生

信息技术已全面渗入社会肌体，深刻影响着人们的生活方式。初中生是网络的生力军，"互联网+教育"让教学必须与时俱进，与网络同行。教师要注重把网络与平时的教育教学相结合，走进学生实际的网络生活，建立师生、生生进行信息交流的网络平台，组建班内教学资源库，拟定群内文明公约，制作、上传、督促学生收看微视频。课前、课中、课后都依托信息技术，教学与技术、人与技术无声无息紧密结合，学用一体，实现信息技术与学科深度学习、实践探究相融合，最终实现人、教与学、信息技术共生共长，提升包括人的媒介素养在内的学科核心素养。

2. 课程与人的共进

大数据时代的网络环境下，信息泛滥，海量信息与教学资源为各学科的课程开发提供了更大空间，如此庞大的信息量，仅靠教师的力量远远不够，只有师生协作配合，齐力收集有用信息，共同研发资源库，教材内容才会更丰富，课程资源才会更广泛。学生参与教学资源的整理和归纳，学习主动性会增强，学习兴趣会提升，教师的教学效率就会提高。把课程建设纳入发展人的轨道上，使人在共生系统中不断地完善自己，凸显生命存在的价值。

3. 知识与心灵的共长

在"立德树人"的目标下，学科教学因过分注重知识的传授以致偏离了学科教学的本质而备受争议。在信息技术时代，更要注意克服"技术主义"的倾向，不能只关注技术而忽视人的存在，教学不仅是知识的传授，更是人的智慧和情感的培养，以知促行，知行合一。教学把学生带入真实的社会生活，让他们直面各种现实问题，理智分析，纠正偏差。

在技术重建学习的时代，学习随时随地都在发生，教师和学生的界限不再泾渭分明，教师、学生、课程、技术已深度融合，共生共长。共生课堂的探索虽是偏安一隅，但接地的小苗或许也能开出星星点点的小花。

**五、各学科构建共生课堂学习文化的操作范式**

多年来，我校一直致力于课堂教学改革。"十二五"期间，我们在研究江苏省级规划课题"基于网络环境下构建学生自主发展教学文化的实践与研究"过程中形成了一套具有我校特色的文科、理科教学模式。"十三五"期间，在原有课堂教学模式的基础上，立足学校实际，结合各学科特点，逐步探索出具有我校学科特色的教学模式。

（一）网络环境下语文学科共生课堂操作范式

"互联网+"背景下学习发展的基本特征呈现为：学习环境开放化、学习资源多元化、学习工具个性化、学习过程可视化、学习评价智能化。"互联网+"背景下初中语文教学将网络学习与课堂教学有机融合，实现资源空间的整合，增强了学生自主学习思维能力。

《义务教育语文课程标准（2011年版）》明确要求，面向全体学生，使学生获得基本的语文素养，努力促进学生语文素养的整体提高。统编语文教材采用"人文主题"和"语文要素"双线组织单元的结构形式，试图兼顾语文的人文性与工具性。人文性满足人民日益增长的精神文化需求，工具性是解决知识技能方面的问题。

在"互联网+"的背景下，语文课堂形成了主题探究的单元整体教学模式，借助互联网查找资料、探究问题、交流分享，形成以"问题探究""交流展示""拓展延伸"为基本流程的自主学习操作范式。在具体操作中，分为课前资料导学、课堂主体自学、课后拓展链接三个板块。

在网络技术支持下，课前教师精编导学案，发布微视频资料；学生基于导学单进行自主学习，利用开放的学习资源、多元化的交流平台，自主选择达成目标的方法和路径。课堂中，教师利用多媒体发布学习任务，利用手机及时捕捉学生的学习轨迹，最终通过智能终端让分享可视化、交互智能化。课后，通过评价反思，拓展新的语文实践和探究活动，通过互联网的支持把语文学习引向无限辽阔的空间。见下图：

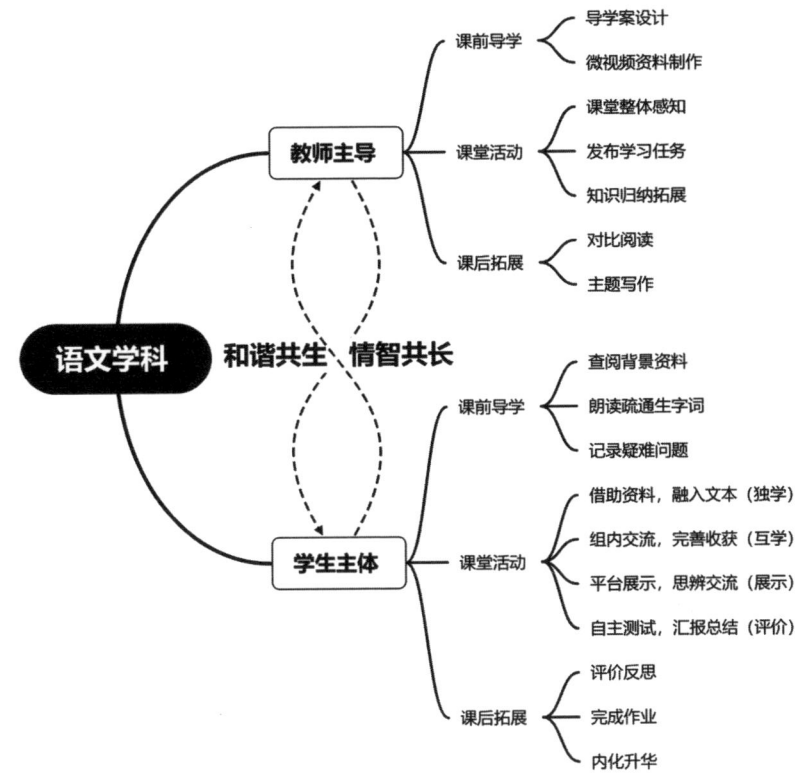

图 2-7 网络环境下语文学科共生课堂操作范式

（二）"互联网＋"背景下数学学科共生课堂操作范式

"互联网＋"背景下的数学共生课堂的生态是多元聚合、动态发展、再平衡的教学生态，师生生态、课程生态因信息技术的发展而呈现出一种新的发展态势，在教学活动中，教师与学生、课程与教材，技术与环境，共在共生，共荣共长。共生是共生课堂师生的生存状态，共长是共生课堂师生的生长状态。

课前教师利用数据分析精准获取学生学情信息，利用丰富的网络资源和多媒体设备进行教学设计，制作课件；制作完成后利用网络平台发布教学资源，主要以小视频、多媒体交互、文档等形式提供给学生，充分激发学生的学习兴趣，提倡自主学习、差异化学习，学生全员参与。

课中教师结合现实生活，把能够真正进入学生视野的、激发学生兴趣的、与时俱进的内容作为教学资源，使学生能够广泛地参与学习；精心设计数学活动，以问题引领，变式深入，渐进式、阶梯组题的设计，激发每位学生自主参与、理性思考的热情。教师精心组织课堂，示范合作，点拨提炼；学生独立思考，敢于提问。利用希沃、智慧云、数学几何画板、GeoGebra 软件启发师生间的对话与交流，实现思维、智慧的碰撞，从而产生新的思想，使原有知识、情感、价值观更加科学和完善，使师生情智得以提升，实现师生双主互动、情智共长。

课后师生合作建立评价反馈机制，及时检查，多元激励。通过互联网平台，教师既可以和学生互帮互学，还可进行个别辅导，有利于增强学生归纳、思辨能力，实现信息技术辅助下的因材施教，促进学生数学素养的提升和教师的专业发展。

数学学科的共生课堂，一方面教师以教者与学者的双重身份引领学生成长，采用多媒体和互联网技术更好地帮助学生获取知识，体验、感悟生活；另一方面通过师生之间、生生之间平等的对话和交流，不断挖掘教师的教学潜能，体现其教育价值，使教师收获教学成果。教学活动既是促进学生知识积累、道德提升和个性发展的过程，也是教师专业成长和自我价值实现的过程。师生既在知识、道德、人格上相互启蒙，也在课堂教学中相互学习、和合共生、互利共长。见下图：

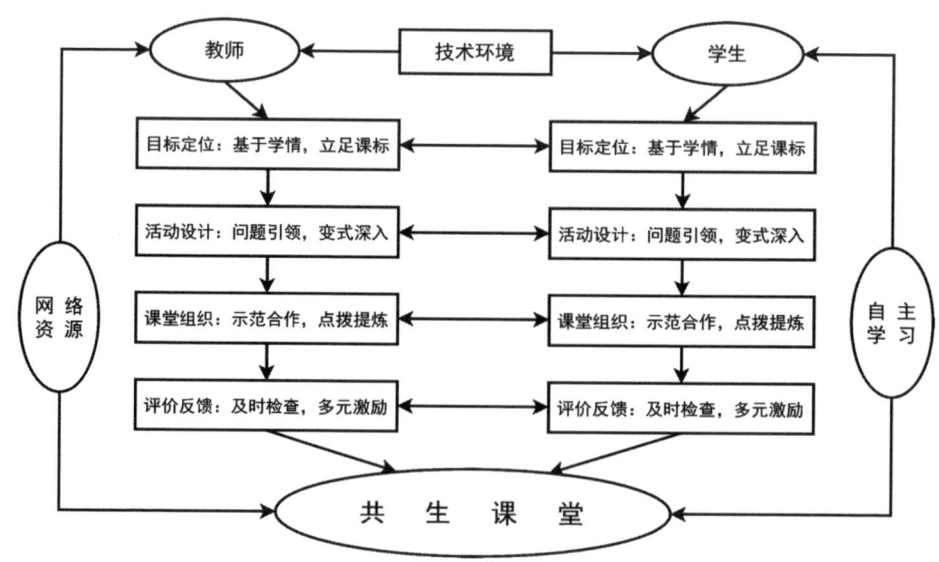

图 2-8　网络环境下数学学科共生课堂操作范式

（三）网络环境下英语学科共生课堂操作范式

英语学科的基本学习模式是指在英语课堂四维评价标准引领下，在技术与环境的支持下，教师和学生通过"学—研—评—展"四个基本环节，开展深度探究的合作学习模式。

课堂四维评价标准是评价教师能否上好一节英语课的重要参考依据。这四项标准分别是：语境、问题、互动和思维。语境（situation），即在教学过程中创设恰当自然的英语语境，让语境教学深入课堂。问题（question），即能够提出有效问题，梯度设置合理，让问题设置引领课堂。互动（interaction），即强化多维互动、合作共学，让互动交际贯穿课堂。思维（thinking），即培养英语思维，让思维活动充实课堂。

信息技术的发展给英语课堂增添了更多可能性。在技术和环境的支持下，线上线下的多媒体教学互动成为教学的常态，师生、生生之间的知识与思维的互补正在让英语课越来越灵动高效。在这样的技术环境支持下，"学—研—评—展"四步合作学习模式的实效性得到了进一步提高。

在此学习模式中，自主学习环节是前提。该环节主要通过学习用表引领，让学生明确学习目标、学习方式、学习内容及学习时间，为后续环节做好准备。合作研讨环节则是通过组内信息交换、组内相互质疑、组内合作解惑及组内问题汇总的流程来实现生生之间知识信息差异的互补。将组内问题汇总后，则需要通过展示点评环节来进一步引导学生思维，一般操作流程为小组成果展示、师生点评完善、组间问题交流、相互释疑解惑和适当拓展延伸。最后的总结反馈环节是促进学生知识体系构建的关键环节。皮亚杰的认知发展理论认为，学生的认知结构是通过不断的同化、顺应过程来完善的。学生在自主学习、合作研讨、展示点评、总结反馈的过程中，在技术与环境的支持下感悟和应用语言，不断提高自身的语言知识与运用能力，由此达到更高效地习得语言的目的。见下图：

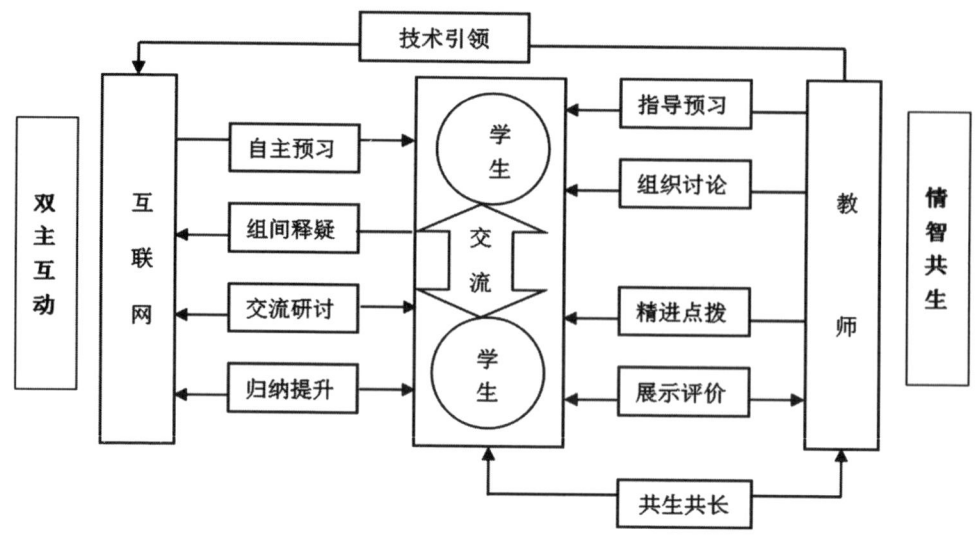

图2-9 网络环境下英语学科共生课堂操作范式

（四）网络环境下物理学科共生课堂操作范式

物理学科是一门自然科学学科，随着人们对物质世界认识的深入，物理学对于科学技术以及经济文化的发展起到了越来越重要的作用。在义务教育阶段，物理课程应以提高学生科学文化素养，促进学生全面发展为己任，激发学生的兴趣与热情，增强学生的创新意识和实践能力，培养符合新时代要求的高素质人才。

基于我校生源多元化的特点，网络环境下物理学科共生课堂操作模式有以下三个特点：

1. 场景搭建

教师将物理知识与生活实际、网络上的有趣视频相结合，使书本内容生活化。教师利用生活中的物理现象、网络视频中神奇的物理现象引起学生注意，激发学生的学习兴趣，构建生活化场景，让学生学到的内容能有"用武之地"，模拟解决真实问题，激发学生的学习热情；同时，对网络视频的拆解与分析能让师生增强物理原理的应用能力。

2. 科学探究

教师利用科学实验发展学生好奇心与求知欲，发展科学探索兴趣，培养学生坚持真理、实事求是的科学态度和科学精神。对于部分不具备实验条件的实验，教师可以网络视频实验或者多媒体演示实验的形式在课内外进行。

3.专题化课题

由于学生的身心发展具有差异性，对于物理知识的理解也是参差不齐，教师在教学过程中既要注意全体学生的共同基础，又要根据不同学生的身心发展状况以及学习情况，设计供学生选择的物理课程专题模块，以满足不同学生的学习需求，促使学生自主地学习。在互联网的大背景下，教师可以利用网络资源完成专题模块设计，通过网络向不同学生提供不同的专题模块，或者让学生根据自身情况选择不同的专题模块进行自主学习，教师利用大数据分析，进一步了解学生具体掌握情况、存在的问题，从而优化教学方案和调整教学进度。

整个教学流程体现了"双主互动、情智共生"的教学主张。教师利用网络资源构建可视化的知识网络结构体系，将物理学科中重难点拆解成一个个小模块，以视频、多媒体交互、文档等形式提供给学生，体现了教师的主导作用；在教学中，充分激发学生的学习兴趣，提倡自主学习、差异化学习，真正做到以学生为主体。同时，在资源的拆解与分析中，教师的学科科研能力得以提升；在课内外学生自主学习的反馈中，教师直接看到教学成果，及时优化方案，调整教学方法，教师和学生在共生课堂"教"与"学"的过程中真正得到成长。见下图：

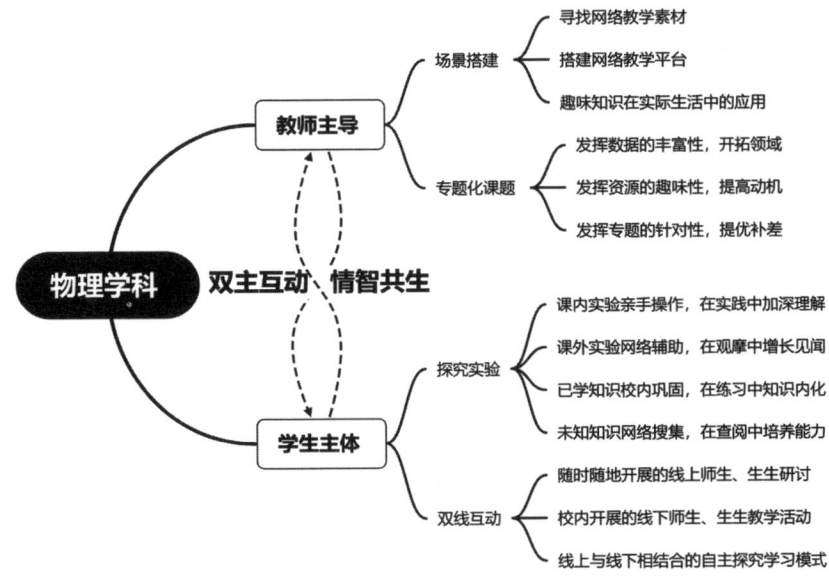

图2-10　网络环境下物理学科共生课堂操作范式

（五）网络环境下化学学科共生课堂操作范式

开展化学学科共生课堂的三大步骤：开发网络资源、鼓励自主学习、同建共生课堂。

开发网络资源：教师开发网络资源能够为教师提供具有创造性的教学素材。学生使用被教师开发过的网络资源能够产生学习兴趣，为后续的自学任务创造强大的学习动机。

鼓励自主学习：教师布置自学任务，并通过该任务的完成情况来获得学生的成长数据，了解学生对知识的内化程度。学生利用网络进行自主学习，这一过程中学生的综合能力得到了培养。一方面，自主学习过程中涉及的网络教学素材、延伸知识等为共生课堂提供了新的教学资源；另一方面，自主学习的过程中会对网络资源进行知识化的二次建构，学生对资源的新认识反向深化了网络资源的内涵。

同建共生课堂：教师主导共生课堂，学生是共生课堂的主体，这一过程必须"双主"同时参与，包含了合作学习、资源共享、师生互动等多个环节。一方面，教师能够通过学生的课堂表现进行课堂效率的评估，进一步了解学生的知识储备、情绪情感、能力状态等多方面情况，从而调整教学策略；另一方面，学生既学到了知识，又得以培养化学责任感，生成了多元化的智慧。通过自主学习开发的新教材在共生课堂上得到了实践与检验，师生双方通过共生课堂对自主学习的意义真正理解并内化。整个共生课堂是"双主互动、情智共生"的过程。在实际授课过程中，积极构建共生课堂可以实现以下课程创新：展示"非实验室化"的化学现象，将理论与生活实际相结合；尝试开发更具趣味性的新教材，将娱乐资源转化为学习资源；利用网络资源拓宽学生学习视野，理解化学学习的普遍原则。教育者、受教育者、三大步骤之间的互动关系，见下图：

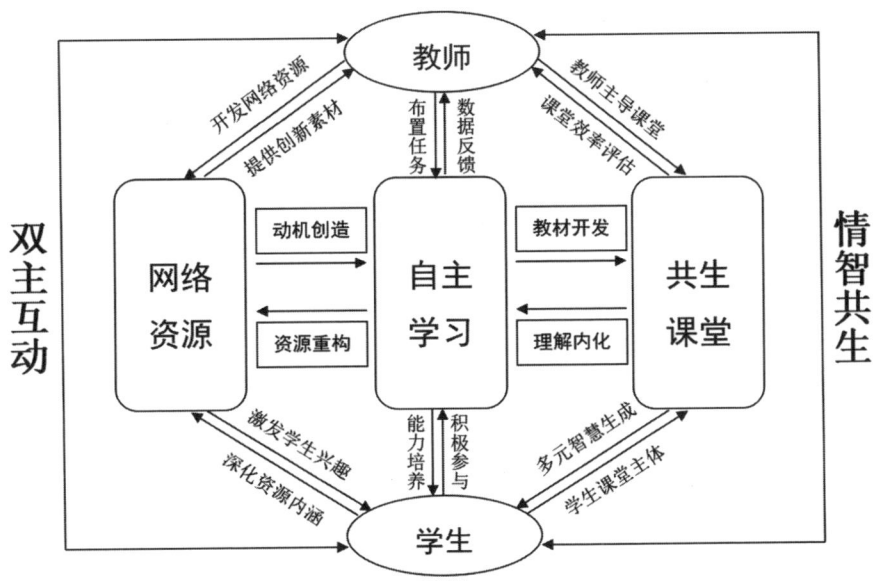

图 2-11　网络环境下化学学科共生课堂操作范式

（六）网络环境下道德与法治学科共生课堂操作范式

道德与法治教学应打通学科知识与个体生活经验之间的价值链接，通过价值引领与实践导行，扩展学生有益经验，促进学生经验改造。道德与法治教材在继承和发展原有教材的基础上，坚持学科的知识逻辑和个体的生活逻辑相统一，引入六项活动设计，充分体现德育回归生活的课程理念，把学生的个体生活经验贯穿每节课教学之中。结合这六项活动设计，以及学生经验改造的路径，见下图：

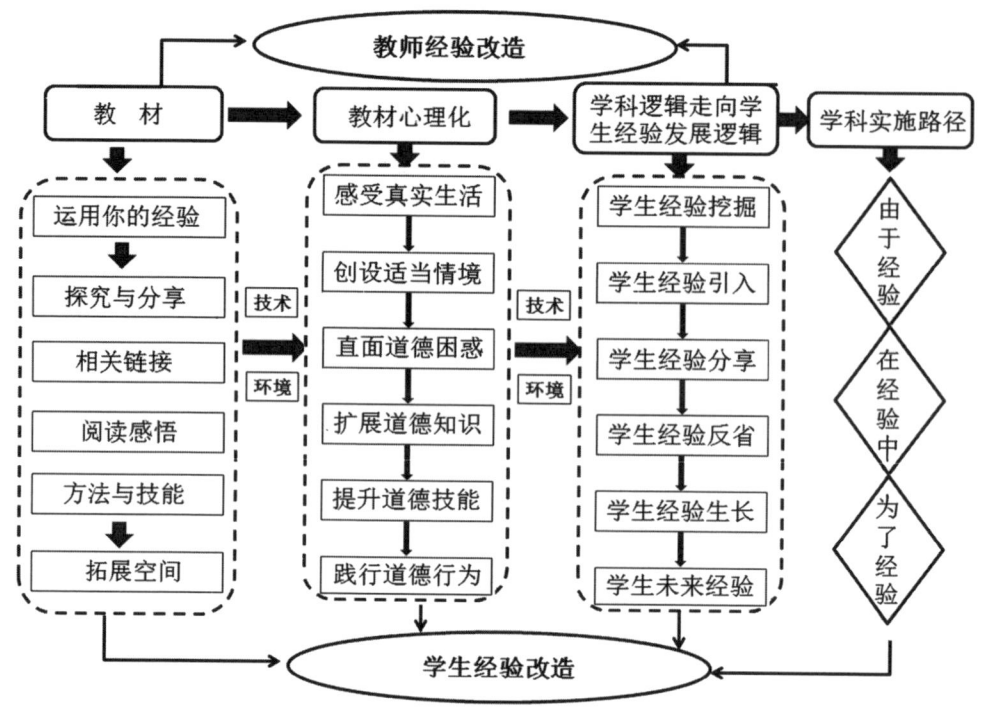

图 2-12　网络环境下道德与法治学科共生课堂操作范式

教材设计"运用你的经验""探究与分享""相关链接""阅读感悟""方法与技能""拓展空间"等六项活动，促使儿童个体生活经验得以表达、分享、交流，通过师生经验、生生经验的冲突、碰撞，进而引导个体对自身经验的反思，促进学生反省经验的形成，从而实现经验的改造、扩展。教师运用信息技术，创造性使用教材，促使教材心理化，按照学生经验改造的规律，为学生经验改造创造适宜的学习环境，从而在实现学生经验改造的过程中，也改造了自身经验。师生因教材、技术、环境而共生共长。

我校学生来自全国各地的都有，除了新疆和西藏两个自治区的外，新太仓学生占比 65%，学生文化背景差异非常大，每位学生都有鲜明而丰富的生活经验，这些生活经验由个性、地域特征、民族习俗、文化差异等综合因素而形成。网络的发展助推了学生原始经验的真实呈现，这些丰富而生动的个体经验为教学的开展生成了最真的课程资源。教学把学生生活经验作为学习起点，学生可以通过信息技术手段，在课堂中呈现各自的生活经验，与同学分享、交流、碰撞，甚至冲突，并以此为契机，引导学生对个体经验的反思，促使学生进行经验的调整、扩展。教师在课内外通过现场交流、网络互通等方式，与学生分享、交流经验，也有助于教师进行经验改造。师生因课堂、技术而共同进步、共同发展。

（七）网络环境下历史学科共生课堂操作范式

人类社会生产力的不断发展推动着信息技术的快速更新，"互联网+"的学习方式越来越多地被引入现代课堂教学，构建智慧学习环境已经成了历史学科发展的必然趋势。新教材在继承和发展原有教材的基础上，坚持学科"立德树人"根本任务，落实学科素养。结合学校学习用表，利用云资源共享平台——Y 盘，设计了以学生为主体的教学模式，见下图：

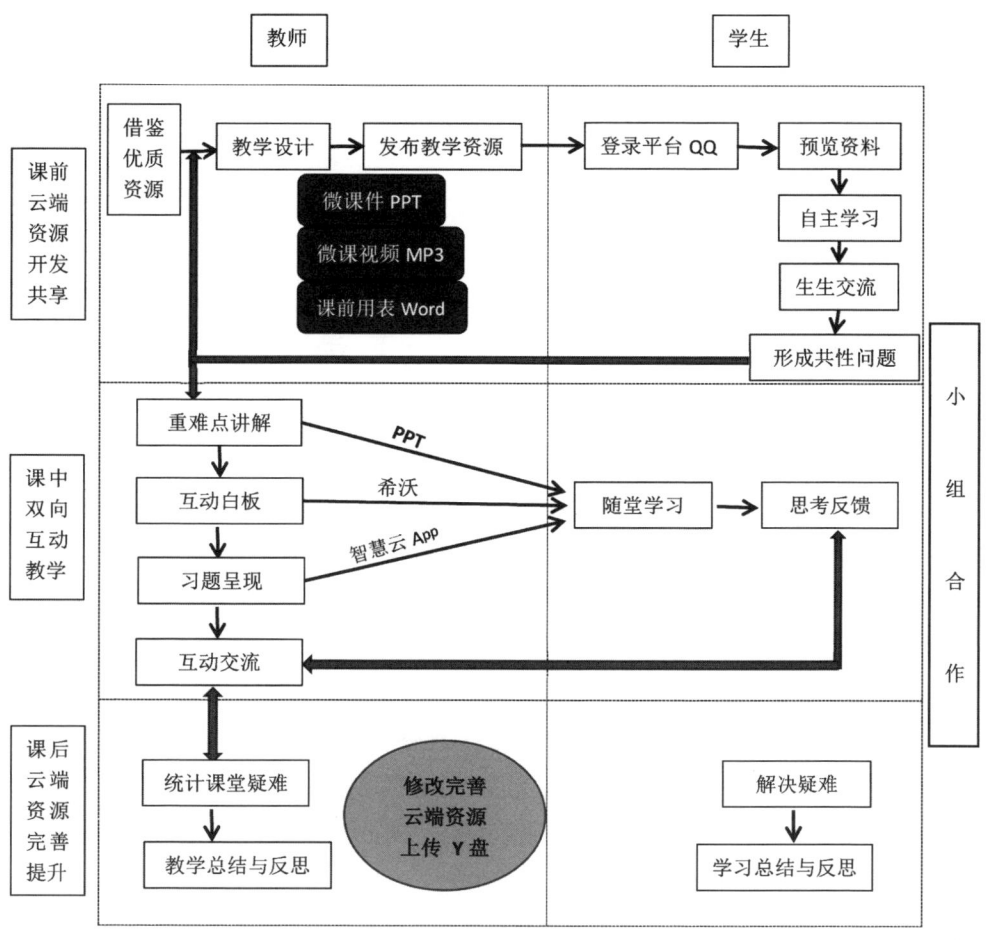

图 2-13　网络环境下历史学科共生课堂操作范式

这一模式分为"课前云端资源开发与共享""课中双向互动教学""课后云端资源完善与提升"三大环节。在"互联网+"教学环境下,课堂可选择的资源变得丰富多彩,这为教师优化教学设计、丰富教学内容提供了有利平台。教师可以运用中学历史教学园地、学科网等网站资源平台,搜索与之相关的优质课件,并进行修改与整合,形成具有自身教学风格的课件。在新课开始之前,教师可以将本课相关的教育资源共享在群中,供学生提前预习。在自主学习过程中,汇总整理学生不易理解的共性问题,在课堂中有选择地重点讲解。通过智慧云平台等教学软件,构建新型教学环境,便于教师、学生、教材之间的快速沟通。

"互联网+"学习时代改变了以线下教学为主的课堂模式,更多地融入了师生之间的交互性活动和自主性活动。通过减少预设、增加自主学习时间,学生能够获得更大的空间和更多的时间,课堂在学生的活力下真正地"活"起来。在这一过程中,不仅学生喷涌出更多的学习热情,教师在优化教学过程中也在不断地成长着,实现了教师和学生的共生共长。

**参考文献:**

[1] 何自立,徐学军. 生物共生学说的发展与在其他领域的应用研究综述 [J]. 企业家天地·理论版. 2006(11):132-135.

[2] 林育真. 生态学 [M]. 北京:科学出版社,2004:84-85.

[3] 王永辉,冯丽樱. 远程学习支持服务:文化的视角 [J]. 中国远程教育,2007(5):23-27.

[4] 钱松岭. 数字时代的学习变革——美国国际教育技术协会 2017 年会暨教育展览会综述 [J]. 中国电化教育,2017(10):29-30.

[5] 中华人民共和国教育部. 义务教育语文课程标准(2011 年版)[S]. 北京:北京师范大学出版社,2012.

[6] 李友钟. 共生哲学若干命题探究 [J]. 理论界,2015(6):91-96.

# 第三章

# 硬件资源——共生课堂的实施基础

为深入贯彻落实中共十九大精神，加快教育现代化和教育强国建设，推进新时代教育信息化发展和转段升级，教育部提出《教育信息化 2.0 行动计划》。人工智能、大数据、区块链等技术的迅猛发展，不仅改变了教师"教"和学生"学"的方式，而且已经深刻地影响了教育改革、教学模式实践、网络教研及教育评价等方方面面。

《教育信息化 2.0 行动计划》要求广大教师更新观念，与外界接轨，与社会接轨，适应时代的发展、社会的变革，掌握信息技术，把信息技术运用在课堂上，激发学生学习的兴趣，培养具有创造性思维能力的学生，全面提高学生综合素质。

本章从我校的共生课堂网络环境建设和共生课堂的师生信息技术应用能力建设两个方面来阐述共生课堂的网络建设。

# 第一节　共生课堂的网络环境建设

《教育信息化十年发展规划（2011—2020 年）》指出："人类社会进入二十一世纪，信息技术已渗透到经济发展和社会生活的各个方面，人们的生产方式、生活方式以及学习方式正在发生深刻的变化，全民教育、优质教育、个性化学习和终身学习已成为信息时代教育发展的重要特征"，"以教育信息化带动教育现代化，破解制约我国教育发展的难题，促进教育的创新与变革，是加快从教育大国向教育强国迈进的重大战略抉择"。

我校依据教育部《教育信息化 2.0 行动计划》文件指导精神，以变革学校管理方式、教师教学方式和学生学习方式为重要着力点，以智慧教育培养信息社会的创新人才为目标，继续加强我校创新特色的信息化建设。共生课堂的网络环境建设坚持从实际出发、因地制宜，坚持整体规划、突出特色、合理配置、注重效益、分层推进、逐步到位的工作方针，形成教育创新、技术融合和服务创新互动并进的良好局面。其主要版块见下图：

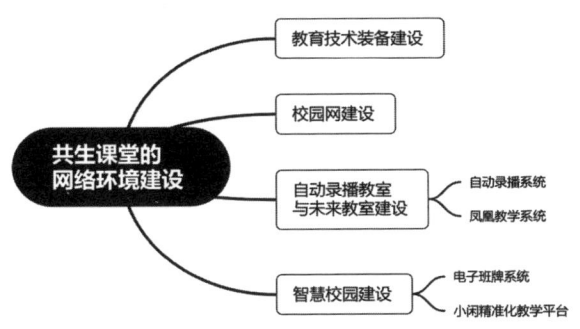

图 3-1　共生课堂的网络环境建设

## 一、教育技术装备建设

按照《江苏省中小学教育技术装备标准（试行）》I 类标准和国家《教育管理

信息化标准》建设要求，配足配好师生用电脑并及时更新。校园多媒体交互式电子教学设备的覆盖率达100%，并配备不低于1：6的学生数字化学习终端；全面提升专用教室的教育技术装备水平。

## 二、校园网建设

校园网全面升级提档，拥有2条百兆电信链路、1条移动链路，实现100%的校内无线宽带上网，教室的信息终端能够满足网络环境下的多媒体互动教学和班班通资源平台的应用需要，全面提升我校与教育城域网接入能力。校内网络采用千兆主干线路连接，校内资源下载传输速度达到100Mbps，达到了校内智能化教学系统的网络传输要求。见下图：

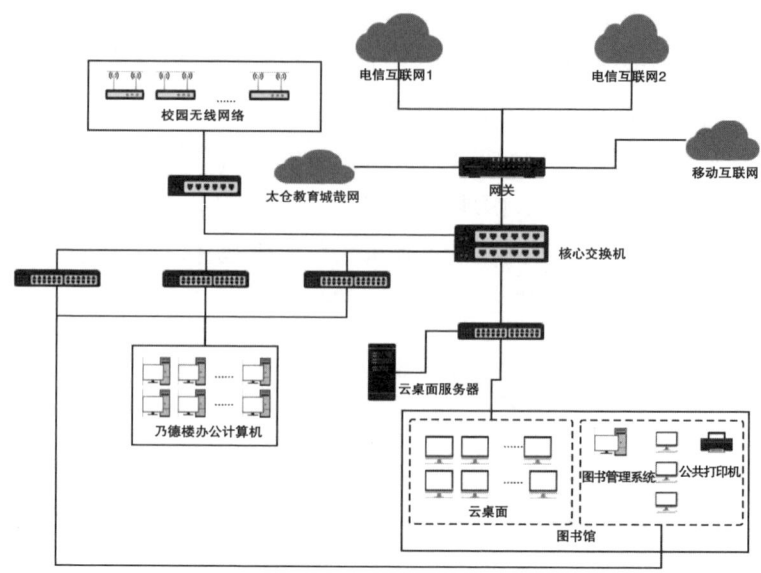

图3-2　校园网络拓扑图

## 三、自动录播教室与未来教室建设

按照建设太仓教育课堂直播云平台的建设规划，建成一间连入云平台的自动录播教室；同时按照苏州市未来教室建设规划，充分依托无线网络技术、传感技术、交互联动及遥指技术等新兴信息技术，在自动录播教室基础上建成能够优化教学内容、便于学习资源获取、促进课堂交互开展并具有情境感知和环境管理功能的未来教室，引领学习方式和教学模式的真正变革。

## 四、智慧校园建设

根据国家、省数字校园和苏州市智慧校园建设标准，我校是深入推进基于新型学习空间的智慧校园建设试点工程的试点单位，推进苏州市智慧校园建设和太仓市智慧校园建设，我校成为苏州市智慧校园。建立班班通优质资源平台和人人通智慧学习服务平台。班班通将每个教室通过计算机网络连接起来，由教育云平台+班级硬件设备+班级资源终端组成；人人通学习平台为每位学生开通网络学习空间，提供电子课件、视频课堂、习题精选等多类数字资源。两大平台都是基于 PC 教育云平台门户、手机终端和电子书包学生学习终端等，面向教师提供课堂授课工具，面向学生提供在线自主学习及测评，面向家长提供同步辅导及学习反馈的信息化应用，旨在通过信息技术手段拓宽"教"与"学"的空间，创新现代信息技术环境下的教学教育新模式，实现校内校外资源的高度共享，初步形成信息化教育网络体系。

（一）电子班牌系统

电子班牌是当前智慧校园建设的重要组成部分，是学生参与校园信息化的重要载体，是中小学适应新教育、新课程改革、新形势下智慧校园信息化建设的重要系统之一。我校电子班牌系统采用软硬件一体化结合形式，拥有移动终端管理，附加人工智能感应，旨在实现教师轻松应用、学生全员参与、家长沟通方便等。

本系统将移动互联网、物联网、智能显示、AI 人工智能等最新技术运用于校园文化和日常管理，将校园各个分散的软硬件系统进行整合，按照可视化、移动化、便捷化的设计思想，提升学校管理和教学信息化水平。以人脸识别为主要的身份验证方式，通过整合，实现新旧设备的信息对接和互联，搭建集学校日常管理和综合服务于一体的信息化软硬件平台。在数据采集自动化、校园管理信息化、教育资源均等化、家校互动平台化等多个领域开展智慧校园创新服务。

### 1.系统组成与作用

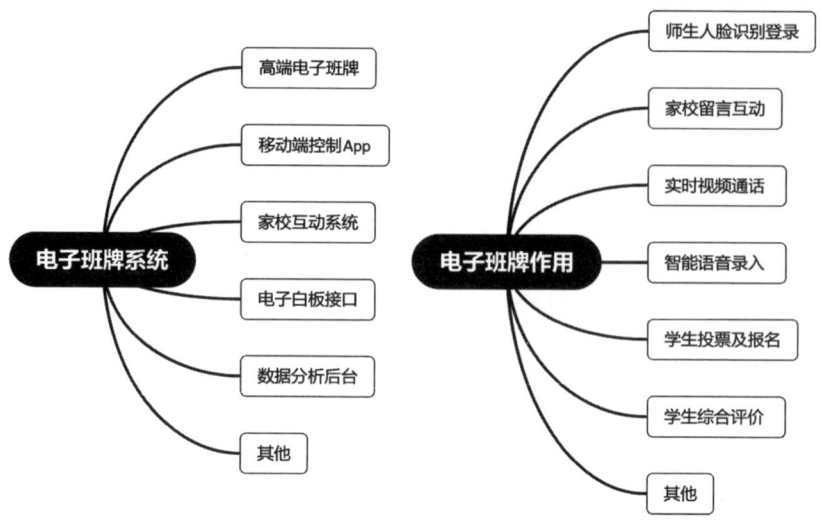

图 3-3　电子班牌系统及其功能

### 2.应用

在操场、食堂等校园公共区域，教师只需要打开 App 扫描学生人脸，便可识别学生的班级和姓名信息，进行表扬或批评记分。对于学生，可通过刷脸登录个人中心，个人中心将展示该学生拥有的使用权限的功能列表，如成绩查询、家庭留言、与父母视频通话、投票报名……

对于教师，使用 App 全程管理使用电子班牌系统，信息发布和信息实时反馈十分便利。同时系统可整合校园现有宣传屏、校门口 LED 大屏等孤立管理的显示设备，将其扩展为显示和交互体系的一部分。校外家长可实时接收教师发送的各类信息，包括子女出入校时间、课后作业、班级通知、考试成绩、学校举办的各项活动及子女的留言信息等，也可实时与孩子通话。

校园大屏或平板电脑的应用，可以实时展示全校学生出勤情况、学生疾病情况、班级日常考核评比情况、教师到岗情况、教师值班安排情况、校内公示信息、校园通知信息、校园活动安排信息、食堂菜谱、访客信息等，精准、方便。

（二）小闲精准化教学平台

依托于人工智能、大数据、云计算技术，小闲精准化教学平台常态化采集学生学习过程中的海量数据，了解每一位学生，看到学生发展进步的动态过程，进行客观理性的学情分析和学生学业水平评估。

流程如图所示。

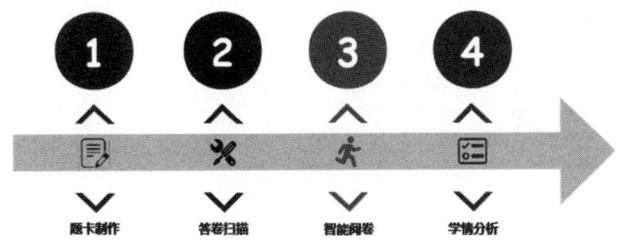

图 3-4 小闲评测流程图

1.数据来源

基于小闲客户端/Microsoft Word 的答题卷制作，系统支持独立答题卡、题卡合一、题卡分离方式的出卷，可广泛适用于日常作业、考试等应用场景。基于 Web 的答题卷制作，系统支持独立答题卡、题卡合一、题卡分离方式的出卷，同时支持调用第三方题库（例如学科网等）进行自主组卷或智能组卷，组卷完成后自动生成答题卡，作业本定制化，校本作业活页化。为保证教学检测的时效性及提高教学效率，改进校本作业编写和印制方式，根据教学进度、内容和对象集中或分步编印活页式的分层校本作业，不改变学生书写作业和教师批改作业的方式和劳动量，通过机读及时获取相关数据。提供定制化专项练习，可以为学校提供专项练习本，例如古诗词默写专项练习、文言文断句专项练习等，系统运用人工智能技术自动批改。

2.自动扫描

扫描操作高度自动化，仅需将答题卷放置在高速扫描仪的进纸口，系统自动开始采集扫描数据，并能自动识别答题卷的正反、颠倒，无须教师整理试卷、选定科目和班级。

3.网阅数据采集

在扫描完成后，客观题由系统自动批阅，主观题由系统自动切换好小题，待批阅任务分配后，教师即可进行网上批改工作。系统可以边扫描边批阅，不耽误教师的批改时间。在所有题目批改完成后，由分配阅卷的教师统一提交数据，系统立即完成各项分析报表的计算，并将结果实时呈现。见下图：

| 题目 | 阅卷模式 | 许分类型 | 阅卷员 | 仲裁员 | 仲裁误差 |
|---|---|---|---|---|---|
| 3、填空题类 | 纸阅 网阅 | 单评 双评 | | 空 | 1▼分 |
| 3.1 | 纸阅 网阅 | 单评 双评 | 老师1、老师2 ☑ | 空 | 1▼分 |
| 3.2 | 纸阅 网阅 | 单评 双评 | 老师1、老师2 ☑ | 空 | 1▼分 |
| 3.3 | 纸阅 网阅 | 单评 双评 | 老师1、老师2 ☑ | 空 | 1▼分 |
| 3.4 | 纸阅 网阅 | 单评 双评 | 老师1、老师2 ☑ | 空 | 1▼分 |

图3-5 小闲阅卷模式

#### 4. 纸阅数据采集

纸阅模式不改变师生日常的作业和考试习惯，学生在纸上作答，教师在纸上批阅，批阅以后试卷上保留阅卷痕迹。客观题由系统批改，主观题由教师批改。教师有几种批改方式：分数条标注的方式、手写打分框的方式、自然标注的方式。教师在纸上批阅完毕后，进行扫描，扫描完毕后，系统立即完成各项分析报表的计算，并将结果实时呈现。

### （三）大数据分析

常规的学生考试成绩统计，如班级平均分、各分数段人数等，已远远不能满足大数据形势下教师、学生、教务处的需求。小闲智慧教育平台可精准分析每一个班级、每一位教师、每一门学科的对比数据，全面监控学校的教学现状，适时调整学校的教学管理措施。精准分析每一位学生的学习数据并进行学情追踪，帮助找准课堂教学的起点、重点和每一位学生的薄弱点，开展精准教学，使得学校更多地关注整个学校、一个年级、一个学科的整体发展情况。班主任更多地关注班级的整体学习表现、每一个学生的学业表现、历次成绩跟踪、班级优势学科和弱势学科等。任课教师更多地关注知识点和重难点掌握情况的数据分析、学生成绩分布情况、得分率较低题目的归因分析等，包括每个题目的平均分、得分率、标准差、难度、区分度和知识点说明等细目。

#### 1. 基础数据分析

基础数据主要应用于日常教学，采集的内容包括作业、练习、考试等，通过调阅系统采集到的数据，可以方便地应用于教学。分析单次作业、练习、考试的数据，包括总分数、班级平均分、年级平均分、级次、班次、每次参加统计的班级人数、未参加名单、最高最低分、优秀率、良好率、及格率、不及格率、进步最多、退步最多、排名及分数段分布等。试卷逐题分析，包括各题的年级、班级得分率，每道题每位学生的作答详情（可包含知识点、题干）。知识点掌握度分析，按照知识点得分率进行排序，呈现学生对知识点的掌握情况。针对作业或考试出现的共性错题，形成班级共性错题库，教师可以方便地进行下载，用于进一步的讲评和测试。

2.人工智能评估

人工智能自动标注知识点，通过对题目知识点的识别，分析日常作业、测试、联考中学生、班级、年级对知识点的掌握情况，并形成知识图谱。

# 第二节　共生课堂的师生信息技术应用能力建设

网络环境下的共生课堂需要教师和学生具有一定的信息素养，能应用信息技术工具。信息技术与教育深度融合对师生信息素养及应用能力提出了更高的要求。

按照国家标准，积极组织教师参加教育信息化培训在线课程，加入研培用一体化的教育信息化研修平台数据库，开展学科教师、管理人员和技术人员的教育信息化能力培训，建设一支与新时期教育改革和发展相适应的教育信息化应用和管理人才队伍。以数字化教学环境建设和学习方式变革试验为抓手，探索以教材数字化、资源网络化、教学个性化、学习自主化、活动协作化、管理自动化、环境虚拟化为特征的信息化教育教学新模式，促进课程改革和教学创新，全面深化素质教育，全面培养师生信息化应用的习惯、意识和能力。

在传统的教学模式中，交互对象是教师和学生，是"人—人"交互模式。随着时代进步，信息技术进校园和家庭，出现"人—机"交互模式，主要体现了学习者与计算机之间的交互，是计算机辅助教学的基础。随着教育信息技术日益发展，出现"人—机—人"交互模式，其多见于远程教学模式。尽管在通信与网络技术的支持下，现在已经有多种方式可以实现"人—机—人"教学，但从教学实效性而言，教学模式还在探索过程中。

## 一、学校教学交互系统

我校将"政府引导、市场推动、教育需求、多方参与"作为教育信息化的总体建设原则，将教育信息化基础设施和重点项目的建设、应用和维护资金列入财政预算，学校公用经费优先用于信息化建设，教师培训经费优先用于教师信息化素养提升。

我校网络环境下的共生课堂实践多年，共生课堂教学模式中应用的教学交互系统越来越多，将学生、家长和教师作为教学系统的交互对象，可分为三个区域，区域交集处则是教学系统涉及的受众对象（见图 3-6）。例如，在教师与学生的交互中，云平台技术支持的教学助手——希沃授课助手、腾讯课堂都得到广泛的应用。共生课堂教学不仅仅关注教师和学生，还涉及家长，充分应用各种技术和资源全面、立体地构建学生发展平台。

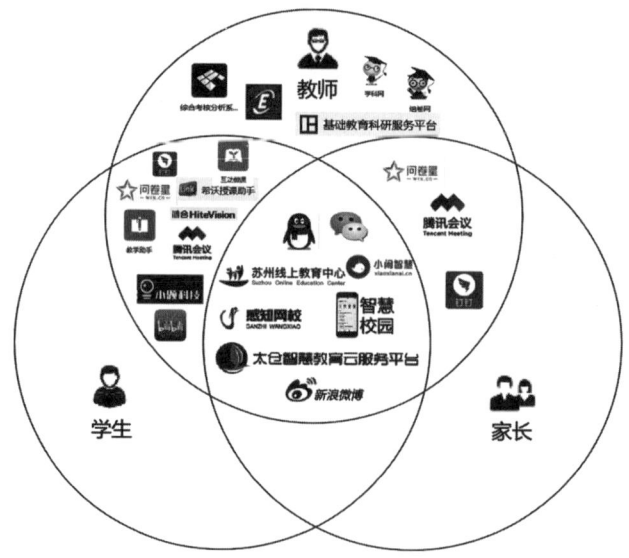

图 3-6　网络交互对象关系图

位于图中央的太仓智慧教育云服务平台为太仓市各学校提供了基础数据服务，在教学上实现了线上备课，提供在线授课，并在课后提供评价测试服务，为家长分析教学过程，更好地帮助孩子，为我校共生课堂教学提供了强有力的技术支撑。

共生课堂中我校教师应用太仓智慧教育云服务平台中教学助手后一般教学流程如图3-7所示。在课前，教师使用学科网和组卷网提供的资源，进行同步备课，在课堂上使用互动课堂进行授课，同时开展智能检测，再布置课后作业和开展小闲智慧评测。教学过程中云平台为教师和家长分析产生海量数据，提供教学精准分析和应对策略、建议。

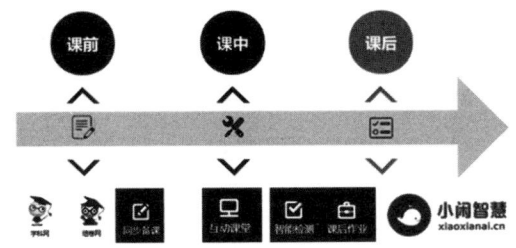

图 3-7　教学助手教学运用流程图

## 二、太仓智慧教育云服务平台

《国家中长期教育改革和发展规划纲要（2010—2020年）》和《教育信息化十年发展规划（2011—2020年）》展现了教育信息化、数字化建设的宏伟蓝图，太仓市教育信息化工作正如火如荼地开展。太仓智慧教育云服务平台基于"云计算"技术部署，建成教育应用软件资源池，为全市教师和教育管理部门提供一站式应用服务，涵盖办公管理、网上学习和教研、教学应用等教育信息化各个方面，满足教育信息化和数字化校园建设的各种应用需求，实现教师个人应用与教育主管部门管理工作的高度统一，充分利用网络和现代化教育教学设备提升全市教师信息技术应用能力和教育管理水平，促进全市教育均衡发展。

在资源建设方面，能够实现全市优质教学资源动态整合与共享，为外地优质资源进入提供开放平台，为教师尽可能提供教学资源与教学工具的支持。在管理应用方面，实现全市教育运行状态实时监测与管理、行政办公自动化，为各级教育管理部门提供决策依据。

在教研应用方面，构建覆盖全市的师资教育网络体系，为教师教育教学水平的提高提供支撑学科内容互动的教研与培训工具，以及具有引领性的信息技术与课程整合优质案例资源。见下图：

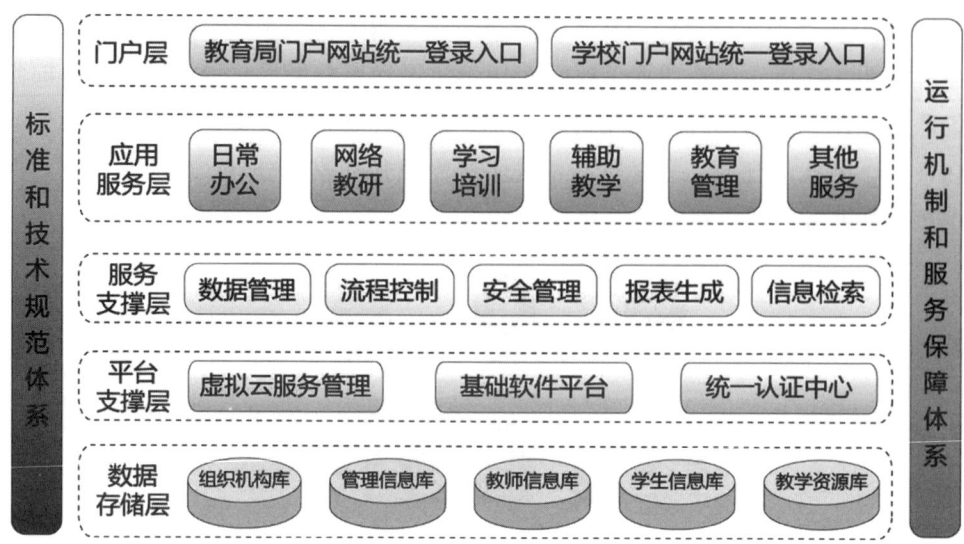

图 3-8　智慧教育云服务平台框架图

太仓智慧教育云服务平台集成日常办公、网络教研、教学、管理等应用系统，教学运用的具体功能模块如下。

| 功能模块 | 功能介绍 |
| --- | --- |
| 基础平台 | 统一认证、单点登录，基础信息设置、用户中心，数据交互、数据共享，第三方集成。 |
| 成绩分析系统 | 实现权限范围内的在线各种成绩查询打印导出，自动生成年级、班级、教师、学生等各类各式当前与历史统计报表，提供折线、柱状、圆形等各类成绩横纵向统计分析图，清晰、直观、准确展现成绩状况与变化趋势。 |
| 教学助手 | 将教学准备、教学实施、备课检查等常规的各个教学环节有机组织起来，形成定位到课堂的教案库、素材库、习题库，组建校本资源库，实现校内、校际备课共享，备课相互评论。教研人员能随时检查教案、教学反思、教学进度，可组织教案评比，查看评比结果，充分利用网络和教育教学现代化的设备提升区域内整体教育教学质量，促进区域教育均衡发展。 |
| 教学资源管理平台 | 依托资源管理平台，建立涵盖教案、学案、课件、微课、试卷等各类资源的汇聚中心。资源中心以简单和好用为设计目标，分为管理和资源两个部分的内容。教师可把资源推荐给学生，学生可以浏览学习资源。并有手机端，可进行移动学习，以及评价和研讨。资源中心会对资源贡献者进行积分奖励，最终实现资源共建共享，缩小教育数字鸿沟，达到教育资源均衡化。 |

图3-9 智慧教育云服务平台的功能

太仓智慧教育云服务平台在教育中的应用是利用先进的信息技术，集中教学过程、教学管理、教学资源等各教学环节资源，并将其存储于统一的数字空间，实现教学资源的高度整合，进而实现教育全面信息化。其作用主要包括四个方面，如图所示。

（一）优质资源共建共享

教师、教育从业者等的实践经验可通过云平台分享促进海量资源的汇聚和共享，通过云平台，教师可以编辑、发布、共享教学资源，实现线上备课。它极大改变了传统教学模式，使得师生何时何地都能获取优质的教育资源，满足学生自主学习和终身学习的要求，并促进了不同区域的教育均衡发展。

传统模式的备课由教师个人独立完成，体现不出团队的协作。而且传统模式的备课方式单一、效率低，教案、素材、课件、习题教学资源等又各自独立，可直接参考资料欠缺，年轻教师备课无人协助指点，造成教师进步困难等诸多问题。

太仓智慧教育云服务平台的"我的教学"是基于Web设计模式的教学系统。其中备课系统在严格遵循教学大纲要求的基础上，精心制作和收集了大量的相关资料，汇集众多教育专家和优秀教师的科研成果和教学方法，通过丰富的资料和必要的手段，将教学准备、教学实施、备课检查等常规的各个教学环节有机组织，形成定位到课堂的教案库、素材库、习题库，组建校本资源库。

教师通过备课系统将自己的优秀教案共享到学校，或者与其他教师分享；其他教师可对共享的教案进行评论、收藏，并进行二次备课。学校可查看校内教师上传的教案并进行评价，对于优秀教案可在校内共享，形成学校优质备课库与资源库。

系统可根据学校需要设置并应用，教师通过系统实现常规备课工作，同时将备课所涉及的素材和课件定位到课时，进行统一管理，优秀的教案和资源汇集成校级的优秀教案资源库，有利于减少教师工作量，同时，也能促进教师教学水平的均衡发展。

学校通过定位到教学章节的素材库及习题库，帮助教师组建个人备课库，将素材、习题定位到每一个课时。教师可以适时适情对素材、资源进行二次创造性改造，形成校内的共享素材库。

（二）创新课程教学模式

利用云平台可以建设网络在线开放课程，教师自主搭建课程，提供在线测试，可以实现即时网上辅导反馈，线上、线下讨论答疑，促进师生交流、师生互动。在课堂上，教师和学生一起完成探究学习等互动，为翻转课堂提供技术支持。

（三）促进教学互动

课前，教师可通过云平台发布教学资源，学生可通过平板电脑、手机等登录云平台，完成课前知识自主学习和网上答题测试。教师可在后台监测学生是否完成了课前教学资源浏览任务，并根据学生的预习情况及网上答题测试结果，适当调整课堂教学组织安排和教学重难点讲授策略。课堂上，学生通过智能手机或平板电脑登录云平台，可即时参与到课堂活动中并获得反馈信息；教师可在后台获取统计数据，并根据学生的预习情况及网上答题测试结果，适当调整课堂教学组织安排和教学重难点讲授策略。

（四）助力教学评价

云平台可以准确记录教学过程中产生的教学信息，自动统计并分析学生的学习数据，还可以从班级团队角度分析群体数据。教师通过平台不仅可以掌握学生的总体学习情况，还可以从知识点角度分析学生具体的学习情况，为教学总结、反思和过程性评价提供科学精准的数据支持。

**参考文献：**

[1] 王艺颖. 基于信息技术的教育教学改革概述 [J]. 黄河水利职业技术学院学报，2021，33（1）：82-85.

[2] 周成俊，徐毅文. 信息技术与课堂有效结合的研究 [J]. 科教导刊（上旬刊），2020（25）：141-142.

# 第四章

# 平台资源——共生课堂的教学工具

　　网络背景下教学工具的应用既能看得见，又能听得见，而且越来越广泛地渗透到教学中。教学工具的应用，绝对不是被动地纳入，而是主动地适应课程的发展，并实现人与物、人与环境、人与技术和谐自然地融为一体的目标。教师作为知识传授者的地位正被削弱，学生被视为知识建构过程中的积极参与者，学习的许多目标和任务都要学生主动地、有目的地获取材料来实现，课堂的操作性变得越来越强。网络背景下同步成长的学生可能与教师处在同一起跑线上，有的甚至比教师跑得更快。"师不必贤于弟子，弟子不必不如师"将表现得比之前任何时代都突出。因此，使用好教学工具，教师的创新能力与学生的学习兴趣、能力才能得到有效的提升，这就是共生课堂的人尽其才、美美与共的共生共长的目标。

# 第一节　共生课堂学习工具应用的理念、创意与形态

## 一、共生课堂与学习工具基本内容分析

### （一）共生课堂基本架构

共生课堂是根据教育生态学相关原理提出的课堂教学主张。这一理论把课堂当作一个完整的生态系统，具体包含了环境、技术、学生、教师等，不同因素之间是相互促进、相互联系的关系，最终达到共生共长的目标。共生课堂学习工具也是坚持这一理念，在具体应用当中基本架构如下。

1. 四个原则

分别是知识技能共生原则、生生共生原则、师生共生原则、课堂内外共生原则。其中知识技能共生指的是课堂必须要达到知行合一，生生共生指的是课堂上需要学生们开展合作学习，师生共生指的是能够让教师与学生通过课堂专业成长的目标，课堂内外共生指的是需要让课堂实现一定程度的延伸。

2. 三个工具

这是共生课堂学习工具在实际应用当中需要承载的载体，为导学案、小组合作以及管理评价。导学案是共生课堂学习工具实际教学当中采用的路线图，小组建设则是具体的实施单位，共生课堂工具应用的重要助推器则是管理评价。

3. 三大板块

分别包含以导学思维为指导的师生共生、课堂学习当中的师生或者生生小组合作、课堂内外共生。第一种板块需要教师采取多样化的措施促使学生学习新知识，课堂之后学生之间通过共生的方式来巩固知识。第二板块需要课堂内外学生之间采取小组合作的方式来完成探究和自主学习。第三板块是为了让课堂上学习的知识得到更好的应用，在课堂之后需要完成延伸和拓展。

4. 四大不同环节

这是共生课堂学习工具在课堂当中的具体操作环节，包含预习环节、交流

质疑环节、展示环节与巩固拓展环节。

（1）预习环节

预习环节要求学生们开展自主学习。学生在明确教师给出的学习目标之后，围绕导学案自己学习课本当中的知识，对需要学习的最基本的、能够消化的知识进行理解，如果遇到没有办法解决的问题要及时做记号。这个阶段要让学生们形成自学的良好习惯，也要教会学生们如何进行自学，让他们更加放心大胆地提出更有价值的问题。

（2）交流质疑环节

该环节当中的关键任务是引导学生在提出自己的疑问之后，能够借助合作学习的方法来解决自己提出的相关问题。具体需要做到：学生之间要对自己自学的成果进行汇报，交流自己在自学当中遇到了哪些问题，学生之间可以相互交流解决。若是针对提出的问题无法找到统一的答案，就让小组之间进行讨论。小组内开展的合作学习活动，主要是讨论教师在导学案中预留部分的一些问题，还有组员在自学当中提出的问题。若组内在讨论之后仍然无法达成一致意见，需要将这一问题交给教师处理。

（3）展示环节

该环节需要教师对学生在前两个环节中提出的疑问进行解答。每个小组要领取自己需要展示的任务，小组长按照组内每个成员所擅长的内容分配任务。在小组展示讨论成果的过程中，教师应当扮演好一位倾听者的角色，不能够在关键时刻打断学生的回答。

（4）巩固与拓展环节

这不仅需要检测学生在课堂上学习了哪些知识，还要让学生们从新的起点上实现进一步的延伸和拓展，把知识转化成为一种新的能力，让课堂内外可以达到共生。

（二）在共生课堂中应用学习工具的必要性

随着当前互联网技术和移动设备、通信技术的快速发展，人类的生活和学习方式已经发生了十分明显的变化。人们可以通过电脑、手机等来了解外部各种信息，查看相关的日程安排，和他人进行交流，上传与下载一些资料，观看电影、电视等。技术的变革及普及，不仅让我们的生活发生了改变，也让我们的学习有了更多新的方式和机会。我们在学习过程中可以更好地利用相关技术，打破时间和空间方面的限制。在当前的发展背景下，如果每个人都有可以在线学习的工具，我们的学习方式自然也会发生改变。正是在这样的发展背景下，共生课堂学习软件得到了十分显著的发展，此类学习软件对于移动设备和通信技术发展的依赖很大。想要达到移动学习的目标，前提是必须要有移动设备和软件。

共生课堂学习软件基于移动设备的便捷性和移动网络技术的交互性，对学习方式的改变也十分显著。因为移动学习对于学习工具的依赖比其他学习模式对学习工具的依赖都要强，所以在课堂教学当中应用共生课堂学习软件，就成了达到移动学习目标的重要途径。共生课堂学习工具本质上属于学习工具，因此具有学习工具的基本特点，是为了让学生和所处的学习环境达到更加有效地互动而采用的一种中介手段。学习工具参与到了学习活动当中，还承担了一定的认知功能，包含智能形态与物质工具等。在课堂教学当中应用这种新型的学习工具，可以帮助我们开拓一种新的教学方式，促使已有教学模式的不断丰富，也让相关的教学理论变得更加完善。其作为课堂教学当中的辅助工具，可以更加直观和全面地将学习资源呈现出来，也可以更加快捷和方便地向学生们发放检测任务，实时检测学生们的学习成效。

## 二、共生课堂中学习工具应用理念

### （一）遵循非正式学习理念

通常情况下，学生在日常的学习活动当中可以按照教师的指导或者自身的学习经验来获得所需要的知识和技能，在家中家人也是他们关键的教育人员。和系统化的课堂相比，非正式学习理论指的是学习者通过观察和效仿的方式来习得一些内容。教育者也经常会借助于示范的方式让学习者学习东西。非正式学习更加关注要在实践的过程当中学习，和陶行知所提出的知行合一理念有一些相似之处。非正式学习是学生们自觉开展的学习活动，学生还能够自己对学习的进程进行相应地调整，掌握了学习的主动权，让个人学习的主观能动性得到了充分的发挥。

### （二）遵循泛在学习理念

泛在学习通俗的说指人们可以使用不同的方式，在不同的时间、不同的场所进行学习。随着计算机技术的大范围普及，泛在学习理念得到了更快的发展。

日本曾经提出了"U-Japan"计划，其他很多国家也提出了泛在学习的项目。我国经济社会持续发展，不同的互联网技术也得到了有机融合。基于广泛视角来理解泛在学习的内容，此种类型的学习是随时都在发生的，资源也是任何时候都有、任何地方都存在的。同样，学习者在学习的过程当中也会得到计算机提供的帮助。

（三）遵循混合学习理念

混合学习理念，就是要将现代的电子技术和传统的教学方式结合起来，不仅要体现出传统教育当中教育者的监督、激励以及引导作用，还要体现出学习当中学生们的主体地位。混合学习在新的时代背景下也有了新的含义，我们能够发现其新的内涵和我们提倡的主体教育有不少相似之处。体现在当前的教育环境中，就是需要把传统课堂和网络在线方式结合起来，让学生能够自主探究学习，具有更强的主体性和自主性。

## 三、共生课堂中学习工具应用创意

（一）构建基于问题学习模式

这一模式的落实所遵循的原理是建构主义，该主义的核心内容：知识是一个不断建构的过程，而在这个建构过程中离不开主体和客体的相互作用，其中学生起到的是主体作用，教师起到的是主导作用。此种学习模式在实际落实的过程当中，要求学生们借助于各种不同的学习方法、移动终端等实现问题的解决。还要明白所需要解决的问题是什么，应当采取怎样的方式来解决这些问题，需要运用到哪些资源来促进问题的解决。学习过程是主动的，只要有一个问题牵动着学生的思想，就可以集中学生的注意力。

（二）构建基于资源学习模式

资源学习模式的构建，对共生课堂学习工具这类的网络学习工具包含的学习资源十分依赖，也强调让学生们可以达到差异化学习的目标。以资源为基础的学习模式构建，仍然要坚持学生的主体地位，让学生通过使用自己手中的在线学习工具查寻所需要的各种资源，再利用这些收集到的资源解决自己在实际学习当中遇到的各种问题。在建构知识的过程当中，学习的主体是学生，教师则承担起了开发和组织整个学习过程的任务。此种学习模式当中，学生和教师各自应当承担的责任都得到了进一步的明确，为学生、教师各自角色的顺利转变奠定基础。

（三）构建基于协作学习模式

协作学习模式关注的重点内容是让学生在学习过程当中使用到探究学习、合作学习和自主学习等方式。这种学习模式应用过程当中，每一位学生都需要借助在线学习软件来确定自己有哪些问题需要得到解决，然后带着自己的问题和小组当中的同学进行交流和讨论，比较、融合别人和自己的观点，再对自己的观点进行总结。整个学习过程需要参与者通过实现学习资源的共享、共同承担各自的责任、开展相互合作等方式来完成。学生在单独完成了自己的学习任务之后，还要积极参与到和其他的学习者交流的流程当中，通过协作来完成共同的学习任务。

## 四、共生课堂中学习工具应用形态

在互联网技术快速发展的背景下，利用网络技术出现的学习工具成为我们学习当中的重要伙伴。不同的学习工具所起到的作用不同，在实际应用中也会产生不同的效果。我们可以将当前市场上在共生课堂当中应用的学习工具中划分为以下四种不同的类型。

（一）传统辅助性学习工具

互联网技术和学习工具最早的结合就是多媒体技术，此种技术在课堂上的使用时间也已经很长了。教师可以制作多媒体课件，将学习的内容要点通过课件的形式展现在学生面前。与其功能相似的辅助性学习工具还有微课，这一学习工具在课堂上的应用时间也不是很短，从国外兴起之后慢慢在我国流行开来，是传统教育方式改革的具体表现。

（二）App 类学习工具

现如今，我们的生活当中已经离不开智能手机了。若是我们能够充分合理地使用手机，不仅学生的学习成绩不会下降，其学习效率反而会提升。基于手机的 App 类工具所针对的学生群体不同，App 的功能也会存在差异。比如在初高中学生各科的学习当中就有一些比较适合的 App，语文相关的 App 有古诗词学习、有道语文达人等。不同的 App 所针对的学习内容也不同。英语类的 App 有百词斩，它可以在线使用也可以离线使用，涵盖的年级十分广泛，从小学、初高中，再到雅思、托福等，每个单词都会配备专门的图片，构建起单词和真实环境之间的良好联系；数理化的 App，如物理试验类的 App，能够在软件当中按照自己的想法设计电路，不会受到经验和教材的限制。

除了这些学科相关的 App，还有一些在学生作业辅导当中比较知名的软件，如小猿搜题 App 等。学生可以将自己不会的题目通过拍照的方式上传，软件在识别出题目之后，会给出题目的解题思路与答案。

（三）网站在线学习类工具

网站在线学习类工具和移动终端类学习工具相比，虽然会受到一定的学习地点的限制，但是可以提供比移动终端更良好的视觉感受。现在能够直接打开网站、完成在线学习的网络平台也不少。以初中网站在线学习为例，比如：国家中小学智慧教育平台，该平台是教育部在原国家中小学网络云平台基础上改版升级的，为广大中小学校、师生、家长提供专业化、精品化、体系化资源服务。平台资源包括专题教育资源、课程教学资源、课后服务资源、教师研修资源、家庭教育资源、教改实践经验等，其中课程教学资源上线了部分教材资源；其他类型的资源也较丰富。平台上所有资源均免费使用，任何单位及个人不得用于商业行为。

（四）移动终端类学习工具

提到移动终端，不少人会第一时间想到智能手机、笔记本电脑等。其实并不只有这些属于移动终端设备。早期在非洲开展的移动学习项目，农村学生可以借助于计划学习学到一些特殊课程，这些学生并没有移动遥信设备，也没有其他数字化的学习工具，但他们 99% 都有移动电话，学生会通过发送短信来获取服务。在智能设备快速普及之后，新的移动终端类学习工具开始出现，其中智能化的学习工具是具有读取、存储等功能的设备，比如掌上电脑、电子词典等。

基于互联网产生的各种在线学习工具为共生课堂的实现提供了更加多样化的方法和途径，也让学生的学习积极性不断提高，为教师提供了更丰富和最新的教学资源。对于教师和学生而言，这是双赢的事情。

# 第二节　教学助手和互动课堂在共生课堂中的应用

## 一、教学助手和互动课堂优点分析

教学助手和互动课堂属于在线课堂教学软件。受新冠肺炎疫情影响，教师和学生需要在网上上课，这为在线教学软件提供了很大的发挥空间，在线教学软件因而在很短的时间内得到了快速发展。该类软件汇集了课件制作、课堂内容互动、专项培优以及家校互动等多方面的功能。软件可以为学生们呈现出一堂生动有趣的网络课程，促进教师教学效率和学生学习效率的提高。教学助手和互动课堂的优点具体表现在以下几个方面：

（一）资源共享平台，内容精准推送

第一，软件当中包含了种类十分丰富的学习资源，而且这些资源已根据学科差异划分好，并且能够具体到某一门课程当中的某个章节。第二，对于软件当中的资源，使用者可以结合自己的教学需求和学生的实际情况进行编辑，更好地满足学生学习和教师教学的个性化需求。

（二）课件工具强大，提高备课效率

第一，所提供的个性作业种类比较丰富，能够促使学生们更加善于学习和乐于学习。第二，能够即时反馈学生们的作业结果，帮助教师根据学习结果来确定教学内容。第三，与教材同步，直接选择优质的课程资源，匹配到课件当中，获取的方式也很轻松。第四，有固定的教学模板、学科工具和互动试题工具等，使用起来十分简便。

（三）趣味互动教学，提高课堂效率

第一，学生直接通过软件来进行互动答题，增加课堂的生动性和趣味性。第二，采用移动授课的模式，教师可以摆脱三尺课堂的束缚，学生也可以在自己更喜欢的空间当中学习知识。第三，针对困惑的问题，学生可以拍照上传，软件帮助答疑解惑。第四，课堂教学与家长教育无缝衔接，家长和学校的沟通渠道变得更加顺畅。第五，将教学当中产生的各种资源数据沉淀下来，推动课堂成果的进一步延伸。

（四）多样课后练习，助力知识巩固

第一，能够让学生接受知识检测。一是及时呈现出检测的结果，教师能够实时掌握学生们的学情报告。二是随时测试随时评价，让课堂的教学效率明显提升，也促进教学效果的改善。

第二，为学生提供更具个性化的导学方案。一是通过微课、视频、文本等多种形式来形成内容更丰富的导学案，促进学生自主学习。二是拓宽学生的学习视野，融入更多学习方法，促进学科基础的巩固。

## 二、共生课堂中教学助手和互动课堂应用分析

（一）及时发现和解决问题

1.引导学生发现问题

教师在教学中要抓住学生在学习过程中遇到的问题，这样对于学生的成长有益。若可以让学生发现问题的意识和能力得到激发，其实是一种意义更大的学习成长。如果只是一味地让教师去发现学生的问题，学生只负责改正教师发现的问题，这会让学生一直止步不前。要在课堂上多向学生抛出问题，提出"为什么"，让学生跟着教师的引导，自己去发现问题、分析问题和解决问题。当然这一系列过程的实现，最先要实现的就是培养学生发现问题的能力，让学生学会思考，在不断思考的过程中，受到好奇心的驱使，自己提出一些问题。

2.与学生一起解决问题

发现问题很关键，但也需要让学生参与到解决问题的过程当中来。不少教师在遇到问题时，只想着绕开，不愿意正视问题，也不愿意引导学生发现问题。让学生一起解决问题，教师必然是不能直接给出问题的答案，也不用当场解决所有问题，而是要引导学生在课下搜集资料，在资料的支持下，逐渐找到解决问题的思路和方法。

3.互动课堂在初中英语"7A" Unit 6 "Keeping fit"一课中的应用

教学助手和互动课堂在这一课当中的具体应用流程为：

（1）课前预习

借助于软件，将需要预习的内容列成提纲，线上发给学生。比如在预习中就需要学生搜集身边常见食物的图片，如西红柿、米饭、苹果、可乐、薯条等。

提出问题"怎样保持健康饮食习惯"。

（2）课堂导入

将学生课前搜集的各种食物图片汇总起来，在学生的参与下完成分类。比如 drink、fruit、meat 等具体包含了哪些食物。引入课文当中的对话，通过阅读了解主人公的日常生活和饮食习惯，掌握关键单词和句型。

课堂上通过互动课堂软件提供的知名运动明星常见的运动视频，比如刘翔、姚明的等，引入运动明星食品，让学生了解到良好生活习惯对于身体所产生的影响。

（3）课后作业

学生学习后，教师让学生们熟记本课当中涉及的关键单词和句型，并在互动课堂软件上上传作业，系统批改作业，将结果及时反馈给教师。

（二）塑造和优化学生行为

1. 找到错误背后原因

在学生行为优化与塑造之前，需要先找到错误背后的原因，而这一原因通常就是学生养成的不良学习习惯。不少教师常见的评讲做法就是按照答案，答案是正确的，所以其他非答案就是错误的，这实际上并无意义，对于学生的顺利成长也不会有作用。学生努力完成了作业，教师在评讲时只告诉学生正确与错误，并不深入分析正确和错误的原因是什么，学生也只能一味地跟着教师的步子走，其实也并未真正形成正确的学习习惯和行为，这样必然也会直接影响到学习成绩。

2. 塑造策略性学习行为

初高中都面临着升学压力，成绩成为师生共同追逐的目标之一。一些学生的得分比较低，教师对此采取的措施是让学生多做练习题，教会学生各种答题技巧。这样其实并未看到学生学习行为真正存在的问题是什么。教师应该让学生形成一种策略化意识，即看到此种类型的题目，知道从哪些方面入手。若连分析问题的思路都不对，掌握再多的技巧、做多少练习题，最终学生的成绩依然很难提升。

3. 教学助学在初中英语写作课中的应用

教学助手和互动课堂在这一课程当中的具体应用流程：

（1）课前预习

教师借助软件，将写作前需做好的知识储备工作提前列出，通过软件在线发送给学生。比如需要学生做好对写作对象——教育部禁止手机进校园政策——的提前了解与解读，提出问题："该政策能够带来什么好处？利弊如何？如何解决现有弊端？"

（2）课堂导入

将学生课前的想法在线共享，在学生的参与下完成梳理新政策优缺点的思维导图。引入课文中的写作表达方式并将其罗列出来，以板书形式，将学生能够在作文中运用的语言点知识发送给学生，以便学生掌握关键单词和句型，为其后续写作搭建合理支架。课堂上通过互动课堂软件为写作计时。学生在完成写作后运用软件将作文拍照上传，可选择性展示，由教师或学生进行当场批注，使学生互评及教师点评环节更加直观，加强写作后指导的有效性。

（3）课后作业

通过学习和写作，学生理清了写作思路，增强了语言运用能力，其在互动课堂软件上上传的修改后的作文便于教师再次评阅与分享。

（三）借助手机资源，实现信息共享

1. 发挥手机收集资源广泛性优点

当前的智能手机都有着比较强大的功能，可以用来收集很多宝贵的课程资源。教学助手和互动课堂当中的课程资源也很丰富，可以通过手机上网查询想要的图文和视频资源。比如想要了解写好作文的方法，就可以直接借助于这一软件，观看创作优质作文的图文和视频方法，还可以浏览不少名校在优秀作文写作方面的文章。

2. 结合手机、电脑，优化学生感受

教师在搜集到了相关的信息资源后，想要展示给学生，手机屏幕太小，无法同时让多位学生观看。此时，可以借助于这一教学软件，将手机当中的资源上传到电脑端。这样可以直接把想要呈现给学生们观看的资源通过电脑屏幕展现出来，达到实时投送电脑屏幕的效果。

3. 互动课堂在初中历史课"日本明治维新"中的应用

在初中历史课程当中的具体应用流程为：

（1）课前预习

教师把预习内容上传到互动课堂软件当中，需要学生搜集与日本明治维新相关的图片资料和数据资料，并且完成资料的阅读，总结自己通过阅读有哪些认识。

（2）课堂导入

教师先通过软件给学生们播放视频《明治维新前的日本》，提出问题：在明治维新开展之前，实际掌权的是谁？日本采取的是怎样的国策？结合播放的视频，让学生通过软件进行在线抢答。在学生讨论完并发表了自己的见解之后，教师对学生所提出的观点进行总结，再结合课本上的内容，提出"日本为什么打开紧闭的国门"这一问题。之后为学生们播放《佩里叩关》，使学生们在观看这一视频之后，了解到日本国门被美国打开的具体情况。

通过软件来构建思维导图，梳理本章节的内容。让学生明确这一课程当中的主线，再进一步明确主线当中涉及的关键事件。

（3）课后作业

通过教学助手和互动课堂软件，为学生们布置课后作业。可以让学生总结自己学习这课之后的感想，结合中考常见题型，进行知识点的拔高。

教学助手和互助课堂是基于网络产生的一种新型教学工具，在教学当中应用，可以在提升教学效率的同时，促进学生学习兴趣和课堂参与度的提升。

# 第三节　微课系列工具的实践研究

随着课程改革理念的不断深化，创新教学模式、培养学生自主学习能力、发展学科关键能力成为当前教学的主流。以微课为载体，构建共生课堂教学模式，对提高教师教学水平，提升学习质量具有积极的意义。下文以课前——明目标、课中——抓主线、课后——固知识为核心，以数学课堂为例深入探讨了微课在共生课堂中的作用，以及有效实践方法，以此来达到课前促学、课中互动、课后内化、共生共长的教学目标。

## 一、微课在共生课堂中的作用

微课是指教师围绕某一个教学设计，根据学生实际学习情况，利用信息技术记录的一段视频，时间短，内容精。在初中数学教学中，以微课为载体，将学习内容制作成课件、视频，引导学生进行课前自学、课中互动交流、课后巩固，构建共生课堂教学模式，是基于课前、课中、课后等三大教学环节展开的，可以有效在课前引导预习中，培养学生自主学习能力，使其养成良好学习习惯；也可以在课中互动交流中，促进学生思维碰撞，提高学生数学思维品质；还可以在课后巩固阶段，提高学生对知识的掌握程度，学以致用，提升其数学素养。

教师、家长、学生之间的交流互动，是提高共生课堂教学质量的关键。在此次数学教学实践中，通过微课呈现教学视频，教师不需要占据课堂时间。教师和家长之间的谈话，也可以突破传统的"学生在课堂上的表现"等话题，围绕学生"在家是否自学""如果没有自学，都在干什么"等展开，引导家长更加关注学生综合素养的培养，从而为其创造良好的学习环境，提高共生课堂育人的实效性。

## 二、微课在共生课堂中的教学实践

### （一）课前阶段

课前自学是共生课堂的第一个环节，在此处自学是指学生能够根据教师共享的视频、课件等资料自主、主动参与学习讨论，通过自主学习明确接下来所要学习的内容和学习目标。这就需要教师对学生实际学习情况进行诊断，基于学情分析，设计有效任务单，促进课前自学。

1. 学情分析

在制作微课视频之前，教师可以以微视频为辅助，对学生学习情况进行分析，对深度学习方法、学习能力、学习习惯等方面进行诊断。

例如，在教授"一元一次方程"数学内容时，在微课课件中，教师可以通过寻找等量关系，从实际问题中引出数量关系，分析学生的学习能力、自主学习能力等。在微课课件中，可以先以一个真实的故事情境引入，播放课件：驴子和骡子一同走，它们驮着不同袋数的货物，每一袋货物都是一样重，驴子抱怨负担太重，骡子说："如果你给我一袋，那么我所负担的就是你的两倍，如果我给你一袋我们才恰好一样。"那么原来驴子所驮着的货物的袋数是多少呢？

以图文并茂的形式，通过驴子和骡子的对话，引发学生思考，随后再提出以下真实生活情境中的问题：

①某时装标价为 750 元，某女士以五折少 30 元购得，店主净赚 50 元，该时装进价为 x。分析：

已知量_____未知量_____

等量关系_____

列方程_____

②某人存入银行 x 元，年利率为 2.25%，一年后银行支付该用户本息和 10225 元。分析：

已知量_____未知量_____

等量关系_____

列方程_____

以生活中的事例为问题，让学生围绕微课课件，自主学习总结：

①方程的概念；

②列方程的一般步骤；

③方程学习的注意事项。

然后让学生在 QQ 群中进行汇报交流，说一说自己在此次学习过程中的感受，以及自己是如何学的。教师根据学生交流信息的反馈，以及大数据分析，诊断学情，了解学生学习情况，认识学生的自主学习能力，从而及时调整方案，基于学情设计任务单。

2.任务单设计

通对以上学情诊断，教师发现在课前自主学习过程中，不同学生学习能力是不同的，学习需求也是不同的。因此，在设计任务单的时候，为提高教学的质量，教师可以由浅入深，围绕了解一元一次方程有关概念、掌握等式性质、能够利用等式基本性质解方程等步骤逐步深入。

例如，在制作微课课件的时候，可以以课本为依据，设计以下任务单：

任务一：如何解决"2x+1=5"这一问题，利用表格填表，采用枚举方法推理分析，找到满足方程条件的数值，从而总结归纳出方程的解和解方程的概念。

围绕课本用天平测物，分析等式的集中变形，探索：

①如果在天平两边盘内同时添加和取下相同质量的物体，天平会发生什么变化? 运用数学方式进行表达。

②如果将两边盘内物体质量同时增大到原来相同的倍数，或者缩小相同倍数，

会怎样？归纳等式的性质。

任务二：围绕"2x+1=5"这一问题，思考怎样求方程中的未知数的值，将1、2、3、4、5代入方程，哪一个可以使得方程成立？归纳等式的基本性质。

任务三：比较方程的解和解方程的异同，思考解方程的一般步骤，然后解决以下实际问题：

某中学一、二年级共有1000名学生，二年级比一年级少40人，求该中学一年级的人数是多少人。

先审题，找出列方程的关键信息，然后分析其等量关系，列出方程，最后解方程，检验方程。

随后将此任务单，发放到微信群或者QQ群中，引导学生进行课前自学，在自主学习的过程中，对课前疑惑的地方进行总结，最后通过互联网将自己的学习情况上报给学习组长或者教师，由教师根据学生的课前预习情况和任务单完成情况，调整课堂教学计划。

（二）课中阶段

课中是解疑破难、合作促学的一个环节，通过师生合作交流、生生互动等，对微课课前自学难点进行深入分析，从而提高学习实效性，提高学生的数学学习能力。因此，在具体实践阶段，可以从解疑破难和合作促学等方面入手。

例如，在教授"等腰三角形的轴对称性"数学内容时，主要是让学生了解等腰三角形轴对称性，掌握等腰三角形等边对等角和三线合一性质以及判定方法。在课前自学期间，学生已经对轴对称图形的性质有了一定程度的了解。为让学生发现数学之美，了解等腰三角形、线段、角的对称性以及相关性质等难点，在解惑答疑的时候，教师可以利用微课引导学生先回顾旧知识，如在微课课件中，播放以下内容：

运用对折的方式，对等腰三角形进行动手实践，思考等腰三角形是不是轴对称图形。让学生动手实践，记录验证方法。

带着问题，让学生进入问题探究，思考问题：

| 重合的线段 | 重合的角 |
|---|---|
|  |  |
|  |  |
|  |  |

展示等腰三角形折叠视频情境，让学生合作交流解决问题：

以此引出三线合一的性质，活学活用，鼓励小组对知识进行巩固，推导分析：

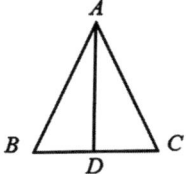

利用等腰三角形"三线合一"性质完成证明：

①在△ABC中，AB=AC，因为AD⊥BC（已知），所以_____=_____，∠_____=∠_____。

②在△ABC中，AB=AC，BD=CD（已知），所以_____⊥_____，∠_____=∠_____。

③在△ABC中，∠BAD=∠CAD（已知），所以_____=_____，_____⊥_____。

让学生做学习的主人，合作交流，探讨问题，对学习进行深化，然后以此为基准，让学生合作交流尝试运用等边对等角的性质定理，证明等腰三角形。可让学生先画出图形，写出文字定理，然后进行证明推导。通过课堂学习引导，直击学生的疑难点，加深其对知识的掌握和理解程度。这样既可以完成教学目标，又可以激活数学课堂活力。

（三）课后阶段

课后是复习巩固、检测评价的关键环节，可以检测学生对知识的掌握情况，帮助其构建完整知识体系，可以为教师接下来工作计划的制订指明方向。因此，对于利用微课的课堂教学，教师要重视课后环节的有效利用。

例如，在教授"一次函数、一元一次方程和一元一次不等式"数学内容时，课后复习的时候，教师可以利用微课课件设计习题引导学生复习，由易到难，层层深入，然后在学习交流群中公布问题答案，让学生对复习情况互相检测。如可以先设计以下习题：

问题一：

观察如图所示的直线 y=kx+b，根据图像总结归纳自己所得到的信息。（从图像形状、经过象限、上升或者下降、坐标轴交点位置等方面入手，归纳信息，体会由形思数的数学思想。）

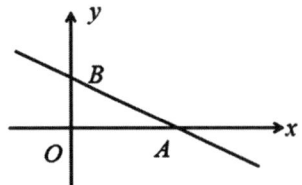

问题二：

已知一次函数 $y=2x+4$，思考：

当 $x=0$ 时，$y=$_____；

当 $y=0$ 时，$x=$_____；

当 $y>0$ 时，$x$ 的取值范围是_____；

当 $y<0$ 时，$x$ 的取值范围是_____。

作出一次函数 $y=2x+4$ 的图像，利用一次函数图像解决以上问题。

问题三：

已知函数 $y=-x+1$ 与 $y=2x+4$ 相交，求：

①两直线的交点坐标；

②当 $x=$_____时，$y_1=y_2$；

③当 $x$ 的取值范围是____时，$y_1>y_2$；当 $x$ 的取值范围是____时，$y_1<y_2$。

通过复习专题的设计，让学生在习题巩固的过程中，复习函数与方程、不等式之间的内在联系，体会图形与代数之间的关系，感受数形结合的应用价值。最后，让学生对各个问题的解决进行归纳交流，实现自评和互评，开展课后总结会，如：

生：针对问题二的解决，可以得到：

当 $x=0$ 时，$y=$____4____；

当 $y=0$ 时，$x=$____$-2$____；

当 $y>0$ 时，$x$ 的取值范围是____$x>-2$____；

当 $y<0$ 时，$x$ 的取值范围是____$x<-2$____。

也就是，在此函数的表达式中，当其中一个变量的值确定的时候，可以由相应的一元一次方程确定另一个变量的值，反观一元一次方程亦是如此。

通过对习题检测评价，提高学生复习实效性。让学生通过自评、互评方式对此次所学知识进行交流分享，最后根据课后复习检测数据的反馈，以及学生评价信息的反馈等，诊断此次所学情况，制订下一步工作计划。

### 三、教学实效

基于微课的共生课堂教学模式的开展，是从课前引导自学、课中解惑答疑和合作交流、课后巩固展开。通过对此三大环节的精准引导，发现：

第一，学生自主学习能力得到了有效提升。

学生可以自主、主动参与数学预习，并且还形成了良好的预习习惯，懂得利用信息技术手段，在学习群中交流自己的学习情况，促进自我提升。

第二，有效构建了以学生为中心的课堂教学模式。

在课堂教学实践中，可以充分利用微课课件，提高学生主动参与学习的兴趣，基于课前疑难，鼓励其进行合作交流，提高教学的针对性和课堂有效性。

第三，可以帮助学生构建完整知识体系，实现自我检测。

教师可以充分利用信息技术教学的优势，针对课后复习环节，设计专题，引导联系，根据专题检测学情，诊断学生对知识的掌握情况，从而方便下一步工作计划的设计。既可以实现教学的高效性，又可以培养学生良好的学习习惯。

基于微课的共生课堂教学模式，是一种信息技术与教育教学融合的模式，是以学生为中心打造的新型课堂，既可以增强学生的自主学习能力，又可以发展学生的数学学科关键能力，提高数学核心素养。因此，在教学实践中，教师要重视微课在课堂中的运用，深入课前、课中、课后三大环节，促进高效教学，实现有效学习，从而达到师生共生共长的目标。

## 第四节　希沃白板教学的实践与研究

希沃白板是指希沃基于信息化和现代生成式教育理念而研发的一种互动教学平台。在实际应用中，主要有以下功能：提供教学资源、云课件等，可以实现多个终端运行。将希沃白板应用于共生课堂教学中,对学生增强自主学习能力、提高学习效率、深化知识理解具有积极的意义。下文分析了希沃白板在共生课堂中的作用,以数学教学为例,从课前、课中、课后三大环节入手探讨了其运用途径。

## 一、希沃白板在数学中的作用

在传统数学课堂教学中,课件都是提前设计好的,然后应用于教学中,学生跟着 PPT 走,在一定程度上,学生还是处于被动学习的状态,学习效率很难得到提升。而希沃白板在数学教学中的运用,可以促使学生和教师之间有更多互动的机会,让学生参与到课件设计过程中去。教师根据学生预习反馈情况,利用希沃白板的投屏功能,随机抽取学生的学案,根据学情,从中归纳出学生学习方式、学习能力,然后利用希沃白板与学生进行互动,针对学习疑难点设计课件,从学生学习兴趣出发,促使其应用希沃白板提高自身学习能力,培养自主学习能动性。

提高课堂教学质量,只有做到课前、课中、课后三大环节的共同提升,才能达到提高学习效率和实现教学效果的目的。而希沃白板在初中数学教学中的应用就可以有效达到这一目的。在教学中,教师可以充分利用希沃白板,整合教学资源,将数学知识通过图片、视频等呈现出来,设计直观生动的教学情境,集中学生学习注意力;还可以在课中创设情境,调动学生学习动力,实现知识衔接;在课后也可以利用此方法,对知识进行系统巩固,以思维导图助力自主复习,既可以优化课堂教学模式,又可以提高学生学习质量。

## 二、希沃白板在数学课堂中的运用

(一)课前运用

1.整合教学资源

初中数学课程标准中提到,在教学实践中,要灵活运用教材,开发性、创造性地使用教材资源,拓宽学生知识面,提高学生学习能力。在数学教学活动开展中,可以依托希沃白板,基于学生学习兴趣和教师教学目标,筛选优质教学资源，实现学科素养和文化修养的共同提升。

例如，在教授"生活中的不等式"数学内容时，教师可以利用希沃白板强大的数据库功能，检索相关学习资源。如可以整合与不等式有关的数学故事，从数学史方面入手，提高对不等式知识来历的认识。还可以关联生活实际，优化学习资源，融入以下内容。

①展示儿童时代学生玩跷跷板的情境，设计问题：

小刘和他的妈妈、爸爸体重分别为30kg、55kg、75kg，春节期间，去公园玩跷跷板，小刘和妈妈玩谁会向上翘？若小刘和妈妈坐在一边，爸爸坐在另一边，谁会向上翘？

②展示日常生活中食品营养成分分析表，如某牛奶中蛋白质 $\geq 2.9$g，脂肪 $\geq$ 3.1g。

通过学习资源的整合，引导学生在课前自主学习的过程中，达成学习目标。基于资源整理和学生学习需求，从不等式数学史和其在生活中的应用入手，引导学生自主参与到学习中去，帮助学生更好地理解、掌握知识。

2.创设教学情境

学习内容、学习氛围、学习环境对学习效率影响很大。因此，在数学的时候，教师可以利用希沃白板创设教学情境，基于学习兴趣、教材内容，设计真实情境，重新建构学习内容，促进学生数学素养提高。

例如，在教授"图形的运动"数学内容时，可以利用希沃白板，运用图画、视频创建一个丰富的教学情境，让学生在认识美的过程中，学习图形的运动。如可以搜集希沃白板中的几何图形，设计简单的剪纸图案，然后播放杂乱无章的图片，如：

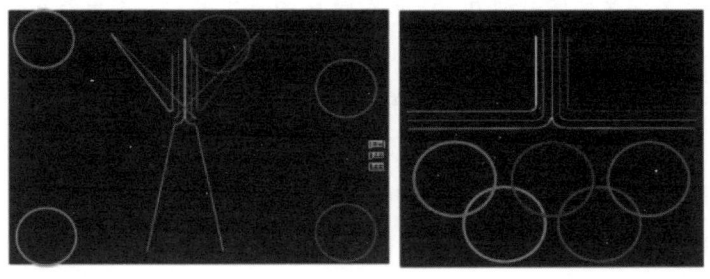

点击后图形运动，变成奥运会五连环标志图。通过创设对应教学情境，激发学生的探究兴趣。再如，在学习有理数加法时，可以利用希沃白板创建趣味情境，激发学生计算兴趣。以学生所熟知的动漫角色小猪佩奇为中心，用正数表示小猪佩奇的正能量，负数表示负能量，然后展示小猪佩奇一天的活动，如做家务拖地、帮助人等现实正能量+1，睡觉、偷懒等现实负能量-1。在趣味情境设计的过程中，让学生根据情境中的演示，用数学算式计算小猪佩奇一天能够得到的能量。通过教学情境的设计，提高学生自主学习兴趣。

随后将教学情境在希沃白板共享，让学生对以上课件进行自主预习，使其对接下来要学习的知识有一个初步的了解，提高对知识的感知能力。

（二）课中运用

1. 深化情境运用，调动学习动力

课中是解惑答疑的一个学习过程，在学习的时候，教师可以利用白板，深化对情境的应用，以情境引入所学内容，调动学习动力，从而让学生自主、主动地参与到学习过程中。

例如，在教授"勾股定理"数学内容时，在探索勾股定理公式由来的时候，可以利用课前所创设的情境，引导学生进入情境中，促进其对知识的探索，如：

首先，可以利用希沃白板显示勾股定理实验装置的玩法，思考：你想知道这个装置的原理吗？

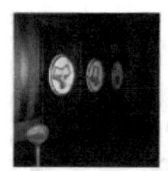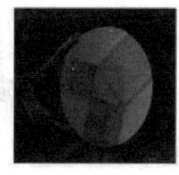

以此来激发学生的学习动力，深化对情境的再次利用，引出新知识勾股定理。引导学生思考：

①直角三角形的三条边存在什么样的关系？

②你是怎样得出结论的？

让学生动手测量计算，然后再次利用希沃白板投影真实情境：

1955年希腊发行的纪念勾股定理的邮票中的图形类似于课程开始前的装置图形，并将图形放大，让学生在方格纸中探索图中直角三角形三条边上的正方形面积之间的关系。

利用学科工具数学画板功能，插入直观情境：

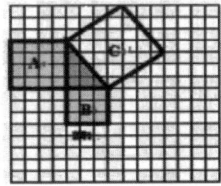

由真实情境，鼓励学生在课堂中自主、主动完成以下内容：

①根据所有画图所得的结果总结三角形三条边上的正方形面积间的关系，进而找出直角三角形三条边之间的数量关系；

②勾股定理的内容及几何书写表示方法；

③学生根据在网络上收集的勾股定理的资料介绍勾股定理。

通过希沃白板和情境教学的深化应用，促进学生对勾股定理知识的掌握和理解，提高学习效果。

2.科学开展导入，实现知识衔接

导入是激发学生学习兴趣，促使其认识知识、了解知识的一个环节。在学习新知识的时候，教师可以利用希沃白板，整合教学资源进行导入，在导入环节，精准进行知识对接，从而为接下来教学工作的开展打下坚实基础。

例如，在教授"二次函数"数学内容时，可以借助希沃白板中的课件库、课程视频等辅助课堂教学开展此次导入，从而实现知识衔接。可以在希沃白板中投屏之前所学函数：

一次函数：$y=kx+b$（$k \neq 0$）

正比例函数：$y=kx$（$k \neq 0$）

从而唤醒函数学习的过程，然后以问题做导图，从变量入手引导学生探究二次函数定义。利用希沃白板，搜集课题库中的资源，如：

某果园中有100棵苹果树，每一棵苹果树平均结600个苹果。现在准备多种一些苹果树提高产量，如果多种，树之间的距离、阳光都会受到影响，根据经验，每多种一颗，平均每棵树少结5个苹果。思考：

①问题中有哪些变量？其中哪些是自变量，哪些是因变量？

②假设果园增种 x 棵苹果树，那么果园中共有多少棵苹果树？平均每棵树少

结多少？

③如果果园中苹果总产量为 y，写出 y 与 x 之间的关系式。

以旧知识做桥梁，以实际问题做导入，引出函数定义，让学生对二次函数下定义。在此学习过程中，可以借助导入中的问题，让学生列表分析：

| X/棵 | 8 | 9 | 10 | 11 | 13 |
|------|---|---|----|----|----|
| Y/个 |   |   |    |    |    |

根据数量之间的变化，促使学生归纳总结二次函数定义，实现知识衔接，提高对知识的理解和掌握程度，培养学生的函数思想。

3. 深化课堂训练，提高学习效率

在开展数学教学的时候，需要对重点内容进行深化训练，从而达到巩固知识、提高学习效果的目标。因此，在教学的时候可以利用希沃白板设计微课教学课件，在课件中针对重点与难点设计专题进行剖析联系，从而提高学生学习效率，加深其对知识的掌握理解程度。

例如，在教授"用一次函数解决问题"数学内容时，旨在让学生能够根据实际问题中的变量之间的数量关系，确定一次函数关系式，培养学生的函数思想。因此，在学习的时候，教师可以利用希沃白板，选择题库，在授课过程中打开题库，以问题引导的方法为辅助，深化学生对知识的掌握和理解，如：

可以在白板中出示问题：

问题一：一辆汽车在普通公路上行驶了 35km 后，驶入高速公路，然后以 105km/h 的速度匀速前进，解答一下问题：

①你能写出这辆车行驶的路程 s 与它在高速公路上行驶的时间 t 之间的关系吗？

②若从汽车开上高速公路开始计时，行驶了 4 小时到达目的地，该车从出发点到目的地路程有多远？

③高速公路上里程显示行驶了 175km，问车在高速公路上的路程。

在解析此题的时候，可以让学生先思考车在高速公路上行驶的路程与哪些量有关系，以及车内里程表上记录的数据是汽车行驶在哪几段公路上的路程。

基于问题引导，让学生站在函数视角对此问题进行分析。

问题二：某班同学春游，照相共用 3 卷胶卷，已知冲洗胶卷的价格是 3 元/卷，加印不超过 100 张的, 0.5 元 / 张; 加印超过 100 张, 可以优惠, 前 100 张按照 0.5 元 / 张收费, 超过部分按照 0.4 元 / 张收费。写出冲印合计的费用 y 与加印张数 x 之间的函数关系时, 思考: 如果加印 50 张, 则冲印共需要多少钱? 加印 150 张呢?

在解析此题时, 可以让学生思考总费用分几部分, 冲印照片的费用分几种情况讨论, 超过 100 张的费用由几部分组成。

让学生做学习的主人, 深化数学分类思想, 讨论深化此次函数所学内容, 从而提高分析题意的学习能力, 使其能够根据变量之间的关系列出一次函数。通过希沃白板的有效利用, 提高学生对知识的掌握和理解程度。

（三）课后运用

对知识进行总结, 引导学生巩固复习是整个教学环节的重要组成部分。教师可以利用希沃白板对课后知识进行备课, 以思维导图的形式完善、整理知识体系。这样既可以提高学生的复习质量, 又可以帮助其构建完整的知识体系。

例如, 在教授"分式"数学内容时, 可以利用希沃白板中思维导图, 运用组织图或者鱼骨图等, 将所学知识逐级、逐个进行展示, 构建完整的复习知识体系, 进而使学生能够弄清楚知识之间的逻辑关系, 见下图:

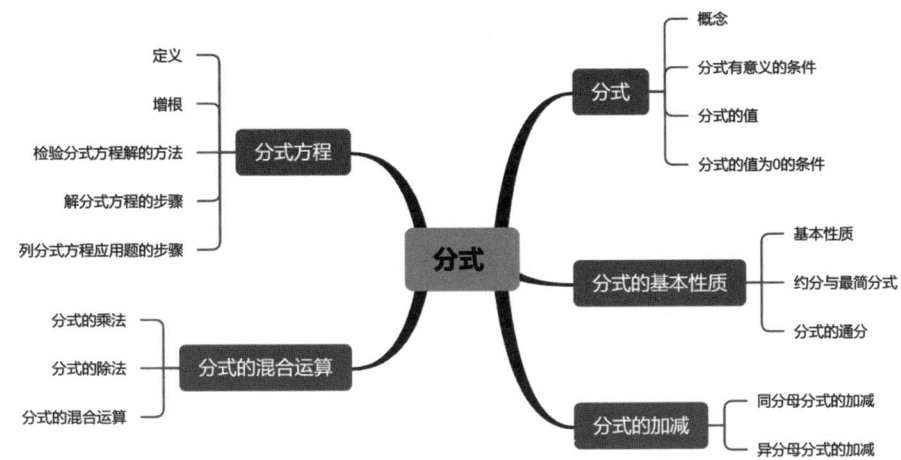

图 4-1　希沃白板在数学课堂中的运用

通过思维导图的运用, 引导学生对分式这一单元所学知识内容有一个深入的掌握。然后教师以此导图为依据, 设计专题练习, 从分式、分式基本性质、分式的加减、分式方程、分式的混合运算等环节入手, 如在分式专题中可以设计以

下问题:

①在 $\frac{1}{x}$，$\frac{1}{2}$，$\frac{x^2+1}{x}$，$\frac{3xy}{n}$，$\frac{3}{x+y}$，$1+\frac{1}{x}$ 中，分式的个数有几个（　）

②无论 x 取什么数，总有意义的分式是（　）

A $\frac{4x}{x^3+1}$　　B $\frac{x}{(x+1)^2}$　　C $\frac{3x}{x^2+1}$　　D $\frac{x-2}{x^2}$

从概念、分式意义条件、分式的值、值为 0 的条件入手，设计问题巩固所学知识，同样，对以下知识也可以采用此方法，以有序为基准，设计专题巩固练习。最后利用希沃白板，针对此次专题题库进行诊断，让学生先根据解析自主完成复习检测，然后依据信息反馈，设计下一步教学工作计划，基于学情，引导课后复习，提高复习的针对性和有效性。

在网络背景下，希沃白板在初中数学教学中的运用可以实现教学模式和教学方法的创新，既可以提高学生学习能力，又可以实现智慧教育，打造智慧课堂。因此，在实践教学过程中，要重视希沃白板的运用，深入课前、课中、课后三大环节，丰富资源、优化方法，从而提高教师教学质量，提高学生学习效果，从而实现师生共生共长。

**参考文献：**

[1] 朱冬生. 基于微课的初中数学翻转课堂教学探析 [J].中学生数理化（教与学），2020（1）：7.

[2] 周梅香. 微课在初中数学课堂教学中的实践研究 [J].数理化学习（教研版），2020（11）：27-28.

[3] 蔡培红. 基于微课的初中数学翻转课堂教学的实践——以"等腰三角形的性质"设计为例 [J].数学学习与研究（教研版），2020（6）：116.

[4] 崔文明. 希沃白板在初中数学课堂教学中的有效应用 [J].陕西教育（教学版），2020（5）：20.

[5] 韩永海. 希沃白板在初中数学教学中有效应用的研究 [J].中学课程辅导（教师通讯），2020（7）：118.

[6] 余莉. 深度备课，结合希沃白板 5 将数学课讲清楚 [J].中学课程辅导（教师通讯），2020（4）：48.

# 第五章

# 教学翻转——共生课堂的方式变革

　　课堂教学过程是"教"与"学"动态统一的过程，师生双方在教学活动中构成了一个矛盾统一体。在网络环境下，学习者学习方式的再造必会引发课堂"教"与"学"关系的重构，从原有聚焦于"教"的研究转变为聚焦于"学"的研究，再到师生"教"与"学"协同研究，课堂也从以教师为中心转变为以学生为中心。翻转课堂打破原来的教学模式和常规，使传统的面对面教学与互联网学习相结合，使"教"与"学"的时空逐步延伸，赋予师生更广阔的发展空间，开创了一种全新的教学模式。师生之间、生生之间的关系因技术交互而更密切、更深入，资源因技术而更丰富、更生动，从而实现师生共生共长。教学翻转是共生课堂从理念走向实践的积极探索。在实践中反思与提炼，必将有助于我们共生课堂的研究向纵深推进。

# 第一节　从翻转课堂到教学翻转

## 一、翻转课堂

"翻转课堂"（Flipping Classroom，或译作"颠倒课堂"）近年来成为全球教育界关注的热点，2011年还被加拿大《环球邮报》评为"影响课堂教学的重大技术变革"。翻转课堂的起源应归功于美国科罗拉多州落基山林地公园高中的两位化学教师——乔纳森·伯尔曼（Jon Bergmann）和亚伦·萨姆斯（Aaron Sams）。在2007年前后，他们受到当地一个实际情况的困扰：有些学生由于生病，无法按时前来上课；也有一些学生因为学校离家太远而花费了过多时间在乘坐校车上。这导致有些学生缺课而跟不上教学进度。为了解决这一问题，一开始，他们使用录屏软件去录制PPT演示文稿和教师实时讲解的音频，然后把这种带有实时讲解的视频上传到网络上供学生下载或播放，以此帮助课堂缺席的学生补课。由于这些在线教学视频也被其他无须补课的学生所接受，一段时间以后，两位教师就逐渐以学生在家看视频、听讲解为基础，腾出课堂上的时间来为完成作业或实验过程中有困难的学生提供帮助。这样，就使"课堂上听教师讲解，课后回家做作业"的传统教学习惯、教学模式发生了"颠倒"或"翻转"——变成"课前在家里收看教师的视频讲解，课堂上在教师指导下做作业（或实验）"。

我校从省"十二五"规划课题"基于网络环境下构建学生自主发展教学文化的实践与研究"到省"十三五"规划课题"'互联网+'背景下农村初中共生课堂学习文化建设的研究"，十多年来，我们利用学校先进的信息技术环境，基于教师良好的信息技术素养，从研究构建学生自主发展教学文化到研究共生课堂学习文化，始终紧紧围绕信息技术助力教师的"教"和学生的"学"，从而营造了一种师生共生共长的学习氛围，构建符合校情、学情、师情的学习文化。十多年来，学校始终坚持小组合作和学习用表两大抓手，深化课堂教学改革。这些为我校开展翻转课堂的研究提供了良好的基础。

（一）翻转课堂的内涵

翻转课堂一般被解释为这样一种教学形态：把教师在课堂上讲解的教学方式改为在上课之前布置家庭作业，而在课堂教学中采取个别辅导与问题讨论的方式来巩固知识，培养应用能力。在传统教学中，教学中绝大部分时间是教师在讲解，难以保障自主学习与协同学习等，师生之间与生生之间的交互作用较弱。在翻转课堂中，相当一部分教学以在线学习的方式为主，在上课之前就进行。这样，注重知识巩固与应用能力培养的对话中心的教学设计就有了可能。

翻转课堂重新调整课堂内外的时间，将学习的决定权从教师转移给学生。在这种教学模式下，课内的宝贵时间里，学生能够更专注于主动的基于项目的学习，共同研究解决本地化或全球化的挑战以及其他现实世界面临的问题，从而获得更深层次的理解。教师不再占用课堂的时间来讲授信息，这些信息需要学生在课前自主学习，他们可以看视频讲座、听播客、阅读电子书，还能在网络上与别的同学讨论，能在任何时候去查阅需要的材料。教师也能有更多的时间与每个人交流。在课后，学生自主规划学习内容、学习节奏、呈现知识的方式，教师采用讲授法和协作法来满足学生的需要和促成他们的个性化学习，其目标是为了让学生通过实践进行更真实的学习。

我校翻转课堂的流程：课前，教师根据学情、课程要求及师生的生活经验等，依据课程标准，基于学情的重难点，做好教学设计，编制课前用表或微视频等，学生课前自主学习，实现先学后教的目标；课上，教师充分利用网络技术，创设贴近学生的教学情境，围绕教学的重难点和学生的困惑，采取自主学习、小组合作学习等方式，师生、生生之间互助合作，深化内化教学内容，实现教学合一；课后，师生、生生之间根据课堂上的学习情况，通过线下和线上相结合的互动方式，开展主题化、项目化的学习，解决课堂中遗留的困惑，促使学科深度学习的真实发生，提升学生的学科核心素养，同时教师的学科专业素养也随之有所发展，实现教学相长。

（二）翻转课堂的特征

国外有学者指出，翻转课堂的核心特征就是自主学习和信息技术相结合，实现师生双向互动的协同学习和学生的个性化学习。它利用信息技术将传统课堂"先教后学"的教学模式倒转为"先学后教"，将教师讲授的教学内容移到课前；它将知识的传递和内化过程进行倒转，将学生自学可掌握的知识内容放置在课前。课上教师和学生针对自学问题进行集体共学，形成信息技术支持下的"先学后教"。翻转课堂对传统的教学关系进行了调整，将学习的主动权交给学生，教师成为学生学习的引导者和促进者。

1. 教师角色的转变是翻转课堂第一大核心特征。从原来满堂灌的课堂教学变成教师仅仅是指导者。教师不再是知识交互和应用的中心，但学生需要指导的时候，教师需要对学生提供必要的帮助和支持。在翻转课堂的教学模式下，学生成为学习的中心，他们可以通过课前用表或微视频开展学习，并在参与学习活动中通过完成真实的学习任务建构知识体系。

2. 课堂时间重新分配是翻转课堂的第二大核心特征。传统教学模式下，课上时间全部用来讲解新课、讲解知识，并没有太多的时间留给学生；而翻转课堂教学模式下，课上时间全部交给学生，使学生有更多的时间对所学的知识进行消化理解，学生利用学习用表中的活动设计，以小组合作学习等方式开展学习活动，通过活动碰撞出思维的火花，解决深度学习后形成的困惑。这可帮助学生深入理解所学知识，牢牢掌握知识原理和基本问题，便于记忆、应用与拓展。

3. 学生角色的转变是翻转课堂的第三大核心特征。学生由被动地接受知识转变为主动吸收知识，他们积极地参与教师安排的学习活动，通过课前或课后线上与线下的学习以及课上师生之间、生生之间的互动完成知识的汲取过程，提升学生的学习素养。

（三）翻转课堂的本质

翻转课堂教学关系的调整，往往被理解成信息技术支持下的教学时序的倒转。实际上，翻转课堂具有教学理念、教学流程、教学关系和教学效果的翻转等四个本质属性。其本质是增加了师生之间、生生之间的交互，目的在于更好地为学生的自主学习服务，将学习的主导权还给学生，将课堂从以教师为中心转变为以学生为中心，实现"以学习为中心"的课堂教学。这是一种指向培育终身学习者、引领学生主体性的教学方式。

（四）翻转课堂的延伸

网络技术赋予翻转课堂以新的延伸与发展，它逐步成为当下培养学生核心素养的一种新的教学模式。它打破原来的教学模式和常规，使传统面对面教学与互联网学习相结合，使"教"与"学"的时空逐步延伸，赋予师生更广阔的发展空间，开创了一种全新的教学模式。它利用信息通信技术以及互联网平台，让互联网与学科教学进行深度融合，学生在达成学习目标和解决问题的活动中，通过网络平台的各类信息资源获取知识储备，或者借助微视频进行高效、个性化的学习，把教学从课内向课外延伸，为学生创设多种形式的、真实的、开放的学习环境，激发他们的学习兴趣，培养他们的自主学习能力，把"以学定教"的教学理念落到实处，从而创造新的发展生态。见下图：

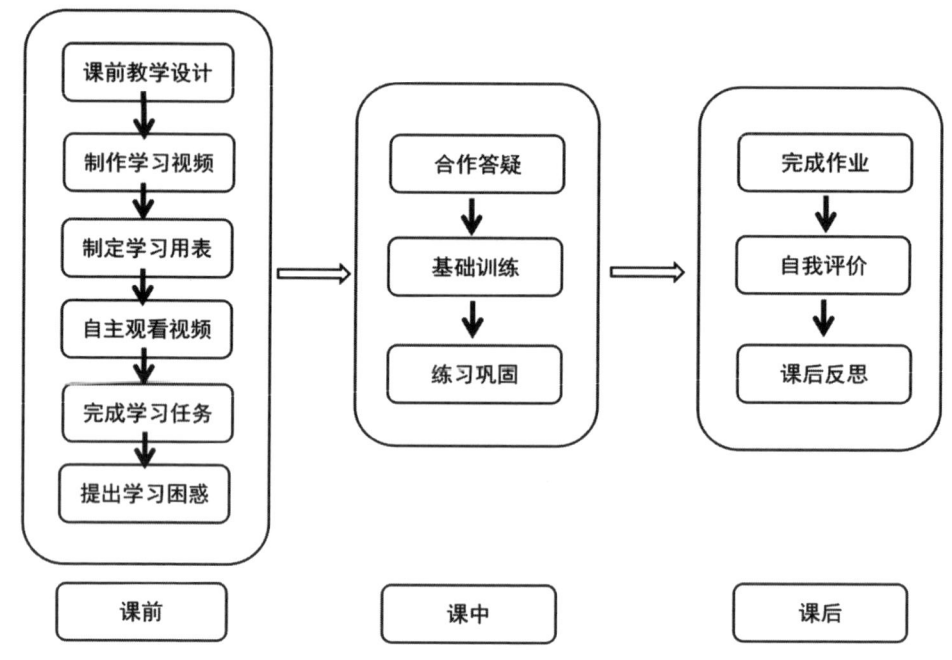

图5-1 网络技术背景下翻转课堂学习模型图

通过模型的构建，网络技术背景下的翻转课堂既保留了传统课堂的优势，又发挥了互联网的优势。课前，教师精心设计学习目标、学习任务、巩固练习等，充分发挥多媒体和网络信息技术的优势，将教学内容用学习视频的形式呈现，以此引导学生开展自主学习。课中，学生与教师围绕学习困惑展开集中交流、讨论，对于讨论中的生成性问题，教师予以指导，并辅以练习加以巩固，帮助学生理解和掌握知识。课后，学生通过作业完成对知识学习的自我评价，并对学习中出现的问题进行反思，指出学习中的不足（包括知识点掌握的程度和学习方法的反思）。三个环节中，师生双主互动，对知识本质的认识理解更加透彻，这样既帮助学生提高自主学习的能力，也解放了教师，提高了教师专业水平，实现师生的共生共长。

## 二、教学翻转

翻转课堂如果仅从形式上去翻转，不会带来教师教学方式和学生学习方式质的转变。翻转课堂的前提条件是教师教学观念的翻转，在翻转课堂中，教学从"教师中心"变为"学生中心"，这是聚焦学习者与学习的一种思考方式。

网络环境下的共生课堂是针对学习者真实的生存方式、生活方式、学习方式等现状，基于教育信息化服务观、教育信息生态观而提出的一种新的课堂教学主张，以引导和支持学生进行 E-Learning。它以共生理念为核心，强调课堂是人与他人（师生、生生）、人与教材和课程、人与技术和环境（真实环境与网络下的环境）共同组成的教育生态系统。在这系统内，师生、生生间的异质共存是共生课堂的前提条件，各种资源共享为共生课堂创设平台载体，师生动态发展是共生课堂的呈现方式，合力最大化产生共生效能是共生课堂的最终追求。

翻转课堂与共生课堂在本质上都是培养学生的自主学习力，要让教师明确只有实现课堂教学过程中"教"与"学"地位的转变，实现以学习中心的教师教学行为的转变，才能最终达到"教"与"学"的动态统一，实现"教"与"学"的一体共生。

（一）教学理念翻转

课程改革的不断深入使越来越多的教育者开始从强调"知识本位"向关注"素养本位"转变。随着"互联网+"时代的到来，传统的教学行为关系已经不能满足学生综合素质发展的需要。新时期的教学倡导自主探究、合作交流与实践创新的学习方式，从学生已有的生活经验和背景出发，促使学生在原有经验的基础上通过自主建构或社会建构形成新的经验，帮助学生在学习的过程中真正理解和掌握知识技能、思想和方法。教师运用信息技术，创造性使用教材，按照学生经验改造的规律，为学生经验改造创造适宜的学习环境，从而在实现学生经验改造的过程中，也改造了自身经验，师生因教材、技术、环境而共生共长。

共生课堂理念下，教师和学生在课堂中是一个共生共长的学习共同体，为此，教师必须要创新观念，在课堂教学中努力建构相互激活、相互发展的关系。在教学过程中"教"与"学"是一体的，教师"教"的过程也是学生"学"的过程，"教"的情况决定了"学"的效果，"学"的需求决定了"教"的动力。教师同时也必须明确，课堂不仅能够促进学生的进步，学生在进步的过程中也能促进教师自身的发展，双方是相互促进的关系。课堂教学是教师自我发展的重要路径，对课堂教学的自我反思总结，不断改进，是教师自身专业不断提升的重要策略。

我校生源结构差异较大。面对差异，教师基于学科课程标准，针对学生已有的知识能力水平，制定教学方案（教案、学习用表或课件），通过课堂教学，把教学方案转变成学生的学习方案。学生依托学习方案展开学习，课后将学习中的困惑反馈给教师；教师依据学生的困惑，及时调整教学方案。在迁入新校区之后，我校信息技术硬件水平上了一个新台阶，单纯的学生反馈并不一定能全面反馈问题。教师利用学校教室里安装的带有录音功能的摄像头，能随时调取自己上课的视频，通过录像分析，对教师教学行为、学生学习行为进行量表分析，从而有利于调整教师的教学策略。

（二）教学流程翻转

传统教学中，学生在课前精心预习，在课上教师重点解决预习中不理解或存在困惑之处，在课后复习课上所习得的知识，反复练习，形成"预习—上课—复习"的"教学黄金律"。翻转课堂中，"预习+讲解（观看教学视频）—课中复习与运用"成为新的"教学黄金律"。

信息技术背景下的共生课堂，不是满足于知识的传递，而是关注知识的建构与生成。课前：教师依据学情、课程要求、教育教学目标、师生的生活经验，运用问卷星进行网络问卷调查，或者通过QQ、微信、腾讯会议等进行师生互动，精准掌握学情，依据课程目标要求和教学重难点，做好教学预设和教学设计，制作课前用表、微视频等，实现课堂翻转、学生自主学习，先学后教。课堂：依托网络环境，创设教学情境，突破教学重难点，及时进行教学互动、学习评价、开展主题性学习，采用自主学习、小组合作、探究学习等方式，师生互动交流、生生互动合作等教与学方式，解课前学习之惑，深化、内化教学内容，做到教学合一。课后：依托网络环境，开展项目化学习，师生交流合作学习成效和思考，答疑解惑，携手推动学科深度学习与实践探究相融合，反馈实践学习的成果，提升学生的学科核心素养、教师的学科专业素养及师生的媒介素养，使人在共生系统中不断地发展，实现教学相长。

以部编版八年级上册第十七课《中国工农红军长征》一课为例，《义务教育历史课程标准（2011年版）》要求：讲述中国工农红军长征的故事，体会红军的革命英雄主义精神；知道遵义会议，认识其在中国革命史上的地位。课前，教师要求学生登录新华网长征专题网站，网站上有丰富的文字、图片、视频资料，学生通过浏览，对长征有了基本的认知。教师在制定教学方案的时候，可以重点围绕课程标准中体会红军的革命英雄主义精神和认识遵义会议在中国革命史上的地位指导学生开展学习。课上，教师截取网站上三个年轻人重走长征路的视频，创设适合学生体验的情境，设置"三个年轻人为何要重走长征路？他们在追寻什么？"两个问题，展开学习活动。

课堂活动中，学生能根据丰富的史料，知晓遵义会议是中国革命史上一个生死攸关的转折点。课的最后，在学生对长征有了较为深刻的认识后，教师利用多媒体播放长征路途艰难的视频，全班在音乐的伴奏下，齐声朗读《七律·长征》。学生基于对长征的理解，再次吟诵，更能激发学生历史现场感，使其进一步感受长征精神。

随后，教师要求学生观看三个年轻人重走长征之路感悟的视频，并要求学生回答"你觉得三个年轻人追寻到了什么？"视频中19岁的女大学生刘欣然讲到："我是最小的，可年龄也和当年多数红军战士们一样大了，听红军后代爷爷奶奶们讲起当年的故事，我流泪了。"大多数学生看到这里，眼眶湿润了，甚至有个别学生流下了眼泪。

此时进行小组合作交流，要求学生谈谈各自的理解。学生基于自己的思考与体验，实现了对长征精神的情感认同。课后，要求学生围绕"新时代，我们是否还要倡导长征精神？""新时代，我们该怎样传承长征精神？"开展项目化学习。学生通过互联网查阅相关资料，并就自己的理解与教师展开交流，开展"弘扬长征精神，做一个新时代中学生"的主题班会。通过一系列的活动，引导学生感悟长征精神，学生在活动中提升了历史学科的核心素养。

（三）教学关系翻转

课堂教学中的师生关系有"学生主体说"，即学生是教学活动的主体，教师起到辅助学生的作用，也就是现在广为流行的"教师主导，学生主体"。以学生学习为主体的课堂教学，课堂是学生的学习活动的主阵地，教师是学生学习的引导者，最大限度地利用课堂时间为学生服务，让学生充分开展学习活动，在活动中解决问题。

然而在实际的教学过程中，如果过于强调学生的主体作用，而忽视了教师的作用，课堂教学的效果并非我们想象中的那样理想。限于学生知识面狭窄、知识储备不足等问题，不少学习活动不能得到有效深入的开展，达不到促进学生主动学习的目的。此时，需要教师发挥主体作用。教师作为专业人士，对所教内容具有全面把控的能力，考虑问题也比学生周全。因此，教师的"教"和学生的"学"是一种动态统一的过程，在"教"的过程中教师是主体，在"学"的过程中学生是主体，其客体应为教材与课程、技术与环境等。教师与学生在课堂教学中，其主体作用是基于课堂学习的需要，在课堂中营造一个师生学习共同体，通过教师的合理引导和学生的自主探究，师生互动合作达成课堂教学的目标。

信息技术背景下的共生课堂，强调课堂是教师与学生、教材与课程、技术与环境共同组成的教育教学生态系统。在这个系统里，教材与课程、真实环境与网络下的环境等客体资源为教师、学生搭建一个教学平台，师生之间互为主体、互相启发，充分调动学生的积极性和创造性，把学习变为学生的内在需求而不是外部负担，尊重学生在学习过程中的主体地位，教师的主体地位也得以体现，提高师生参与课堂学习的幸福指数，实现师生的动态发展，最大化地产生共生效能。

在部编版八年级上册第4课《洋务运动》的教学过程中，学生通过洋务运动的学习，了解李鸿章是洋务派的代表人物，创办了一批近代企业，客观上推动了中国民族资本主义的发展。教师出示一则材料："我办了一辈子的事，练兵也，海军也，都是纸糊的老虎……不过勉强涂饰，虚有其表。"要求评价李鸿章这一历史人物。通过材料铺垫，教师预设问题，学生都能从李鸿章在洋务运动中的贡献来肯定他，从甲午中日战争中的失败来否定他。

学生在教师的预设中，在两个方面畅所欲言，教师适时地引导学生理解评价历史人物要用一分为二的方法。但也有学生提出，李鸿章是清王朝的牺牲品。这是学生在学习过程中的一种生成。面对这种生成，教师指导学生利用网络，查阅资料，开展交流活动。理解在当时清政府的统治下，无论是李鸿章抑或其他人士，他们终究难逃失败的命运。教师在课堂上总结，使得学生理解在评价历史人物的时候，除了一分为二的方法，还需要将历史人物放到特定的历史环境中。

（四）教学效果翻转

美国学者埃德加·戴尔提出了"学习金字塔"理论。根据"学习金字塔"的解析，不同的教学方式的平均记忆力是不一样的。听讲 5%，阅读 10%，视听 20%，演示 30%，讨论 50%，实践 75%，教授给他人 90%。学习效果在 30% 以下的几种传统方式，都是个人学习或被动学习，而学习效果在 50% 以上的，都是团队学习、主动学习和参与式学习。

信息技术背景下的共生课堂，强调师生之间、生生之间利用教材与课程等资源，激发学生的学习潜力，调动学生学习的能动性，推动师生动态发展，实现学习效能的最大化。学习不再是死记硬背或机械性应用知识，而是利用信息技术、教材与课程等资源，在体验中理解知识，建构新知识，实现学生学科核心素养的提升。共生课堂的本质是把学习的主动权交给学生，教师是学生学习的支援者。我校基于小组合作和学习用表两大抓手，帮助学生不再拘泥于表层学习，逐步实现高阶思维的深层学习，学生学习的效能不断提升。

学生学习效能与教师教学效能也是一个动态统一的过程。学生学习效能的提高基于教师为学生学习提供的支持性教学行为。而这种支持性的教学行为需要教师课前深入钻研教材，认真分析学情，课中创设利于学生自主学习的情境，合理组织学生自主学习，提供适切的学习方法指导，课后设计个性化的反馈活动，实现学习效能的最大化。这一过程中，教师自身的教学专业素养在不断提升，教师的教学效能逐渐显现。学生学习效能与教师教学效能共长的过程，为师生发展提供了良好学习氛围，增强了学生学习的信心，调动了学生学习的主动性，让教师感受到成就感，激发教师自我发展的动力。

# 第二节　文科教学翻转及案例

现如今，网络信息技术已经被广泛应用于教育领域，多媒体辅助教学工具给课堂教学提供便利。多媒体信息技术能够使教学方式更加多样化，还能促进学生对学科知识的有效反馈，减轻学生的学习压力。在新课程改革的今天，教师需要不断探索创新教学方法，以更好地提高教学效率。在网络环境下，我校秉承着"让学习深度进行，让师生真正成长"的理念，积极开展共生课堂教学，让学生在愉快、轻松的环境中获得知识，从而更容易达到教学目的。因此，教师需要用共生理念来审视当前的课堂教学，并尝试探讨共生理念下课堂教学的发展方向和实施策略，努力构建新型的师生关系，促进学生健康发展。

## 课例（一）
### 网络环境下道德与法治学科共生课堂的构建
——以道德与法治学科七年级上册《生命可以永恒吗》为例

**一、教材分析**

本课是七年级上册第四单元《生命的思考》的第八课《探问生命》的第一框。本框包含两目"生命有时尽"和"生命有接续"。个体生命在实现人类生命的接续中要担当使命是教学的重点和难点。

**二、学情分析**

初中阶段是一个人形成正确人生观、价值观的重要时期。随着自我意识的不断发展，初一学生已经自觉或不自觉地开始探问生命，思考生命的意义和价值。初中生的心理发展还处于一个半幼稚、半成熟的时期，并受其自身的认知水平所限，他们对生命问题的认识和理解不够全面，甚至会产生偏差。

**三、学科素养目标**

情感态度价值观：培养感激生命、热爱生命、敬畏生命的情怀。

能力目标：培养对生命问题的辩证思维能力，理解生命有时尽，生命有接续。

知识目标：懂得生命来之不易，生命是独特的、不可逆的和短暂的；了解生命的自然规律。

**四、教学重难点**

个体生命在实现人类生命的接续中要担当使命。

**五、教学过程**

（一）创建视频导入，激发学生动力

初中道德与法治学科中包含一些较为抽象的知识，由于初中生的心理发展特征，其对生命问题的理解不够全面，甚至可能会出现偏差。所以，学生在学习《生命可以永恒吗》一课内容时，很容易会因为理解困难而产生放弃心理，进而影响了整体的教学效果。因此，教师采用视频导入的方法来引出该课内容，通过一段极具吸引力的视频使学生集中注意力，进而激发学生的学习动力。

在课堂上，利用多媒体播放视频，视频讲述了一位父亲和女儿关于生命的故事。整段视频播放完之后，教师提出了一个问题："看完这段视频之后，请大家用一个词语来表达一下自己内心的感受。"因为在视频播放过程中，学生在好奇心的驱使下观看得非常认真，所以提出问题之后学生纷纷说出了自己的答案："震撼！""神圣！"……面对学生们各种各样的回答，教师并没有马上进行点评，而是顺势引出接下来要讲解的内容——"生命来之不易"。在课堂开始时用视频导入，使学生产生浓厚的学习兴趣，激发学生的学习动力。

（二）制作生命卡片，促进思辨能力

初中道德与法治教学不仅要让学生掌握相关的基础知识，而且还要培养学生的各种能力，为学生未来的成长与发展奠定扎实基础。对于初中生来说，思辨能力是一种非常重要的能力，是学生自主成长的重要前提。

在讲解《生命可以永恒吗》一课时，教师通过开展一个小活动，引发学生的深度思考，既实现了学生对相关知识的深度理解，也促进了学生思辨能力的提升。在课堂中教师引用小故事：父亲与女儿在散步的时候，有一片树叶飘落下来，父亲问女儿世界上是否有两片相同的树叶。假设你是这个孩子，你的回答是什么呢？通过这个问题引发学生思考，然后再让学生制作属于自己的生命卡片，卡片中需要填写姓名、生日、身高、体重、兴趣爱好、优点、缺点、生命中最重要的人和理想。学生制作完生命卡片之后，互相查看对方的卡片，然后让学生大声说出自己与众不同的地方，这样做的目的既是为了帮助学生树立自信心，同时也为了让学生明白"生命是独特的"。一个动手实践的小活动，让学生在参与过程中加深了对知识的理解，同时也培养了学生对生命问题的辩证思维能力。

（三）引用网络素材，引发小组讨论

网络环境极大地丰富了初中道德与法治课堂教学内容，教师可以通过搜集各种网络资源对教学进行填补。由于初中生对网络并不陌生，在教学中引用各种网络素材，能够更好地激发学生的学习兴趣，促进学生深度学习。

教师在教学中引用了网络素材，并以此来引发学生进行小组讨论，使学生在此过程中对"生命不可以"有了理解。通过网络搜索，教师为学生介绍了中国人的平均寿命，男性为74岁，女性为77岁。在此之前，教师提前让学生搜集了关于"最长的生命"的知识，于是便让学生以小组为单位向大家展示自己所知道的"最长的生命"。随后提出问题：我们每个人都无法抗拒生命发展的自然，那我们该怎样正确对待生命？经过学习，学生初步理解了生命是不可逆的和短暂的，同时也意识到要热爱、珍惜生命。

（四）构建网络导图，促进知识串联

由于初中道德与法治学科中包含很多零碎的知识，教师一股脑地将它们传授给学生的话，学生很难全部掌握。对此，在讲解完一部分知识之后，教师需要为学生构建网络导图，将知识点之间的联系更直观地呈现在学生面前，促进学生头脑中知识的串联，以达到深度学习的目的。

关于"生命有接续"，引出"最长的生命"话题，教师将之前讲解的内容与该部分知识串联在一起，构建知识网络导图，使学生进行更深入的思考，总结"最长的生命"的含义："生命对于我们而言，不仅仅是身体的生命，还包括社会关系中的生命、精神信念上的生命。我们每个人都不仅仅是在身体上接续祖先的生命，也在精神上不断继承和创造人类的文明成果。"整堂课的学习让学生了解了生命的自然规律，培养了学生感激生命、敬畏生命的情怀，让学生明白了个体生命要在实现人类生命的接续中担当使命。

**六、教学反思**

在当今教育形势下，提升教学质量的关键是变革课堂教学，教师需要秉承"让学习深度进行，让师生真正成长"的理念，促进师生新型教学关系的形成。网络环境下初中道德与法治共生课堂的构建，有利于道德与法治教学改革发展，促进学生健康全面成长。

课例（二）

# 探究网络背景下名著阅读教学途径

## ——以语文学科八年级上册《骆驼祥子》为例

随着教育信息化的发展和深化，课堂教学模式发生了巨大变革。网络为学生学习语文丰富了课堂展示工具，拓宽了名著学习的资源，提供了坚实的物质基础。而近两年随着全国统一教材的编订及使用，在苏州中考语文试卷中，关于名著阅读内容的考察比重加大，这一部分也越来越受到广大教师、学生的重视。本文以《骆驼祥子》导读课为例，目的在于探索在网络环境下的大语文课堂中名著阅读的教学途径，致力于培养学生的阅读能力。《骆驼祥子》是七年级下册语文必读书目的首文，其重要性在七年级下的教学中不言而喻。它由于特定的时代社会背景和人物形象的典型性，成为中国现当代文学史上不可或缺的现实主义伟大作品。

七年级学生经过小学六年的训练已掌握了基础的信息技术能力，能够通过网络检索，搜集到相关有效信息进行初步自主学习。并且对于阅读叙事性作品，他们能了解事件梗概，能简单表达出自己的喜恶等感受。但面对需要达到更高层次赏析文学作品的要求，以及如何在网络背景下保持自己独立的意识和独特的情感体验有一定的困难。想要从作品内涵中获取有益的启示还有一定的难度。

## 一、学科素养目标

1. 品读语言，赏析视频，感知人物形象。

2. 探究祥子悲剧命运的社会根源和自身原因。

## 二、教学过程及设计意图

教师课前发布情境化导学任务：

有人为祥子在百度贴吧中发了这样一个请求贴：祥子请求各位网络达人为自己简单制作一份电子求职简历。简历中需包括个人基本信息、个人特长、社会关系、工作经历。

学生为此需要通过网络对《骆驼祥子》一书的写作背景进行查阅，对作者老舍的生活背景进行了解。学生还需要在找寻到的各式资料中进行筛选，最终完成一张简历表并回帖。

（设计意图：通过贴吧跟帖的形式，激发学生兴趣，提高学生的参与度。此外，完成此任务，必须要运用到互联网的搜索功能，考验学生对海量资料的信息提取能力，同时又梳理了有关祥子的重要信息，为课堂探究人物形象、悲剧命运的主题打下坚实的基础。）

活动一：思维导图述平生

学生通过组内交流对课前利用互联网制作的简历进行比较，整合剔除无效的信息。在此基础上，当堂完成教师精心准备的PPT上关于作者及作品的填空。

全班齐读相关创作背景，关注写作原型，小组交流并绘制人物身份的思维导图。见下图：

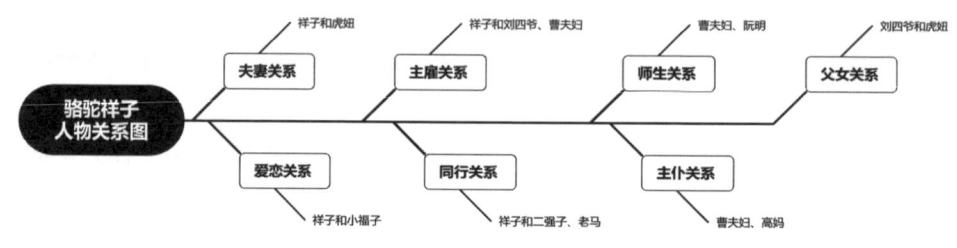

图 5-2 《骆驼祥子》人物关系图

（设计意图：课前利用网络查找相关资料的任务，使学生在上课之前就对作品有了初步了解，利于课堂活动的顺利开展。齐读加深印象，引导学生关注写作原型，体会现实主义的风格。利用平板电脑绘制思维导图的设计目的在于开阔学生的思维能力，同时训练学生的概括能力，以及方便交流互动展现。）

活动二：欣赏影片理情节

教师播放主要人物祥子的相关情节短片，学生观看后独立思考，要用简要的语言概括祥子所经历的"三起三落"。

（设计意图：用直观的影片段落加深学生对情节的印象，此练习让学生将祥子的一生进行了简单的概述，抓住文章的线索，完成了对情节的梳理。）

活动三：直播互动识人物

小组讨论：学习用表上选取了三段有关祥子表现的文段，要求学生通过运用圈点批注法，从多角度赏析祥子的人物形象。（此环节中，利用智慧教育云服务平台"课堂实录"功能，直播学生的赏析过程。）

各小组任选角度，合作探究，完成赏析，有余力的小组可以多选。（小组加分，答对一次小组加一分。）

小组展示，通过鸿合展台投影学生作品，小组长通过希沃白板展出总结的板书。

第一组："自己能成为最优秀的车夫""肩宽，脚大""傻子似的笑""好似咬着自己的心"写出祥子的自信、高大健硕、天真淘气、结实出色、憨厚淳朴、要强坚韧。

第二组："头剃得发亮"写出祥子整洁有精神。"脸红扑扑"看出此时的祥子有朝气活力，结实硬棒，精神上坚忍不拔。

第三组：比喻，把祥子比作一棵树，突出此时的祥子健壮沉默，有生气、积极。同时看出祥子有目标、不善言辞、淳朴厚道。

（设计意图：从具体的字句分析中感受祥子的人物形象，让学生真实感受祥子身上的生命活力。通过录像直播的形式，清晰感受学生思维碰撞的火花。不同的角度赏析，拓宽了学生的思维，也让学生在品味人物形象中，感知到优秀的文学作品中的人物都是多面的，不是单一模式化存在的道理。利用鸿合展台，将小组讨论的思路进行投影展示，共享思维成果，达到思维可视化效果，便捷清晰。）

小组探讨：当祥子被孙侦探骗走了买车的钱，又发现自己上了虎妞的当后，处于一穷二白阶段的祥子精神上发生了巨大的变化。探究祥子的精神发生了哪些变化。

第一组：抓关键词：认命。进行追问，祥子他的命是什么？是受刘四爷虎妞的压迫。而祥子他认命的具体体现是什么？他扫雪，他买东西，他去定煤气灯，他刷车，他搬桌椅，他吃刘四爷的犒劳饭，他睡觉，他什么也不知道，口里没话，心里没思想。为什么说自己是一个能干活的死人，任人摆布的傀儡？

第二组：抓关键句："他仿佛是个能干活的死人。""但是心中老堵一块什么，在工作的时候暂时忘掉，只要有会儿闲工夫，他就觉出来这块东西——绵软，可是老那么大；没有什么一定的味道，可是噎得慌，像块海绵似的。"运用了比喻的手法，把祥子比作一个活死人，把他心中的压抑比作了海绵。表现了祥子内心的苦闷不甘，眼前失去目标，心里没思想，早已心灰意冷的状态。

（设计意图：通过赏析焦虑阶段的祥子片段，让学生学会品味人物形象可以抓关键字句，进行细细品读。与第一阶段的祥子进行比较，感受人物形象变化的过程。）

师生问答环节：自由阅读第三部分回答以下问题。（1）当祥子见到了小福子的尸体，他最后的希望破灭后，此时祥子变成了一个怎样的人？（2）祥子靠什么来维持生活？（3）此时的祥子你可以用哪些词语来形容他？（运用智慧教育云服务平台中"随机抽人"的功能，随机找组内成员发言，答对则整个小组内每人加一分，其他小组补充一点加一分。）

第一组：抓关键句："怎能占点便宜，他就怎办。"看出此时的祥子好占便宜，狡猾堕落，自私懒惰，自暴自弃。

第二组：抓关键词："不喜，也不哭"看出祥子一点不敬业，总爱偷懒。"戴上那不合适的黑帽，他暂时能把一身的破布遮住"，外貌描写，看出祥子潦倒邋遢。

第三组：抓关键句："和个老人，小孩，甚于至妇女，他也会去争竞。他不肯吃一点亏。"从祥子的这个行为中可以看出此时的祥子变得自私自利，没丝毫同情心，用文中话来讲就是"不肯吃一点亏"。

第四组：抓关键词："叼烟"的动作描写突出了祥子身上的随意痞相，"跟不上队伍"写出祥子精神上的恍惚颓废，"找烟头"的动作描写展现出祥子此时精神麻木、内心空虚。

（设计意图：综合运用上两次品析人物的方法，做到巩固练习。通过探究祥子的外貌和行为，感受人物堕落的样子，品味人物形象的多样化，感受人格的多彩魅力。利用智慧教育云服务平台的"随机抽人"功能，使得课堂活动中学生的参与度提高，督促每一位学生都要参与到课堂中，提高课堂效率。）

小游戏巩固人物形象，利用希沃白板的游戏功能，课堂上来一场3分钟的对抗赛。游戏以跑酷的形式出现，游戏中不断出现关于对祥子的人物形象的评价和其相应时段所做的事情，配对正确则加速前进，失败则减速。（学生两两对抗，场面热烈。）

"体面的，要强的，好梦想的，利己的，个人的，健壮的，祥子，不知陪着人家送了多少回殡；不知道何时何地会埋起他自己来，埋起这堕落的，自私的，不幸的，社会病胎里的产儿，个人主义的末路鬼！"

（设计意图：以文解文，用作者的定义融入游戏，让学生在游戏中总结祥子的人物形象，这是在学生有独特感受后的进一步升华，加深了学生对人物形象的理解。）

活动四：插画比较悟结尾

教师多媒体展示《骆驼祥子》不同版本的祥子结局插画，让学生品析结尾。插画一是英译本结局祥子与小福子幸福生活在一起的画面。插画二是本书结局祥子落魄地倒在地上等待死亡。比较中英两个版本的结尾插画，说说你认为哪一个版本好？

（设计意图：利用网络搜索到不同版本的结局插图，教师从中提炼新的问题，开拓学生的思维，要敢于挑战权威。培养学生信息提取能力，通过思考有独到的个人感悟，言之有理、言之有物的答案都可以，这就是网络教学下语文的魅力。）

学生独立思考：两个结尾的区别在于？祥子是否有一个好的归宿？祥子的悲剧命运可以被改变吗？为什么不能改变？他的悲剧命运是由哪些因素造成的呢？

（设计意图：引导学生理解人物悲剧的命运造成的因素有两方面，一是自身，二是社会，而社会因素是无法改变的客观因素。）

PPT展示时代社会背景的相关影像。研读片段，用简洁的话语来说说当时社会环境的特点。

战争不断，特务横行。人冷酷自私，世俗麻木，尖酸刻薄，吝啬小气。世人麻木自私，毫无同情心，冷漠。

（设计意图：从选取的三个片段中分别感受社会的黑暗。体会祥子的悲剧不仅是个人的悲剧，更是一个时代的悲剧。这个悲剧有力地揭露旧社会把人变成鬼的罪行，表达了作者对挣扎在社会底层的劳动人民命运的深切关怀和同情。说明了在旧社会，仅靠个人奋斗去摆脱贫穷是行不通的。）

三、课后拓展

教师课后发布情境化导学任务：

在贴吧上发布一个新的主题帖：让学生畅想如果祥子生活在2021年，他将有怎样的遭遇？请学生自由更帖，畅所欲言。

（与课前活动相互呼应，为找到工作的祥子想象一下新时代新生活。利用贴吧互动，形式新颖，深受学生喜爱。让学生在已经体悟主旨和作者主张的前提下，完成自我创作，加深对作品的理解。）

教师还在学生群里为学生推荐了老舍先生的其他作品，希望学生能对作家风格有更深入的了解。

（通过群文阅读，让学生感受老舍先生的写作风格，体会京味小说的魅力。）

课例（三）

## 运用智慧平台，打造互动课堂
——以历史学科九年级上册《五四运动》为例

刘邦奇在《智慧教育：新时代的教育变革与转型》一文中，特别强调"利用'互联网+'的思维和技术，打造富有智慧的学习环境"。教师发现初中历史智慧教育与课堂教学结合的课例少，智慧教育云服务平台使用的频率还不高。那么，如何在课堂上引入智慧教育云服务平台，实现以科技助力教育呢？

在 2019 年 1 月 7 日的太仓市中小学教务主任期末工作会议上，我校教师选取了《五四运动》一课，其目的是以此为例，探索如何将智慧教育云平台与日常教学相结合，打造智慧学习新环境。

本课主要讲述了五四运动爆发的原因、过程和历史意义。五四运动中所体现出的以爱国主义为核心的五四精神，是我们宝贵的财富。该课是部编版初中历史八年级上册第四单元《新民主主义革命的开始》第十三课的内容，上承第十二课《新文化运动》的意义，下启第十四课《中国共产党诞生》的历史条件，具有继往开来的意义。

在基础知识方面，八年级学生对爱国运动有一定的认知储备，学生通过自主学习可以了解五四运动的过程；在方法技能方面，八年级学生具备一定的材料解读和合作探究能力；在情感体验方面，八年级学生的形象思维仍占主体地位，对五四精神的理解有一定困难。

**一、学科素养目标**

1.了解五四运动的基本史实，认识五四运动是中国新民主主义革命的开端。理解五四运动的历史意义，感悟五四运动的精神。

2.通过提取历史图片信息，养成信息提取能力；通过材料解析，养成阅读理解能力、问题分析能力、语言表达能力以及合作探究能力。

3.通过对五四运动的学习，感悟五四运动崇高的爱国主义精神。

**二、教学过程与设计意图**

活动一：情境引入，探究五四运动爆发的原因。

1.教师多媒体展示五四运动图，提问：这张图片所反映的是哪一历史事件？你是怎么看出来的？（小组加分，每答对一次小组加一分。）

2.阅读活动单上的三则材料，自主学习分析五四运动爆发的原因。（在学生解析材料的过程中，运用智慧教育云服务平台中"课堂实录"功能，直播学生的解析过程。）

材料一：

新文化运动沉重打击了封建的思想文化，解放了人们的思想……它促使人们加紧追求救国救民的真理，为伟大的五四运动作了思想的先导，为马克思列宁主义在中国的传播开辟了道路。

——《中国通史》

材料二：

北洋军阀政府统治时期，赋税名目繁多至数十种，难以历数，而且年年增加……滥发纸币票券，其恶果是通货贬值，票券形同废纸，物价腾涌，人民生活困苦。

——《中国近代农业史资料》

材料三：

一战期间，民族工业得到了发展，工人阶级队伍迅速壮大，工人由第一次世界大战前的 100 万，增至战后的 200 万。

——吴于廑、齐世荣主编《世界史·现代卷》

3.小组交流展示。（小组加分，每答对一次小组加一分。）

4.总结各小组加分情况。

（设计意图：以一张描绘当时学生聚集在天安门广场的历史油画进行情境导入，营造课堂氛围，激起学生的探知欲。通过屏幕直播学生的解题过程，引导学生养成良好的解题习惯。通过材料的呈现，让学生认识到一个事件发生的原因，需要从多角度、全方位去思考。）

活动二：角色扮演，重温五四运动过程。

1.请学生扮演小记者，小组合作撰写新闻，为大家简洁地介绍五四运动的经过和重大事件。要求写清事件的时间、地点、人物、起因、经过、结果。

2.展示交流撰写的新闻。（小组加分，主动展示的小组加三分，其他小组每补充一点加一分。）

3.填写表格，梳理五四运动的主要过程。（运用智慧教育云服务平台中"随机抽人"功能。)

| 阶段 | 时间 | 中心 | 主力 | 口号／要求 | 方式 | 结果 |
|------|------|------|------|-----------|------|------|
| 第一阶段（爆发） | | | | | | |
| 第二阶段（扩大） | | | | | | |

4. 观看视频《我的1919》片段，感受初步胜利。

5. 总结本环节各小组加分情况。

（设计意图：一是通过角色扮演，培养学生叙述历史事件的能力；二是通过随机抽人的活动形式，让更多的学生参与课堂，激发学生学习的积极性；三是利用影视素材重现历史情景，帮助学生直观具体地感受历史。）

活动三：探五四运动意义，悟五四精神

1. 合作探究

（1）阅读材料，自主学习，分析五四运动的历史意义。

思考：①材料一体现了五四运动怎样的性质？找出材料中最能体现其性质的语句。

②哪些语句体现出爱国情怀？你可以朗读出来吗？

③材料二体现了什么？

材料一：

务望全国工商各界，一律起来设法开国民大会，外争主权，内除国贼。中国存亡，就在此一举了！今与全国同胞立两个信条：

中国的土地可以征服而不可以断送！

中国的人民可以杀戮而不可以低头！

国亡了！同胞们起来呀！

——《北京学界全体宣言》

材料二：

此次参加罢工的：纺织厂方面……金属业方面……运输业方面……市政工程方面……总共大概有六七万人……中国工人阶级开始以独立的姿态……登上政治舞台，这又是中国历史上破天荒的大事。

——邓中夏《中国职工运动简史》

学生罢课半月，政府不惟不理，且对待日益严厉。乃商界罢市不及一日，而北京被逮捕之学生释；工界罢工不及五日，而曹、章、陆去。

——《上海学联告同胞书》1919 年 6 月 12 日

（2）合作探究，小组成员交流补充，完善答案。

（3）展示交流，小组代表展示学习成果，其他小组点评补充。（小组加分，每答对一次小组加一分。）

2. 观看视频《建党伟业》片段，感悟五四精神。

3. 总结本环节各小组加分情况。

（设计意图：通过材料解析，锻炼学生阅读理解能力；通过展示交流环节，帮助学生提升语言表达能力；通过观看《建党伟业》片段，使五四运动情境"再现"在学生面前，引导学生归纳五四精神。）

### 三、教学反思

我校教师执教了部编人教版八年级上册《五四运动》一课，课后得出以下感悟：

第一，处理好预设与生成的关系。

通过精心的设计与反复的磨课，笔者准备了环环相扣的教学流程，从解析材料到角色扮演，从自主探究到合作学习，充分挖掘教学素材，有效调动学生的积极性。但是课堂活动有预设，也需要生成。譬如在教堂活动中，面对同一个问题，总会有五花八门的答案。面对学生出乎意料的回答，教师如何给予及时的回应？如何抓住契机引导学生讨论？面对学生回答错误、不规范的情况，又如何纠错、补充、完善？这些方面在以后的课堂教学中还需要进一步关注，在教学形式的开展过程中，要始终保持一颗敏感的心，观察学生参与其中的神情与状态，不断问自己：学生是否听清问题设问？限时训练时间长短是否合适？并根据学情随时调整课堂节奏，切实做到以生为本，重在实效。

第二，处理好形式与实效的关系。

本节课在教学中，较多采用小组合作的形式。但是在活动过程中如何让更多的学生真正参与进去？如何针对小组学生的学情，设置不同梯度的问题，让更多的学生有发言权？教师如何放开并让课堂更开放？这些问题还值得在以后的教学中继续思考、改进。

# 第三节　理科教学翻转及案例

"互联网+"背景下的数学共生课堂的生态，是多元聚合、动态发展、再平衡的教学生态，师生生态、课程生态也会因信息技术的发展而呈现一种新的发展态势，在教学活动中教师与学生、课程与教材，技术与环境，共在共生、共荣共长。主动性、互动性、创生性是共生课堂师生生态的三大特征，共生是共生课堂师生的生存状态，共长是共生课堂师生的生长状态。

**课例（四）**

## 提升共生效能　促进师生共成长

——以数学学科八年级上册《一次函数图像》为例

### 一、教学设计意图

"互联网+"时代，信息技术改变了课堂教学的面貌，出现了电子书包、人工智能、微课、慕课等教学形式和手段，教师和学生的角色也相应地发生了变化。共生课堂中师生关系的建构是以师生共长为目标，双方致力于构建充满活力与乐趣的课堂。一方面，教师以教学者的身份引领学生成长，采用多媒体和互联网技术等多样化教学方式，更好地帮助学生获取知识，体验、感悟生活的意义；另一方面，教师通过师生之间、生生之间的平等对话和交流，不断发掘教学潜能，体现自我教育价值，收获教学成果，教学活动不仅是促进学生知识积累、道德提升和个性发展的过程，同时也是教师专业成长和自我价值实现的过程。师生间是知识、道德、人格上的相互启蒙关系，师生在课堂中相互学习、互生共长、和合共生，在"双向互化"活动如"教师学生化、学生教师化""教学学习化、学习教学化（如小组中的互教互学活动）"中发生着"边界漂移"现象，体现能者为师。

### 二、教材的地位与作用

本节课主要是在学生学习了函数图像的基础上，使其通过动手操作接受一次函数图像是直线这一事实，在实践中体会"两点法"的简便，向学生渗透数形结合的数学思想，以使学生借助直观的图形、生动形象的变化来发现两个一次函数图像在直角坐标系中的位置关系，培养学生主动学习、主动探索、合作学习的能力。

### 三、学科素养目标

结合图像，理解直线 y=kx+b（k、b 是常数，k ≠ 0）中常数 k 和 b 的取值对于直线的位置的影响，通过操作、观察，培养学生动手和归纳的能力。结合具体情境向学生渗透数形结合的数学思想。通过动手操作，观察探索一次函数的特征，体验数学研究和发现的过程，逐步培养学生在教学活动中主动探索的意识和合作交流的习惯，让学生通过直观感知、动手操作去经历、体会规律形成的过程。

### 四、教学设计

问题情境：我校进行运动会，甲和乙两位同学在运动会中赛跑的路程与时间的关系如图 1 所示。

问题 1：你能从图中获取哪些信息？

问题 2：函数关系有哪几种？你最喜欢哪种？为什么？

问题 3：你能求出这两位同学赛跑的路程与时间的函数表达式吗？

问题 4：你能说出 A 点的坐标吗？A 点的坐标符合求得的表达式吗？你还能找出符合表达式的点吗？这样的点有多少个？都有什么特点呢？

问题 5：你能给函数图像下个定义吗？

问题 1 与问题 2 是开放性的问题，不同层次的学生可以从不同的角度获取信息，有利于学生与文本之间建立共生关系，激发学生对学习函数图像的兴趣。在问题 3 到问题 5 的交流分享过程中，让学生感受到点是构成图像的基本要素，体会"函数图像—点的坐标—实际意义"之间的联系，引发学生对"函数图像—点的坐标—表达式"的深度思考，通过问题串促进旧知识与新知识建立联系，建构函数图像，促使学生深层次理解新知识的本质。

以小组合作的形式在坐标系中画出一次函数 y=2x 的图像。

step1：分别选取若干对自变量 x 和函数的对应值 y，完成表格 1，再分别以自变量 x 的值作为横坐标，对应的 y 值作为纵坐标，写出对应的点。

表格1

| x | … | –3 | –2 | –1 | 0 | 1 | 2 | 3 | … |
|---|---|---|---|---|---|---|---|---|---|
| y=2x | … | | | | | | | | |
| 坐标（x,y） | … | | | | | | | | |

Step2：建立平面直角坐标系，并在坐标系中描出这些点。

问题1：观察这些点，你有什么猜想？

问题2：如图2，直线l在直角坐标系下有什么特点？坐标满足y=2x的点都在直线l上吗？直线l上的点坐标满足一次函数表达式y=2x吗？为什么？

问题3：总结画函数图像的步骤。总结画一次函数图像的步骤，并画出一次函数y=2x+1的图像。

由于学生第一次接触画函数图像，在这一环节可通过小组合作的形式，让后进生心中的疑问得到解决，中等生可以加深对知识的理解掌握程度或解决部分疑难问题，学优生更是在这个过程

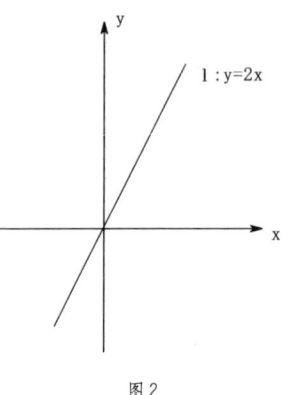

图2

中起到组织协调、答疑解惑、引领提升的关键作用。不同的学生有不同的任务和挑战，每位学生都有自己个性化的见解与观点，在交流和分享中都能言之有理，在合作学习中加深了对函数图像的理解，并掌握了用描点法画函数图像的基本步骤。从点到直线的上升是一个难点，因为学生描出来的是一个个有限的点，怎样才能实现由点到直线的突破？教师借助几何画板中点的加密来突破这一难点，凸显思维的可视化。

**五、教学反思**

师生共同在知识探究、情感体验、道德领悟中展露自己的主体性。师生间进行情感交流，共同分享生活经历，体会对方的情感变化，在互助合作中感受知识的魅力。互联网技术为师生共长提供了保证，师生共同承担团队研究者和学习者的角色，双方都能在其中获得更有意义的成长。在此意义上，真正实现了课堂环境中学生的解放，师生关系超越了时空意义上的共在关系、知识消化意义上的指导关系、道德灌输意义上的教化关系，走向知识共创、人格共生、心灵共鸣，建立起真正意义上的教学共生关系。

课例（五）

## 网络背景下共生课堂的构建

——以化学学科九年级下册《酸和碱》复习课为例

### 一、课程标准、教材以及学情分析

课程标准：了解用酸碱指示剂（酚酞、石蕊）检验溶液酸碱性的方法，认识常见酸碱的主要性质和用途，了解纯碱和小苏打等盐在日常生活中的用途。活动与探究建议：实验探究酸、碱的主要性质。

教材分析：教材"基础实验8"是《酸与碱的化学性质》，实验涉及：酸与金属、金属氧化物、盐的反应，碱与盐的反应，酸碱指示剂的变色等。本课根据教材的设计思路，将酸碱指示剂与常见离子的检验相结合，让学生自行设计实验解决实际问题；将酸与金属、酸与金属氧化物、碱与非金属氧化物放在一起，以反应前后的压强作为联结点，学生既观看了美丽的喷泉实验，又自己动手并分析了气球膨胀的原因；将酸与盐（盐酸与碳酸钠）的反应用于鉴别厨房中常见的纯碱与小苏打，联系生活实际的同时，进行新知识的拓展。

学情分析：学生对酸与碱的化学性质有一定的认识，但并不了解知识之间的联系，无法运用酸与碱的化学性质解决实际问题；学生经常对实验图像与拓展信息感到苦恼，不愿意思考、分析图像与信息中蕴藏的知识要素；学生能够对实验探究进行一定的理论分析，但缺少亲自设计实验、开展实验、解决问题的经验；学生对化学学科的认识较浅，不理解化学与生活实际的密切关系，无法意识到化学学科的重要实践价值。

### 二、学科素养目标

1. 了解常见的酸和碱的化学性质，能够运用这些性质解决简单的实际问题。

2. 通过分析关键信息，掌握鉴别纯碱与小苏打的方法。

3. 学会通过小组合作进行实验设计与实验探究。

4. 能够通过直观的实验现象分析化学反应过程中的压强变化，并将实验结果绘制成 p–t 图像。

5. 感受化学与实际生活的密切联系，培养对化学学科的热爱与尊重。

6. 培养善于合作、勤于思考、敢于实践、乐于反思的科学探究精神。

## 三、教学思维导图

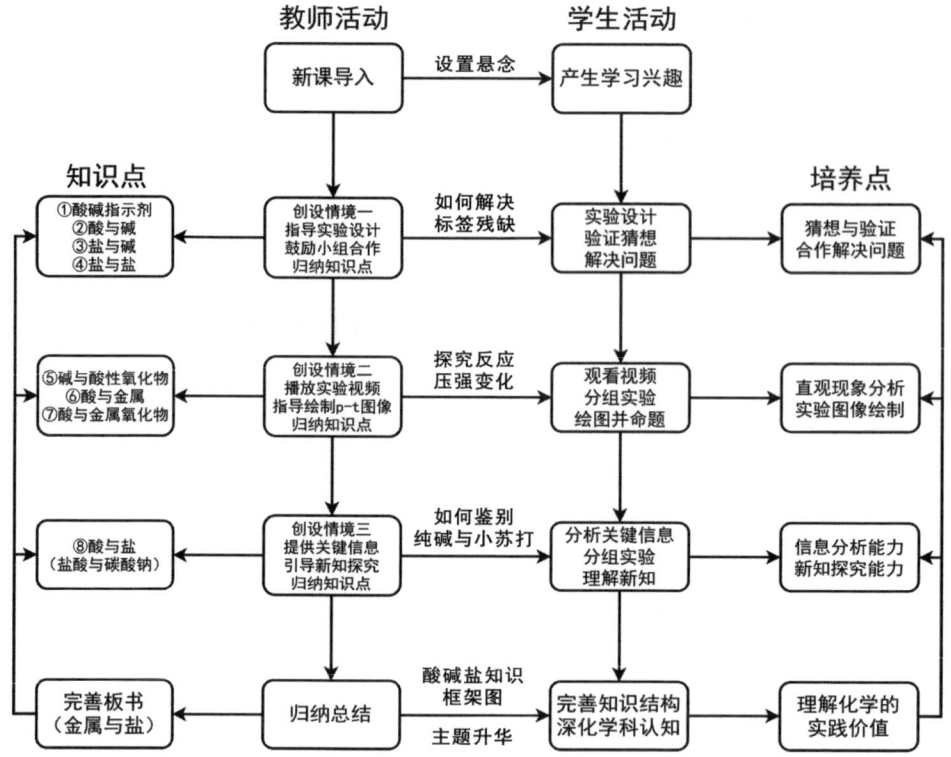

## 四、教学过程

| 教师活动（情境与问题） | 学生活动 | 设计意图与达成目标 |
|---|---|---|
| 新课导入<br>展示图片：<br>教师在学校担任实验员，经常遇到标签残缺的情况，比如这3瓶无色试剂都是常见试剂，但只能看见标签的一部分，请同学们猜猜它们可能是什么。<br>① Na（　　）<br>② Na（　　）<br>③（　　）Cl | 学生猜测：<br>①②：NaOH、NaCl、NaHCO₃<br>③：HCl、NaCl（KCl） | 从解决实际问题导入，设置一定的悬念，通过创设有效情境来激发学生的学习兴趣。 |

| 情境一：损坏的标签 | | |
|---|---|---|
| 1. 问题①：如何验证我们的猜想，补全残缺的标签？<br>最简单的是第③瓶，HCl 和 NaCl 最大的区别是什么？<br>我们最简单的鉴别方法是什么？<br><br>演示实验：先从③中取样，滴加石蕊，同学们观察到了什么呀？ | 1. 回答：酸碱性不同。HCl 是酸性，NaCl 是中性。回答：滴加酸碱指示剂——石蕊，看是否变红。<br>观察后：紫色石蕊变红，证明了③是 HCl。 | 联系学生已有的知识，降低学生的陌生感，帮助学生尽快投入课堂。涉及酸碱指示剂的知识。 |
| 2. 实验设计：刚才我们练了练手，看来大家鉴别的思路都很清晰哦。接下来，我们先用 2 分钟时间小组讨论一下，你们的小组打算如何验证①和②的猜想呢？注意，要从离子角度考虑，不同的离子要用哪些试剂来鉴别？<br><br>请小组派代表来说说你们的实验方案哦。我们先来看 NaOH，有没有小组设计验证 NaOH？【写方程式】<br>再来看 NaCl，如果你有 NaCl 打算如何验证呢？【写方程式】<br>（由于前两种猜想被验证了，NaHCO₃ 可以不用验证。） | 2. 小组讨论，分享。<br><br>回答 1：分别取样，滴加 $CuSO_4$，若其中一种有蓝色沉淀，则它是 NaOH。<br>回答 2：分别取样，滴加硝酸酸化的 $AgNO_3$ 溶液，若产生白色沉淀，则它是 $AgNO_3$。<br>回答 3：分别取样，将刚才的盐酸滴加进去，若其中一种产生气泡，则它是 $NaHCO_3$。 | 让学生用自己的已有知识来设计实验、解决问题，参与实验探究前的设计能够更好地激发学生学习兴趣，加深对实验探究的理解。<br><br>这里涉及以下物质的反应：盐与碱、盐与盐。 |
| 3. 验证猜想：请代表小组回答问题的学生分别上台演示自己小组的验证方法，并根据实验结果给 3 瓶试剂贴上标签。<br><br>最终得到结论：①是 NaOH ②是 NaCl。 | 3. 一位学生上台滴加 $CuSO_4$，①中产生蓝色沉淀，证明①是 NaOH；另一位学生上台滴加硝酸酸化的 $AgNO_3$ 溶液，②中产生白色沉淀，证明②是 NaCl。（①和②就不是 $NaHCO_3$ 了。） | 让学生亲自动手验证自己的方案，既解决了问题，又调动了其学习的积极性，使其获得成就感。 |
| 4. 知识归纳：（结合刚才学生提到的化学方程式）通过刚才的学习，我们复习了：酸、碱能够与酸碱指示剂反应，通过颜色的变化我们可以鉴别溶液的酸碱性；酸碱中和产生了盐，盐能与碱反应，盐也能与盐反应。<br>【板书：边写边讲解】 | 4. 思考、记录，跟着一起复习知识。 | 【归纳知识点】<br>①酸、碱与指示剂<br>②酸与碱产生盐<br>③盐与碱<br>④盐与盐 |

| 情境二：神奇的气压 | | |
|---|---|---|
| 1.实验视频：用 $CO_2$ 与 NaOH 完成的喷泉实验，现象很好看也很有趣。<br>（结合视频讲解实验装置）<br><br>问题②：为什么大烧杯中的 NaOH 会不断地被吸到圆底烧瓶形成喷泉呢？<br><br>写出方程式：$CO_2+2NaOH$<br>【板书：碱与非金属氧化物】 | 1.观看实验视频。<br>回答：因为 NaOH 吸收了圆底烧瓶中的 $CO_2$ 气体，圆底烧瓶压强减小，烧杯中的 NaOH 被大气压压入圆底烧瓶中，形成喷泉。<br><br>思考、记录，跟着一起复习知识。 | 用喷泉实验来激发学生的学习兴趣，不仅讲解了碱与非金属氧化物的反应，还让学生对有气体参与的反应前后的压强变化有了更深刻的理解。<br><br>【归纳知识点】<br>碱与非金属氧化物 |
| 2.每组同学的桌上都有 2 个套上了气球的试管，试管底部有适量盐酸，气球里装有金属：一个装有镁条，另一个装有铝片。接下来请同学们小组合作，分别将气球中的金属加入试管中，观察气球的变化情况。<br>注意：由于反应放热，一段时间后会很烫，所以不要把手握在试管下方。<br>组内派一名同学，根据气球的变化绘制出试管内压强与时间的 p–t 曲线，一会上台将你们的曲线分享给大家。 | 2.学生实验。<br><br>现象：<br>镁条：气球迅速膨胀。压强不断上升。<br>铝片：气球先无变化，一段时间后膨胀。<br><br>2 组学生将不同的压强曲线绘制在黑板上。 | 通过添加药品、组装装置等的配合，锻炼学生的动手能力与合作能力；通过绘制 p–t 图，增加学生对实验图像的理解。 |
| 3.结果分析：<br>镁条：产生气体是由于镁与盐酸发生了置换反应。<br>铝片：盐酸先与铝片表面致密的氧化铝反应，并不产生气体；当 $Al_2O_3$ 氧化铝反应完后，再与铝反应产生气体。<br>【板书：酸与金属、酸与金属氧化物】 | 3.思考、记录、跟着一起复习知识。 | 让学生学会分析未打磨的铝片的 p–t 曲线一开始是平线的原因。<br><br>【归纳知识点】<br>①酸与金属<br>②酸与金属氧化物 |
| 4.例题训练：金属铝、气球题。 | 4.完成例题 | 及时运用知识解决习题，加深理解。 |

| 情境三：厨房的困惑 | | |
|---|---|---|
| 1. 实物展示：请同学们观察食用纯碱（$Na_2CO_3$）与食用小苏打（$NaHCO_3$）。能否通过物理性质鉴别呢？ | 1. 观察纯碱与小苏打。回答：都是白色固体，无法用肉眼辨别。 | 用生活中的原材料，密切化学与生活实际的联系。 |
| 2. 给出信息：<br>①两者的水溶液都是碱性的。<br>② $Na_2CO_3$ 无法与 NaOH 反应，$NaHCO_3$ 能够与 NaOH 反应。<br>③向两者的溶液中逐滴加入盐酸时，现象不同。<br><br>问题③：如何利用上述信息中纯碱与小苏打化学性质的不同来鉴别两者？ | 2. 观看教师给出的信息。<br><br>回答：<br>①用 NaOH 鉴别。<br>②用盐酸逐滴加入鉴别。 | 给出学生未知的信息材料，培养学生提取关键信息并设计实验方案的能力。<br><br>让学生根据已有信息来设计实验。培养学生的信息分析能力。 |
| 3. 实验探究：<br>现在我们听见了两种不同的声音。那么接下来，我们请两侧的小组分别利用稀盐酸与 NaOH 来进行实验，看看哪个可以鉴别两者。<br>左侧小组：用加 NaOH 的方法来鉴别<br>右侧小组：用滴加稀盐酸的方法来鉴别<br><br>注意：滴加稀盐酸过后一定要立刻振荡，随后再观察现象；确保盐酸与溶液充分反应，而非只与液面这一层反应。 | 3. 小组合作实验，结果：NaOH 虽然能够与 $NaHCO_3$ 反应，但现象不明显，无法鉴别。<br><br>将稀盐酸滴加入 $Na_2CO_3$ 溶液中，先无气泡，后有气泡；滴加入 $NaHCO_3$ 溶液直接产生气泡，可以鉴别。 | 让学生通过实验去验证判断结果，增加学生的成就感。<br><br>NaOH 的加入是为了让学生理解：并不是只要反应就可以鉴别，还需要有明显的现象。 |
| 4. 结果分析：<br>展示：$Na_2CO_3$ 与 $NaHCO_3$ 分别与稀盐酸反应时的 pH–t 图。<br>新知识呈现：$Na_2CO_3$ 与 HCl 反应时，是先变成 $NaHCO_3$，再变成 $CO_2$。<br>【板书：酸与盐】 | 4. 观察图片，跟老师一起归纳出：$Na_2CO_3$ 与盐酸分步反应的过程。<br><br>思考、记录、跟着一起复习知识。 | 对已有知识进行拓展，通过图表锻炼学生的信息提取能力。<br><br>【归纳知识点】<br>①酸与盐 |
| 5. 创新实验：刚才的实验中，由于盐酸浓度较大，滴入 $Na_2CO_3$ 溶液后，未振荡便也产生了少量气泡。为了解决这个问题，老师对实验进行了改进：<br>用粉笔 A 和 B 蘸过盐酸后先后加入 $Na_2CO_3$ 溶液中：A 无气泡，B 有大量气泡。<br><br>原因：A：$Na_2CO_3+HCl \rightarrow NaHCO_3$<br>B：$NaHCO_3+HCl \rightarrow CO_2$ | 5. 观看教师的创新实验，结合刚才的探究结果，分析现象产生的原因。 | 加深对 HCl 与 $NaCO_3$ 反应的理解，培养针对已有的实验不足处进行改进的科学精神。 |

| 归纳总结 | | |
|---|---|---|
| 这节课我们通过实验探究，复习了酸、碱的性质，并画出了这张结构图。这个结构图还能够进一步完善。<br>【用红笔补齐板书：金属与盐】 | 思考、记录，跟着一起复习知识。 | 总结知识的同时，向学生呈现酸、碱、盐的完整知识体系结构图。 |
| 通过这节课告诉学生，化学是与我们的生活息息相关的，正如刚才我们遇到的鉴别纯碱与小苏打问题，就能够用化学知识来解决。希望大家都能善用自己所学的化学知识，为自己和他人提供便利。 | 思考。 | 升华主题：强调化学的与生产生活的联系，培养学生对化学学科的热爱与尊重。 |

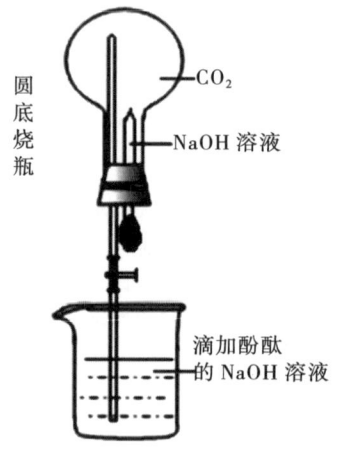

二氧化碳的喷泉实验

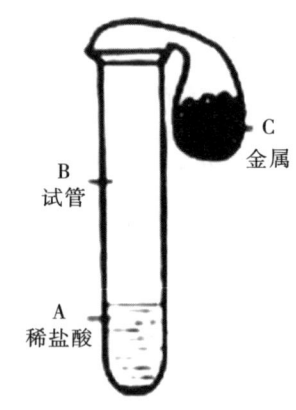

气球与试管装置图

碳酸氢钠、碳酸钠的 pH–t 图。图①与图②阴影部分几乎重合：

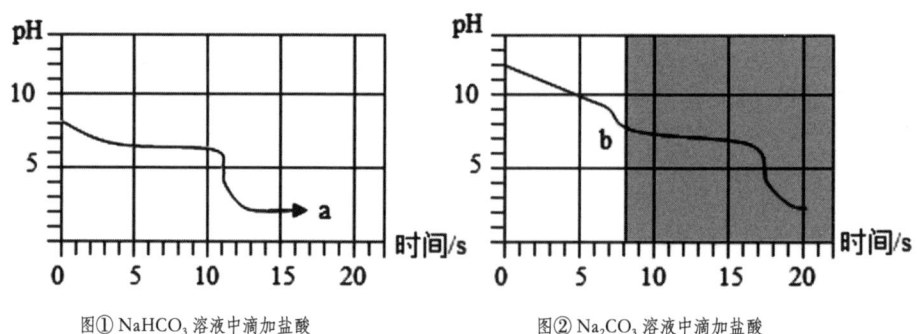

图① NaHCO₃ 溶液中滴加盐酸　　　　图② Na₂CO₃ 溶液中滴加盐酸

板书设计：

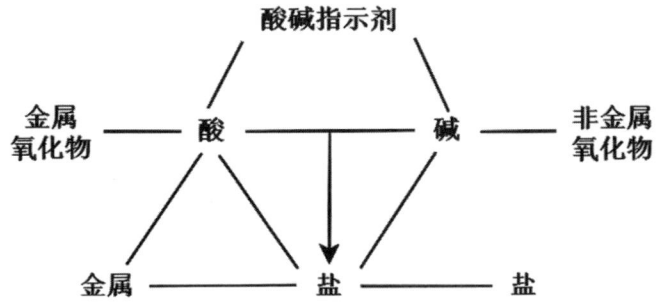

## 五、教学反思

本课通过创设有现实意义的情境来引入课堂，密切化学与生活实际的联系，让学生感受化学知识的实践价值；通过实验探究、多媒体视频、数据图表等多种方式，实现学科知识的动态生成；将酸与碱的化学性质构筑成清晰、易懂的知识结构图，符合学生的认知规律，学生更能理解酸、碱、盐之间的反应关系；在学生已有的知识基础上进行新知识拓展，培养学生对有效信息的提取、运用能力；实验设计取自中考模拟试题，既有一定新意，又能加深学生对理论知识的理解。

**参考文献：**

[1] 钟启泉. 课堂转型 [M] . 华东师范大学出版社，2017：10、12.

[2] 章家谊. 共生视域下课堂教与学的关系重建 [J]. 教育理论与实践，2020（19）：59-62.

# 第六章

# 网络教研——共生课堂的空间拓展

　　随着时代发展，各地区和学校都在积极探索信息技术背景下的教研模式改革，而新冠肺炎疫情的发生，使网络教研成为教研发展的新风向，网络教研逐步得到推广。网络教研具有特有的优势，但在实施过程中也存在不少问题。基于此，网络教研在主题选择和方案设计上需要不断发展和完善。各地区和学校也需要根据实际情况，针对网络教研的实施、管理和评价制定一套完整的制度，以此推动教学发展，实现教师与教师之间、教师与技术之间的共生共长，组成共生课堂文化构建的重要一环。

# 第一节　以网络教研为形式的研究性学习

## 一、教研方式的转型——网络教研的兴起与发展

### （一）网络教研兴起的背景

随着信息技术和网络技术的迅猛发展，多媒体因其资源共享性和交互性，在教育中的应用日益广泛而深入。特别是因特网和校园网的接轨，为各级各类教育提供了丰富的资源，使基于网络环境下的"教"与"学"真正变成了现实，同时也为教育提供了全新的理论。从建构主义理论到翻转课堂和共生课堂，以及网络教学模式的选择、学生学习方式的转变、网络教学平台的改进，都与网络息息相关。

推进教研方式的转型，探索基于信息技术条件下的教研模式是新时代基础教育教研工作的要求。《教育部关于加强和改进新时代基础教育教研工作的意见》明确提出："创新教研工作方式。要根据不同学科、不同学段、不同教师的实际情况，因地制宜地采用区域教研、网络教研、综合教研、主题教研以及教学展示、现场指导、项目研究等多种方式，提升教研工作的针对性、有效性和吸引力、创造力。积极探索信息技术背景下的教研模式改革。"

2020年，受新冠肺炎疫情影响，教育部做出了"停课不停学，停课不停教"的工作部署，教师的教学阵地从线下转移到了线上。与在线教学相呼应，在线教研顺势而发，成为教研形态发展的新风向。

### （二）网络教研的定义

关于网络教研，不少学者有自己的定义：

朱凌雪、朱晓磊认为网络教研是以促进教师发展为目的，以在学校的真实情境中发现问题、研究问题、解决问题为着眼点，应用现代信息技术，不断优化和改善学校教研的手段、过程和结构，是提高教学质量的一种新型教育教学研究模式。

白双奇认为网络教研是一种以网络为基础开展教研工作的新方式。它借助

网站、论坛、博客和各种网络工具，不受时空和人员限制，为教师提供了内容丰富、理念新颖、技术先进、适用便捷的优秀资源。

王亚萍认为中小学网络教研是指在基础教育改革理论和新课程理念的指导下，依托网络资源，以现代信息技术为主要手段，开发和利用网上教育资源，建立开放、交互、动态的网络教研平台，最终达到信息共享、共同创新的一种新型的教研形式。

李文治认为网络教研是教师依托网络平台在学校教育教学活动中展开的教改探究活动，是一种全新的教研模式。

（三）网络教研的特点与优势

传统的教学科研往往是以学校的制度和规范为基础，以学校为本位的。它可以围绕学校本身遇到的问题进行研究，并根据学校本身的特点调整具体的工作安排和教学研究活动，有利于管理层进行及时监督和适时调整。但是这种传统的教研形式所构建出的教学关系，往往呈现出扁平化的状态，师生之间、教师和教师之间、生生之间的沟通与交流会限制在静态化的沟通模式之中。

"互联网+"时代，人工智能、大数据、物联网、5G等新兴技术的发展推动着教育理念与模式的更新，也推动着教师教研模式向智能化迈进。

1. 开放性与依托性

网络教研是适应新时代的一种教研模式，它作为传统常规教研模式的补充，跨越了时间和空间的固有界限，成了一种全新的系统远程教研手段和教研方式。网络教研突破了时间和地域的限制，整合优质资源，不同地区、不同学校的教师可以通过相同的网络平台，上传、分享、下载、借鉴资源，可以利用丰富的资源进行教学集体备课工作。

同时，网络平台可以提供专业的培训和指导。通过专业领域专家与学科教师的交流和指导，有利于解决教研过程中存在的问题，促进研究与思考的进步，提升教研的层次。

2. 交互性与民主化

网络教研活动会吸纳更多专家、教师、学生等群体，也会深入教师的备课、上课、辅导、批作业等日常教学过程，融入学生的预习、听讲、做作业等日常学习表现，融合多种教学模式、多种评课手段、多种教研形式；还会涉及一些之前无法量化、不可视的信息，使其变得可以量化、可视，从而推动教研更加深入发展。

网络教研主体由于兴趣或者研究点结合在一起，活动内容与课堂教学紧密联系，目的就是为了解决教学问题，推动教学研究。网络环境的开放性给予很多教师自主发挥的空间，借助这种途径，一些教师快速地成长为网络教研名师，在教学上的成长有目共睹。网络教研营造的活动氛围是民主的、公平的，给予更多的教师更多的发展机会。

## 二、网络教研的组织模式和技术支撑

（一）网络教研的途径

《教育部关于实施全国中小学教师信息技术应用能力提升工程 2.0 的意见》指出，采取校本研修、区域教研、教师选学等多种方式，将集中培训、网络研修与实践应用相结合。全国各地都在研究不同的教研模式，目前苏州网络教研模式主要有三种：

1. 名师引领、区域协同模式

2020 年 3 月，《教育部关于加强"三个课堂"应用的指导意见》中再次提出，加强"名师课堂"的建设，通过组建网络研修共同体等方式，发挥名师的示范作用，探索网络环境下新的教研形态。江苏省名师空中课堂、江苏省网络名师工作室、苏州线上教育中心等采用的都是目前推行较广的这种模式。

江苏省名师空中课堂涵盖了小学、初中、高中的语、数、英、物理、化学、历史、政治、地理、生物等 9 门学科，提供搜索点播视频服务。同时集聚省内优质名师，开设名师大班直播课，为教师打造精品课程资源，教师也可以随时上传自己的资源，平台根据知识点标签进行审核，实现优质资源的共享。受到大家关注的是，该平台可以共同开展网络教学研究，通过在线写作讨论、数据统计总结，优化了教学方式，支撑了青年教师的集体成长。

为了保证教育质量的均衡发展，江苏省名师空中课堂还对接了江苏省各地市平台，形成了有区域特色的平台，如苏州线上教育中心、锡慧在线、常州在线学习、徐州市学习在线等，区域协同推进了网络学习和教研的进一步发展。

2. 基于视频直播的教研模式

当下，教育直播作为一种新兴的在线教育形式，被越来越多的人熟悉和使用。主讲教师可利用视频直播平台远程授课，专家和异地教师实时观摩评课。

在直播授课的过程中，教师可以播放音视频、共享演示文档、组织在线研讨等。观摩后，听课教师进行交流和点评，指出教学过程中存在的问题，从而促进主讲教师交流与反思。基于视频直播的教研打破了时空的界限，增加了参与培训的教师数量，提高了教师的参与积极性。

网络学习，简称"网校"，是以网络为介质，实现网络远程教育的机构。因为其资源利用最大化、学习行为自主化和教学管理自动化等优势在现代教育领域备受欢迎。太仓市教师发展中心运用感知网校平台以来，本着"网络让教育动起来，让学生学习活起来，让教师授课实起来"的办学理念，统一组织好全市中小学生在线教育，精心打造教师线上研训新模式。网校开设的所有教师研训课程由教研员和市级骨干教师通过在线直播形式进行，培训学段涉及小学、初中、高中，培训学科教师涵盖语文、数学、英语、道德与法治、科学等8门学科，培训内容既有统编教材的分析与教学建议，又有主题式培训和学员之间的学习研讨分享。学生和教师登录课后网或下载无限宝App，即可观看直播和在线问答，24小时内还可以反复观看。

3.在线交流、加强集体教研模式

微信、QQ等社交软件具有快速即时交流的特点，可以进行一对一、一对多的文字音频和视频交流，还可以发送图片、传送文件等，教师可以把自己的想法随时随地发表出来，不再受地点限制，随时方便地浏览获取信息，这便利了教师间的互动和交流，促进教师在社交中学习。同时微信群、QQ群相对比较私密，如有什么问题想请教某位老师，就可以直接向对方发起临时聊天，灵活性很强。利用微信群、QQ群进行集体备课，除了可以实现资源共享、节省时间外，还可以引发不同教师思维的碰撞，取长补短。该模式目前已经成为网络教研最普通最常见的模式。

（二）网络教研的技术支撑

2019年，对中小学教师参与网络研修活动技术方式的调查显示：大多数中小学教师使用的是政府教育研修平台、教研网站、学科网站，此外还有教师经常使用即时通信软件平台（QQ、微信等）及远程视频会议系统。总体来说，教师日常进行网络教研涉及的技术领域包括：

1.优质网站

优质教育资源在区域经济长期稳定可持续发展中起到重要作用，而优质教育网站的开发是汇聚优质教育资源的重要环节。近几年来"一师一优课"、中小学数字图书馆、学科网、组卷网等，为全国的中小学校提供了优质的在线教学资源和教师成长资源，让教师通过学习优秀的课例反思自己的教学行为，不断提高自身的专业能力。

2. 在线直播

受疫情影响，在线直播工具在教学和教研中得到了较广泛的应用，其功能也各有优势。如课后网、无限宝、腾讯会议、钉钉等。

我校在教研中最常用的直播工具是腾讯会议。它的优势非常明显：教师可以通过手机端或电脑端发起直播，操作简单；支持在线教研文档协作和屏幕共享，方便远程演示和讲解；提供支持主持人管理会议的功能，让主讲教师更好地把控教研进度；可在教研组内建立共享日历，定会议时间，系统自动提醒参与者；教师有问题还可以在留言区在线交流。

2020 年疫情期间，为了保证教学研讨的顺利进行，太仓市第五期中青年骨干教师高级研修班的不同学段的不少学科根据学科特点，利用腾讯会议，选择主题式的线上教研模式，赢得广泛好评。

3. 在线协作文档

在线协作文档工具支持多人同时协作，能够满足教师在线协同备课的需求。教师可以在线撰写所负责的教学模块，同时还能清楚地看到其他教师的撰写情况，并可实时进行修改和编辑，大大方便了教师的文件共享。

我校在平时的工作中，最常用的是腾讯文档。它可在 QQ、微信小程序、网页端使用；支持教研文档、表格、幻灯片、收集表等实时协作；可设置查看和编辑权限，保护教研隐私，实现教师在线协同备课。

4. 数据搜集工具

在教研的过程中，教师还可以借助在线的数据收集工具，对教研效果进行评价和反馈。在教研期间随时收集和分析数据，有利于教师及时发现教研过程中的问题。

问卷星是教师较为常用的工具。教师可以快速发布在线教研问卷，各类调查投票均可实现，同时系统后台可视化呈现教研数据结果。比如疫情期间，教师利用问卷星，对所带班级的学生进行问卷调查，了解学生在充足时间内自主阅读的情况；同时设计语文阶段测试试卷，选择一些重点的客观题，对一阶段网上学习成果进行基础性检测，随时发现问题、解决问题，达到督促学习的目的。

问卷星不仅可以用在具体的教学中，还可以用在教育、管理等方方面面。2020年1月，针对影响教学质量的因素，我校在全体教师间进行问卷星调查。结果显示，良好的师生关系，任课教师协调下建立良好班风，以及提高课堂效率、实现精讲精练占比很高，达到70%以上；而提高作业有效性，加强家校合作和教师与家长建立良好关系也被很多教师认同。这一调查，将问题具体化，为接下来学校教学改革提供了有力依据和较强针对性。


# 第二节　网络教研的主题选择与方案设计


## 一、网络教研中的困境

关于网络教研，在平台建设、教研实施管理、学科教研实施等方面研究实践进展很快。但是结合现有的实践，我们不难发现，现在的网络教研可以说还处于发展中阶段，问题也不少：

（一）"浅浮式"与"拼盘式"交流

因空间距离和人员之间的相对陌生化，教师在活动中整体参与度不高，尤其是深层交流不够。黎家厚教授对海盐教师博客的600多条回复进行分类，统计发现"浅度互动31.2%，中度互动53%，深度互动15.8%"，其原因主要有：

1. 网络教研氛围不浓

许多教师观念陈旧，对网络文化缺少认同感，对网络教研功能认识不够，不愿意学习信息技术，不愿意主动去选择优质资源，修改整合后形成自己的备课资料，而是仅仅依靠以往教学经验，不关注学生的变化发展。同时受应试教育思想的束缚，教学以升学率为目标，在平时的教学中埋头苦干抓学生，甚至是用超负荷的工作量来提高分数，将网络教研摆在极其次要的位置。这样的网络教研必然是为了完成任务而进行的浅层次的交流，难以达到真正改变教学方式、提升教学质量的目的。

2.科研意识淡薄

一些教师还认为科研是教育专家或者极少部分感兴趣的教师的事情，与自己无关，因此不会了解现在的教学改革的方向，不会思考如何运用理论知识更好地为教学服务。而网络教研中的思维碰撞，可以使教师形成对问题的多方面看法，这样的形式可以促进教师进一步研究课程和课堂。

3.负担重，压力大

教师在平时的工作中已经承担较重的教学和常规教研任务，网络教研虽然节省了出行时间，但是用时也是较长的，无形中加重了教师的负担。带着情绪去教研，已经失去了网络教研需要教师热情和专业自主性的初衷，必然陷入被动接受式浅层次教研。

4.缺乏专家的针对性指导

一些小范围尤其是校内网络教研都是一线的教师参与其中，但是一些教育教学领域的专家却很少出现。这样的教研注定只停留在教学经验的分享，导致教学疑惑和遗憾的堆积，不能形成理性的思考和解决问题的方法。

（二）缺少对网络教研的设计实施和管理

教研活动是一个整体，包括活动目标、活动对象分析、活动资源、活动规则、活动评价等方面的专门设计。现有的教研活动在完整性上还需要继续完善；并且有的活动比较单一，只有活动内容和资源支撑，缺少活动目标的定位以及活动的评价等。

## 二、网络教研与教师文化建设

（一）教师与技术的相互依托

互联网的高度共享机制使得教师在开展教研工作时能够随时随地获得更大范围内的智慧和资源，从而能够迅速站在集体智慧的巅峰。通过网络教研，一些观点、经验和案例发表在教研平台明显的位置上，教师个人的思考与收获得到广泛的传播，与教育教学实际情境以及教师个人教学风格、个性特点密不可分的一些教学行为专长、教学智慧等得以记录和展现。因此，网络教研不仅仅是教师依靠技术平台实现自身发展，技术平台也因为教研的逐步深入而不断改善提升。

（二）教师与教师之间的共生共长

1. 提升教师科研能力

目前，基础教育课程改革已经进入攻坚阶段，走出了一条探索的道路：如何提高教师的科研水平，从而促进教师专业化成长已成为新课程背景下教师教育的新要求。为此，必须搭建起一种促进与鼓励教师成为教育教学研究者的平台，这个平台促使教师利用现代信息技术进行教学研究——网络教研。借助网络平台，一线教师们共同商讨着解决问题的办法，处于不同发展阶段的教师可以各取所需：新教师借鉴网络上的优秀资源，迅速弥补自己教学实际经验的不足；积累了一定的教学经验的教师可以参与教学方法的深入研讨，从中获得新鲜的启发。在不断进行主题式的探讨和思考中，教师的理论水平不断得到提升，慢慢朝着研究型教师发展。

2. 提高教师素养，形成教学风格

网络教研不同于传统教研，教师不再是单方面地听教研员的意见，而是主动参与，大胆发表自己的见解。因此，能最大限度地调动教师的主观能动性。

### 三、网络教研的主题和资源选择

网络教研之所以会面临前面提到的诸多困境，最主要的原因是缺少有深度和有针对性的项目化教研。项目化教研是围绕教育教学中发现的某一真实问题而展开一系列由浅入深、由现象到本质的探究，并最终形成多样成果的教研活动。

每名参加教研活动的教师都有目标，这些目标不尽相同，甚至会完全相反，尤其在网络中，人员众多，众口难调。所以教学研究活动必须围绕某个主题展开，有了主题，参与者才会围绕中心各抒己见，进行思维碰撞，最终达成共识。而主题的选择应以一线教师在教育教学中提出的真实问题为切入点，提炼出教师有话可讲、有感而发并能运用到教学实际中的观点。这是保证教研顺利开展的起始点，只有老师们参与了，并且在参与过程中发现了其中的价值，教师才有继续参与教研的兴趣，进而分享更多的经验。

同时，对于整个教研活动的开展，教师需要多种资源来满足交流研讨的需要。资源选择需要体现两点：一是资源选择要精确，二是资源选择要丰富。精确是指对于特定的活动，活动资源能够实现定向支持的效果；丰富是指教研活动资源种类要丰富，满足教师对不同形式资源的需求，如视频、文本等，总的来说要满足教师在数量、质量上对活动资源的需求。

## 四、网络教研的方案设计

以往开展的传统教研活动，基本上以集体备课、听课、评课和主题教学研讨几种形式为主。网络教研活动延续了传统教研的形式，借助网络技术来拓展活动的范围，形式更为丰富多样。

（一）网络集体备课

网络备课主要有两种方式：一种是主题式备课，教师根据指定的主题进行讨论，为备课积累思路和经验；另一种是教师全程备课，即教师根据教研的要求，撰写指定章节的教案，并把教案上传到网站的指定栏目，再集体进行评价和修改。

网络备课没有地区、级别等限制，教师可以通过匿名的方式参与进来，与来自不同地域、不同文化的同伴交流，借鉴他人的经验，分享集体智慧，使设计完善后的方案更有利于解决所要研究的问题。同时，各个地区之间的教师都是互相影响的，网络集体备课能带动教师自主研究教学问题，使教师的教学研究不断深入。

如江阴市积极采用线上备课形式，"徐杰老师的备课室"每个学期都有集体备课计划，比如2021年春季计划：

表 6-1　网络集体备课计划

| 时间 | 课题 | 备注 |
| --- | --- | --- |
| 3月4日 | 《回忆鲁迅先生》（初一） | 徐老师示范课+互动交流 |
| 3月11日 | 《谁是最可爱的人》（初二） | 文本解读+教学设计 |
| 4月8日 | 《变色龙》（初三） | 试试一课多案 |
| 4月15日 | 中考复习专题讲座 | 名师经验分享+徐老师讲座 |
| 5月20日 | 《河中石兽》（初一） | "文""言"融合主题研讨 |
| 5月27日 | 《登勃朗峰》（初二） | 文本解读+教学设计 |

这样的网络集体备课，教师扫码即可参与，非常方便；而且从形式到内容都很具体，为一地、一校教师提供在线课堂诊断，为一线教师的公开课、比赛课提供备课指导，具有很强的实用性。

（二）在线视频案例观摩和点评

1. 基本模式

在日常教学中教师观摩课堂是很普遍的教研现象，这种从实践中观摩学习的经验是最直接的，影响也是最深刻的。一节好课可以引发教师的共鸣；一节有待改进的课堂可以引发听课教师对于教学问题的深入思考，对于主讲教师的提升是不言而喻的。

同步视频观摩和点评主要运用在专门组织合作模式的网络教研中，通常由教研机构和教育部门与学校联合开展，利用校园网或城域网，将课堂教学现场进行实况直播，采用课堂教学录像形式，其他教师在其他地方同时观摩课例、议课，使课堂教学研究与课堂教学同步进行，及时准确获取和反馈信息。大概的模式呈三位一体的关系：

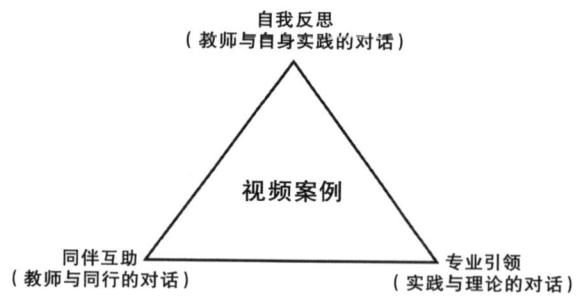

图6-1　在线视频观摩网络教研三位一体关系

它们是相互独立又相互依存的，只有充分发挥三者各自的优势并注重相互间的整合，才能使教研活动有效实施。

2. 教研过程

为落实太仓市教师发展中心《关于组建太仓市科研课题协作研究共同体的通知》要求，实现研究资源共享，提高研究的针对性和实效性，联盟学校决定开展"太仓市'课堂转型'课题研究共同体"第一次活动。本次活动采用线上线下相结合的方式。具体安排如下：

表6-2　在线视频观摩网络教研方案设计（基础版）

| 时间 | 议程 | 具体内容 | 备注 | 负责人 |
|------|------|---------|------|--------|
| 13：00 至 14：15 | 理论学习与观摩课 | 1.学习"太仓市实验中学课题研究资料"文件夹内资料 | 学习资料见共同体QQ群 | 各校教科室主任 |
| | | 2.组织观摩课：太实中江美红老师执教（初三数学"解直角三角形复习课"） | 观摩课网址、观察量表将于周一上午发至共同体QQ群 | 各校教科室主任 |
| 14：20 | 上网调适 | | 腾讯会议App连线 | 成士桂 |
| 14：30 至 16：40 | 研讨 | 1.结合课题议课 | 腾讯会议App连线 | 江美红 |
| | | 2.（1）朱建良做讲座"走进课堂，从设计课堂观察量表开始"（2）讲座"课堂教学改革研究的基本步骤及注意事项" | 腾讯会议App连线 | 朱建良　王七林 |
| | | 3.各课堂转型课题组简单介绍前期研究情况（研究进度、举措、存在困难等） | 腾讯会议App连线 | 各校课堂转型课题主持人 |
| | | 4.说明本学年课堂转型课题研究活动计划 | 腾讯会议App连线 | 周玲 |
| | | 5.发展中心分管教科员做活动总结 | 腾讯会议App连线 | 发展中心分管教科员 |

　　本次活动虽然按照流程有序进行，但是我校教师在参与的过程中却发现有一些问题值得反思：由于上课教师没有对上课思路进行说明，参与人员没有提前对视频案例进行浏览思考，很多非学科教师表示听不太懂内容；加上拍摄过程中没有采用多视角镜头，所有视角都指向黑板方向，不利于观察学生学习情况，因此研讨并不热烈；同时教研环节没有参与活动的普通教师发言的环节，大部分教师参与热情不高，存在心不在焉情况。

　　基于此，我校教师认为以视频案例为载体的网络教研过程可以分为更加细致的三个部分。第一部分是视频案例的形成阶段。这个阶段需要录制视频的教师寻找主题，搜集资料，经过教研组讨论后完善教学设计，最后形成案例，上传视频。第二部分是基于视频案例的网络教研阶段，这个阶段是核心阶段。上个阶段教师上传的视频案例由管理员（学科专家或骨干）审核通过后在网络教研平台上发布展示。参与教研的教师需要提前浏览案例，形成自己的思考，在课堂观察中自主思索，然后相互交流，提出意见。第三部分是反思改进阶段。教研活动组织者对本次活动的意见进行分析，视频制作者进行反思改进，以求得到更大的进步。也可以将改进后的视频放到更大平台上，参与更大范围的网络教研活动。见下图：

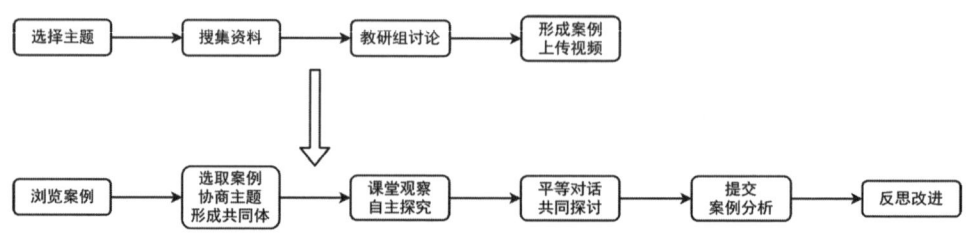

图 6-2　在线视频观摩网络教研过程

基于此模式，2020 年 6 月 29 日在我校开展以"互联网背景下从学科教学走向学科育人"为主题的"太仓市'课堂转型'课题研究共同体"第二次活动。本次课题组网络教研的具体方案在原有的模板上改进如下：

表 6-3　在线视频观摩网络教研方案设计（改进版）

| 时间 | 议程 | 具体内容 | 说明 | 负责人 |
|---|---|---|---|---|
| 6 月中上旬 | 录课 | 秦倩倩老师录制视频课《五四运动》 | 太仓浮桥中学历史教研组参与 | 各校教务处 |
| 6 月 29 日上午 | 自主学习 | 观看案例视频片段，形成初步感悟 | 各校自主参与，截取学习片段图片 | 各校教科室 |
| 12：50至13：00 | 上网调适 | | 腾讯会议 App 连线 | 各校教科室主任 |
| 13：00至13：10 | 说课 | 1. 说课：太仓市浮桥中学秦倩倩老师（录像课的设计理念及教学思路） | 腾讯会议 App 连线 | 秦倩倩 |

| 13：10 至 14：00 | 理论学习与观摩课 | 2. 观摩课：太仓市浮桥中学秦倩倩老师执教部编教材初二历史《五四运动》（播放能体现课题主题的部分，可适当省略） | 观摩课网址、观察量表、视频、教学设计将提前一周发至共同体 QQ 群 | 各校教科室主任 |
|---|---|---|---|---|
| | | 3. 学习"太仓市浮桥中学课题研究资料"文件夹内资料 | 学习资料见共同体 QQ 群 | 各校教科室主任 |
| 14：00 至 15：15 | 研讨反馈互动 | 1. 钱月琴校长做讲座"基于学生经验的教学" | 腾讯会议 App 连线 | 钱月琴 |
| | | 2. 随机抽取参与人员评课（每校2人，每人5分钟左右） | | |
| | | 3. 教师发展中心分管教科员做活动总结 | 腾讯会议 App 连线 | 发展中心分管教科员 |
| 15：15 至 15：30 | 反思 | 秦倩倩老师总结课堂特色与反思不足之处 | 腾讯会议 App 连线 | 秦倩倩 |
| 6月30日 | 学习成果展示 | 各学校根据今天的学习写一篇新闻上传至学校网站或者微信公众号 | | 各校教科室 |
| | | 秦倩倩老师交一份修改课例和反思 | | 秦倩倩 |

这样的一次网络教研，准备充分，既促进了主讲教师的专业成长，又让其他听课教师真正参与其中，有自己的思考，能将收获的教学经验运用到以后的教学实际中。

# 第三节　网络教研的实施、管理与评价

## 一、网络教研的有效实施策略

（一）准备——网络教研资源的开发

网络教研平台将满足教师专业发展不同需求作为目的。同时，由于教师专业发展呈现阶段性的特征，不同阶段教师会根据不同需求做出最适合自己的选择。因此，面向教研的网站平台在整体内容与功能的设计上应体现层次性和半结构性。

层次性是指做好平台各模块功能的划分以及内容选择上的仔细把控。内容的难度要有层次性，有基础部分也有提高部分，还有实践反思环节，使浏览者能从丰富的信息中快速准确地获取有用信息，以适应教师专业发展不同方向的特殊需求。

所谓半结构性，是指网站除了在建设之初设定固定板块以外，还需要在日常运作过程中及时捕捉教师关注的焦点问题，以补充和调整板块设置，使网站真正成为教师的交流渠道。

当然，构建平台时还应该组建一支资源建设、管理的团队。比如系统管理员负责网站系统的开发和维护；板块总编辑负责组织上传并推荐优质资源，以及对资源进行审核。教师有浏览、上传、下载信息资源，发表言论和请求专家帮助的权限。

但是，仅仅是资源共享还不能称其为网络教研，网络教研的实施必须伴随着教师之间信息交流行为的发生，还必须采取一定的措施促使网络教研同教学实践问题紧密结合，实现教研方式的平稳过渡。

（二）衔接——常规教研活动的网络化实施

常规教研能够解决学校面临的教育教学实际问题，但也容易因问题过于具体而忽视对其教育意义的理论思考，进而影响研究的理论深度和研究结果的普适性。同时，常规教研活动主要是以校内公开课、地区公开课等形式开展的，在一定范围内促进了某个学校或地区的教学水平的提高，但是其中优秀的教学实例仅仅在几个小时之内就画上"句号"，评课教师的金玉良言仅仅在几十个人之间产生影响，这显然不是教研效果最好的体现。而网络教研就很好地解决了这个问题。

比如我校在新教师培养计划中，除了线下听课评课反思等常规活动，还增加了"以录像课剖析自己"的尝试。每位新教师在认真备课的前提下，上一节录像课，然后校外学科导师和校内同教研组成员一起观看录像。新教师先谈自己在录像课中的成长以及不足之处；然后教研组其他成员提出意见，并在研讨后形成较为一致的有效建议；接着专家提出有针对性、建设性的具体改进措施；

最后新教师对这节录像课做一份量化的表格分析，并争取在一周后重新录一节同主题的课。这种形式的教研活动，既有专业研究人员也有一线教师，既有刚入职的新教师也有经验丰富的老教师，扩大了常规教研的影响范围，不仅有利于新教师的快速成长，也有利于教师群体研究水平的提高。

（三）保障——地域性学校教研与开放性网络教研之间的协调

教师独特的教学经验和充满地域特色的校本资源对于新课程的实施和教师教研素养的提升有十分重要的作用。如果网络教研中不能体现地域性教研特色，那么教师将不能获得有针对意义的帮助；如果地域性的教研活动不能融入网络教研开放共享、合作交流的文化精神，那只能故步自封。

（四）组织——创建教师不同网络社群

教师突破学校的围墙加入网络教研的大家庭中的时候，容易因为网络虚拟环境的陌生与较为绝对的平等而迷失自我，这需要教育行政部门或学校管理者予以及时的关注和鼓励。为解决管理者与教师人数比例上的悬殊，组建教师社群作为教师文化形成的基本单元是一种有效的方式。

一个教师社群的活跃程度与其负责人的影响力和组织能力是分不开的，因此负责人的选择是非常关键的。一般情况下，可以由有一定影响力的优秀教师或教育行政部门直接介入，以他们的教学经验、号召力和组织能力分工负责各社群的日常教学研讨活动。教研社群的创建与合作关系的形成，既调动了不同层次的教师的积极性，又使教育理论研究人员找到了用武之地，真正体现了合作的意义；网络社群内部知识能力结构分层互补，有助于打破教师相对保守的职业习惯，有助于避免因专业引领的缺失造成的教研层次无法深入的现象。


## 二、校本网络教研模式的开发与尝试

校本教研是指从学校的实际出发，凭借学校自身资源优势和特色进行的教育教学研究。校本网络教研模式是在学校教研制度、校本教研质量监测机制、"教"与"学"发展性评价的有效构建中，通过网络校本教研积分制的形成及其在评价考核中的作用充分体现，并在一系列的相互关联、分步开发并应用起来的软件工具平台的支撑下，形成的具有学校特色的网络教研模式。

（一）校本课程资源的开发

利用太仓智慧教育云服务平台，建立校本教育资源库应用平台，侧重教学资源的搜集、整理、精选、开发、应用，探讨有效的整合教学模式。与此同时，有重点地扶持一些与该应用平台相关的示范项目或教师，及时总结、提炼出成功经验并用于指导新的实践，更新或改进平台功能和提高服务质量。

（二）校本教研平台的开发与探索

在校本教育资源库建设的基础上，通过举办有意义的师生信息活动（如各种比赛）、教师讲座培训或教学应用等形式，对这些平台工具的功能和特点进行推广应用。

1.教务处、教研组工作平台

利用智慧教育云服务平台和学校网站的教务管理平台，及时进行学校教研信息发布，教研组资料上传、成果展示等，促使各级教研组织利用网络积累资料、优化工作和表达沟通。

2.建立教师发展档案袋

建立教师个人发展档案，包括教师提交的教研成果、教学资料、网络贡献、特长表现等。网络贡献是指教师为学校资源库提交资源、参与学习或教研活动（如发表话题、参与讨论）、社会评价等方面结合的网上积分，并将此作为学期末教师"六认真"考核的重要依据。

3.开发在线评测中心

根据学校形成的各种评价指标体系建立相应的网络评测平台，发挥网络数据库统计和用户广泛参与的优势，使评价工作做到自我评价、他人评价等方式的结合，更趋于科学、客观和公正。

（三）校本教研的拓展——从区域联合到校内创新

1.联盟学校共建

太仓市第一中学联盟组以提高课堂效率为导向，以研促教，搭建联盟学校之间共同参与、互相学习的平台，促进区域内各联盟学校学科教学特色、特长培养等方面的建设，培育一批优秀教师，提高区域内教学质量，提升教师课程领导力。

联盟组成立以来，太仓市第一中学等5所学校开展了课题研讨、线上学习经验交流、线上课堂观摩等形式的网络教研。

在联盟学校的辐射引领下，为了更好提高教师师德，提高数学组教师整体教学业务能力和科研能力，提高教研组、备课组活动实效，更好落实分层走班教学和分层作业，科学提高数学学科教学质量，帮助教师培养教学风格和教学特色，我校实施了数学组教师跟岗名师朱建良学习方案。学习近3年，去太仓市第一中学面对面跟岗学习或者是远程网络教研，抑或是名师进校指导，都让数学教研组受益匪浅。

除了数学教研组外，2020年1月底，我校在教师发展中心的帮助下，语文、英语、物理、化学、政治、历史6门学科的教师也开始了跟岗学习，在学习中不断总结反思。2021年1月28日，我校举行"研、学、训一体"学科整体提升工程项目推进，太仓市教师发展中心的语文、数学、英语、物理、化学、历史、道德与法治学科的7位教研员和部分跟岗学科的导师参加了此次活动。他们与我校的教师们分成教研组在各个研修活动室面对面地进行研讨和交流。此次活动以新教师的课堂观察量表为基点，学科组讨论构建活力课堂的基本课型。学科导师谈提高教学实效的想法和做法，并立足农村学校实际，指导学校学科建设。

在导师有效的指导下，新学期跟岗学习仍然朝着名师引领、提升教学质量的目标不断前行。

2.学校教师课题研究组

教师发展共同体是在校长室引领下、教科室组织下，形成的促进教师发展的团体。为了更好地提升教师的科研能力，引领教师不断参与学校课题建设，群策群力，共同承担和解决共性的教育教学问题，在教科室主任的主持下，对课题的选择、课题组人员的构成做了细致分析，成立了由13位教师构成的课题研究组。

本学期课题组利用腾讯会议App多次开展线上研讨活动，针对课题研究中的主要问题进行分析讨论。在这一过程中，青年教师畅所欲言，提出问题；中老骨干教师尽力体现"传、帮、带"的示范性，给予力所能及的回答。这样的网络教研，充分发挥了课题组的优势，让每位参与者都明确了自己的角色定位，在资料共享和思想碰撞中闪现新的火花，让学校的科研之路走得更远。

**参考文献：**

[1] 朱凌雪，朱晓磊. 网络教研：一种促进教师专业成长的新型教研模式 [J]. 中国多媒体与网络教学学报（上旬刊），2018（7）：80-81.

[2] 白双奇. 网络教研促进农村小学教师专业成长研究 [J]. 甘肃教育，2018（17）：25.

[3] 王亚萍. 关于中小学网络教研的分析与反思 [J]. 中国教育信息化，2010（4）：19-21.

[4] 李文治. 教师网络教研原动力浅探 [J]. 教学研究，2008（6）：508-510.

[5] 黎加厚. "李克东难题"与网络环境下教研团队的成长 [J]. 中国信息技术教育，2009（7）.

第七章

# 集群学习——共生课堂的组织创新

　　传统的线上教学过程中，知识的传授是单向、闭锁的，人、资源、技术三大要素彼此独立，无法实现对信息技术的"赋能"与对人的"赋权"。网络背景下的共生课堂要求实现人、资源、技术三者的有机统一，使三大要素相互依存、相互作用，共荣共长，创造出一种"三位一体"集群化、"双主和谐"共生化的"科技赋能""双主赋权"型学习文化，以实现教育者与受教育者的共生共长。

　　本章在上述理念的基础上创造性地提出了"群学习"的概念，主要包括三部分内容：以教学关系为核心开展的线上、线下融合型组织化"群学习"；以学习者的主观能动性驱动的线上非组织化"群学习"；以"立德树人"为目标的网络德育，为两种"群学习"从浅层走向深层撑起"安全屏障"。

# 第一节　组织化"群学习"

## 一、组织化"群学习"的意义

（一）组织化"群学习"的定义

《中共中央关于制定国民经济和社会发展第十四个五年规划和 2035 年远景目标的建议》中指出："推动互联网、大数据、人工智能等同各产业深度融合"，"发挥在线教育优势，完善终身学习体系，建设学习型社会"。

随着经济的发展与科技的进步，互联网大数据与各行各业的联系愈发紧密。在教育领域，以在线教育为代表的网络化教学初露锋芒，尤其在 2020 年新冠肺炎疫情期间，新型技术加持下的网络教学展现出了极大的应用与发展前景。网络化教学有利于帮助师生双方共同树立终身学习的意识，为学生的学习与教师的专业成长提供更加广阔的平台与更加便利的渠道。将教育事业与互联网大数据结合，构建先进教育理念与促进网络资源的集群化发展，已然成为现代化教育的一大重要探索方向。组织化"群学习"是网络化教学探索方向下的一种新型学习模式。其定义：以教学关系为核心，利用集群化的网络资源、网络技术、教学关系开展有组织、有目的、有计划的线上、线下融合型学习的模式。

（二）组织化"群学习"的特点

组织化"群学习"具有以下重要特点：

1. 教学形式组织化

教育者与受教育者事先约定好固定的平台、固定的时间，以集体为单位开展的、具有较为明确的教育目标与教学流程的有组织、有目的、有计划的教学形式；而非以个人或小集体意志驱动，随时随地进行的无固定组织、无预设目的、无提前计划的教学形式。

2. 三位一体集群化

"群学习"中的"群"指集群化。学习过程中的网络资源、网络技术、教学关系并非单一、分散、各自独立的，而是多维、集中、相互作用的。教育过程不再满足于单一网络资源的教学价值，而是将多层次、多种类的网络教学资源集中统一，在新型网络技术的支持下用于解决教学过程中各式各类的实际问题，以充分发挥网络教学资源的趣味性、广延性与丰富性等优势，从而实现网络资源与网络技术的集群化。在此基础上，通过运用集群化的网络资源、网络技术推动师生"双主"共生发展，不再将教师与学生、学生与学生视为彼此无关、相互独立的存在，而是将参与课堂的所有人视为"学习群"，相互帮助、相互激励、相互启迪、相互竞争，力求充分发挥每一个人的潜力，实现资源、技术、人的三位一体集群化发展。

### 3. 双主关系共生化

"双主"是指课堂中教师的主导作用与学生的主体地位。我国教育"十三五"规划纲要明确提出：要以学生为主体，以教师为主导，充分发挥学生的主观能动性。在组织化"群学习"中，教师与学生之间不再是单向的知识传输关系，而是双向的共生共长关系。集群化的网络资源在联系师生情感与促进智慧发展的过程中起到了重要的纽带作用。组织化"群学习"可以实现师生双方共同的发展与进步，教育者与受教育者之间相互作用、不可分离。

### 4. 学习平台常态化

传统的专供教学的平台主要是学校以及学校提供的各类教学空间，学生的学习过程主要发生在教室中，以班级集中制的教学组织形式呈现出来。但是在组织化"群学习"中，学习平台不只局限于学校教室，学生只要想学习，就可以利用手机、电脑等常用媒介，在网络平台上随时建构课堂。这使得学习的平台贴近生活、使用方便，真正实现学习平台的常态化。

### （三）组织化"群学习"所解决的问题

### 1. 知识深度的局限性

在传统教学中，初中的知识与高中的知识既有联系，又存在一定的结构差异。初中教材中对部分学科知识的运用有一定的限制条件，放在高中的知识体系下往往需要补全其更深层的定义，这一特点使得教育者在面对一些高中知识体系下的"特例"时无法运用初中阶段的知识进行完备的解释；学生的疑问如果得不到解答，会极大地挫败学生的学习热情，也会使学生丧失对科学精神的敬畏。在组织化"群学习"中，教育者能够充分发挥网络资源的广延性与丰富性的优势，利用学生对"特例"的疑惑，激发学生的学习兴趣，鼓励学生自行上网探索、学习新知识，利用网络学习资源对一些初中教材中受限的知识点进行补充，最终拓宽学生的学习视野，帮助学生站在更高的维度深入地理解初高中知识之间的区别与联系，从而更好地建构知识体系、深化理解。

2. 师生角色的固定化

在传统教学中，教师与学生的角色固定，双方地位差距明显，知识往往是单向地从教师方传输至学生方，学生很少能为教师提供必要的帮助。在组织化"群学习"中，良好师生关系的建构不仅依赖于知识传授之恩，更能够通过趣味教学资源的发掘、生活化难题的研讨、网络技术的互助等方式来完成。在网络背景下，"教师主导，学生主体"的内涵得到了丰富，增加了一层"能者为师，学者为生"的概念。学生是网络环境中的"原住民"，在网络技术的运用层面比作为"移民者"的教师更具有专业性，能够反过来指导教师适应网络环境、寻找网络资源，知识的传递由单向变为双向，学生与教师的定义不再泾渭分明，师生在各自擅长的领域中同时扮演着师与生，两者的互动关系丰富，因角色差距带来的交流隔阂得到显著减少。

3. 学习方式的被动性

在传统教学中，学生往往被动地接受教师传授的知识，机械地完成教师布置的任务，而忽略了学习方法的养成，仅仅将知识作为一种竞争手段而非实用性的工具。这种模式下培养出来的学生往往缺少自己的思考，交流、表达、理解能力较差，无法形成获取、筛选、运用有效信息的能力。在组织化"群学习"中，教育者鼓励学生运用网络技术搜索资源，通过同伴合作、交流、研讨自行完成有针对性的任务，从而培养学生的自主学习能力，帮助学生养成终身学习的意识，将求知方法作为一种常态化技能教授给学生，将学生的学习方式由被动接受转变为主动探索，培养"主动学习、善于学习、热爱学习"的学习型人才。

4. 课堂导入的无亮点

在传统教学中，课堂的导入环节主要以知识点的引出为核心目的，导入设计仅仅围绕知识点进行展开。单以引出抽象的知识点为目标而设计的课堂导入往往具有较强的功利性，容易忽视导入环节的乐趣，很难激发学生自主探究的欲望。在网络时代，学生对传统的生活化导入方式（如为什么可以用醋酸除去铁锈）兴致缺失，反而对新潮的艺术形式与娱乐媒介中涉及的科学性知识表现出浓厚的兴趣（如电影中怪物分泌的液体为什么能够腐蚀铁板）。在组织化"群学习"中，教育者能够充分发挥网络资源的趣味性优势，在娱乐性资源中发掘其教学价值，在课堂上以学生感兴趣的电影、小说、游戏等为媒介设计导入环节，不仅能够将其中蕴含的教育价值发挥出来，很好地引出知识点，还可以让学生眼前一亮，创设认知冲突，有效地激发学生的学习兴趣，促使学生主动地对知识进行探究、谈论，进行自主学习。

## 二、网络资源——组织化"群学习"的创新素材

随着经济的发展与科技的进步，传统的课堂素材越来越难以维持学生对于课堂学习的兴趣。课上设计的活动趣味性不足，书本知识与实际生活之间产生割裂，课堂所涉及的知识点较为固定，很多知识在初中阶段只能点到为止，无法通过有限的实验资源来完成知识的延伸。网络背景下的课堂教学要求教育者敢于进行网络资源的"拓荒"，充分利用网络资源来设计课程，用妙趣横生的多媒体素材来激发学生的好奇心，鼓励学生通过网络进行新知识的探索，实现由"他学"到"自学"的转变，充分发挥网络学习资源的趣味性、广延性与丰富性的优势。

网络资源在组织化"群学习"中主要有三大功能：

1. 获取信息功能

指学生遇到问题时希望通过查找网络资源来获取关键信息以解决问题，这其中包括对有效信息的查找、筛选、储存、运用等。通过网络获取的、涉及一定科学知识、能够解决实际问题的有效信息被称为网络教学资源，以教育性为主导功能。但是学生通过网络进行习题搜索，省略自己探究问题的思考过程，也会为学生的学习带来不好的影响。因此，组织化"群学习"过程中要求教育者对网络资源的这一功能进行良好的引导与监控。

2. 娱乐互动功能

指学生通过网络提供的各种娱乐性素材来打发时间，获得刺激感与新鲜感，包括看电影、刷微博、玩抖音、打游戏、听音乐等。该功能以娱乐性为主导，在学生运用网络的兴趣取向中占据了最大的比例。在组织化"群学习"过程中，教育者发掘这一功能中蕴含的教育性因素，将娱乐互动资源转变为网络教学资源，是开发课堂趣味性素材的关键。

### 3.交流互通功能

指学生通过网络资源平台实现虚拟化的人际交往与信息交换，包括：QQ交友、微信聊天、关注时事新闻、微博评论、收看线上课程、弹幕交流等。网络资源提供的人际交往与信息交换功能是一把双刃剑，既可以成为学生互通信息、表达自我、宣泄情绪的途径，又可能给学生带来不良的诱导与伤害。建立"网络人际关系群"是学生在网络时代进行人际交往与信息交换的新途径、新媒介，组织化"群学习"的网络学习阵地很大程度上依赖网络资源提供的交流平台，理论知识与实际生活之间的联系也依靠这一功能得以实现。

下面以化学学科为例，分享实际教学过程中运用网络资源拓宽学习视野，开发趣味教材，实现知行合一，最终丰富组织化"群学习"创新素材的教学案例。

### （一）利用网络信息，拓宽学习视野

《义务教育化学课程标准》指出："义务教育阶段的化学课程是科学教育的重要组成部分，应体现基础性。要给学生提供未来发展所需要的最基础的化学知识和技能。"由此可见，义务教育阶段的化学学科注重基础性知识，只要求学生能从化学的角度初步认识世界，这一课程性质决定了初中化学知识的传授往往会简化过程，点到为止，对于一些特殊案例并不做详细的解释。教育者需要利用网络资源的广延性与丰富性对一些初中教材中受限的知识点进行补充，让学生对于化学知识体系有一个更加全面而深刻的认识。

例如，在"燃烧与灭火"一课中，教师一般会强调燃烧具有三个条件：可燃物、氧气、温度。在探究这一结论的过程中，教师往往会通过一系列的实验来证明三者缺一不可，否则会导致无法燃烧。然而，当对高中教材中金属镁的性质进行研究时，会发现：即使没有氧气的参与，镁也可以在氮气中燃烧。这明显与初中教材给出的结论相矛盾。有学生在查阅书籍时发现了这个问题，并拿这不符合课堂所学知识的"特例"来询问教师。如果教师置之不理，则会打击学生学习的积极性，无法让学生对科学知识保持敬畏；但如果教师尝试用高中的知识点来进行解释，又会受制于学生已有的知识储备而无法实施。如何在学生的知识受到限制的情况下，让学生深刻理解燃烧反应的本质呢？

为了进一步探究燃烧真正的条件，以解释镁能够在氮气中燃烧的原因，教师首先利用网络找到了镁条在氮气中燃烧的实验视频，并将该视频剪辑后进行播放。学生对这一神奇的现象很感兴趣，纷纷询问："为什么镁条在没有氧气的

情况下也燃烧了？"于是教师布置了课后的自学任务：让学生回去后通过查找网络资源，探究燃烧反应的实质，重新定义燃烧的条件，并寻找除氧气外至少一种也能够支持燃烧的气体。

学生在好奇心的驱使下，回家后纷纷利用网络进行探究。这一查，就引出了一连串超越初中知识点的内容。学生在自学报告中提到：燃烧的本质是氧化还原反应，它最关键的反应物是还原剂（即可燃物）与氧化剂（即氧气）。氧气之所以能够助燃，是因为它具有较强的氧化性，是一种最常见的氧化剂；镁能够在氮气中燃烧，是因为镁的化学性质比较活泼，还原性较强。因此只要找到另一种具有强氧化性的气体，它就有可能作为新的助燃剂。不少学生在报告中找到了氯气，它可以支持多种金属以及氢气的燃烧，其中氢气的燃烧还会发出苍白色火焰，这种颜色在中学化学中是独一无二的。学生由此归纳出了燃烧更深层的条件：还原剂、氧化剂、温度。

在学生完成自学任务后，教师在第二节课上展示了另一个更震撼人心的实验视频，这个视频是国外专门研究氟元素的科学家用专业的设备完成的，绝对不可能在日常生活中进行操作：常温下木炭并没有燃烧，原因是温度没有达到着火点；然而，当科学家向木炭通氟气的时候，两者接触的一瞬木炭便燃烧起来。同学们纷纷惊呼。这时候，教师继续给学生布置任务：为什么温度没有达到着火点，木炭依旧燃烧起来呢？学生回去后又查找了资料，发现氟气具有极强的氧化性，强到能够在常温下与木炭发生氧化还原反应。所谓的着火点，仅代表氧化剂是氧气时燃烧所需的温度，当氧化剂发生改变，燃烧需要的温度也会发生改变。学生对于"燃烧是一种氧化还原反应"又有了新的理解。

在上述案例中，学生拿超越初中知识的"特例"来询问教师，这可以作为一个很好的教学契机；但如果教师处理不当，又会打击学生的学习积极性。所以当学生展露出对于知识更加深刻的好奇心的时候，教师应该重视并基于学生已有的知识水平仔细设计课程，力求实现知识深度与学生认知发展规律的统一。

网络资源提供了涉及各行各业、丰富多样的知识数据库，囊括了古今中外人类记录在册的智慧总和。教师应该鼓励学生自主探索网络资源，利用其中蕴含的教育性媒介来对已有知识进行深度延伸，从而拓宽学习的视野，站在更高的维度去建立完备的知识体系。这过程既锻炼了教师的教学智慧，又培养了学生的自主学习与信息分析能力，充分展示出组织化"群学习"过程中的资源整合优势，是实现师生双方共生共长的重要途径之一。

（二）在娱乐资源中开发趣味教材

网络提供的娱乐资源是青少年学生运用网络技术最主要的动机，娱乐化的影视作品、游戏软件等提供的虚拟沉浸感能够促进学生多巴胺的分泌，从而给予他们超脱现实的专注、快乐、放松的体验，甚至会使他们出现不同程度的"上瘾"现象。不少教育者对娱乐资源嗤之以鼻，认为但凡是娱乐资源就是不好的，想要学生与娱乐资源一刀两断。《普通高中化学课程标准》（2017年版，2020年修订）："倡导真实问题情境的创设，开展以化学实验为主的多种探究活动，重视教学内容的结构化设计，激发学生学习化学的兴趣，促进学生学习方式的转变，培养他们的创新精神和实践能力。"由此可见，化学学习中的趣味性与探究性也是非常重要的。而网络娱乐资源恰好在这一块上对学生有天然的吸引力。作为教育者，应该利用好这些娱乐资源，发掘其中的教育因素，将娱乐性资源改造成组织化"群学习"过程中的趣味教材，帮助学生将对娱乐活动的兴趣转移到化学学习上来。

《JOJO的奇妙冒险》是一部在学生群体中非常受欢迎的漫画，这部漫画中的很多情节都涉及严谨的科学知识，剧中的人物经常运用这些知识在逆境中反败为胜，其中自然也涉及化学知识。在某一集漫画中，剧中人物将高锰酸钾加入双氧水中，装在小瓶里掷出，引发了剧烈的爆炸。教师将漫画相关内容截取下来，在班级中投影给学生看。学生学过高锰酸钾与双氧水的性质，也学过爆炸所需的条件，在观看漫画时，不少学生对这一情节产生了浓厚的兴趣，纷纷询问教师为什么瓶子会爆炸。于是，教师布置了课后自学任务：通过查找网络资料，分析高锰酸钾与双氧水混合的过程中发生了哪些化学反应，生成了哪些新物质，为什么会导致爆炸。学生出于对漫画内容浓厚的兴趣，纷纷回去查找资料，并写成自学报告，在课堂上与其他同学分享自己学到的知识。学生在报告中指出：高锰酸钾与双氧水会发生化学反应，双氧水在这个过程中被氧化，生成氧气。这个反应会放出大量的热，使得温度迅速升高，造成高锰酸钾受热分解与双氧水受热分解，而高锰酸钾受热分解过程中产生的二氧化锰又进一步催化了双氧水的分解——整个过程中，密闭的小瓶内温度迅速升高，产生大量氧气，气压骤增，最终导致了爆炸。通过对漫画情节中科学依据的探究，学生不仅对已有的知识有了更加深刻的认识，而且对化学探究过程兴趣盎然，大大增加了对化学学习的热情。

在另一个教学案例中，教师从前段时间热映的主旋律影片《八佰》中找到了灵感：战士们将仓库封死，诱使侵华日军进入仓库后，用机关往仓库内铺撒了大量的面粉，随后点火，整个仓库顿时发生剧烈的爆炸，拥入仓库的敌人被全歼。教师将相关的电影片段截取下来，在课前播放，从而完成对"面粉爆炸"这一化学现象的导入，顺利地调动了学生的学习积极性，呈现了一节精彩的课堂。

另有教师在"酸的性质"一课中，截取了电影《异形》中的片段：外星生物的黄色酸血腐蚀了飞船的铁板，而下方的字幕称这种血液的成分是硫酸。学生对电影片段产生了浓厚的兴趣，同时也对"硫酸""腐蚀"等字眼充满了好奇心。教师以此为契机设计了相关实验，让学生探究：①硫酸能否腐蚀铁制品；②这种黄色的血液主要成分是否为硫酸。学生纷纷动手实验，不仅完成了课程目标，还通过课后查阅相关网络资料，对硫酸、硝酸等强酸的物理性质与化学性质有了更加深刻的理解。

通过对上述案例的分析不难看出，很多网络娱乐资源都是以现实中的科学知识为基础来进行设计的。如果教育者能够发掘出娱乐资源中蕴含的科学知识并将其作为素材融入课堂的各个环节之中，就能够同时发挥这些资源的趣味性与教育价值，开发出具有学科特色、符合学生兴趣爱好的趣味性教材，从而激发学生的好奇心与求知欲，充分调动课堂的氛围。在组织化"群学习"中，教育者更应该积极融入学生群体，从学生的兴趣爱好与价值取向出发来设计课堂，减少师生代沟，让教学的视野与时俱进，最终实现师生双方的共生共长。

（三）紧扣新闻热点实现知行合一

时事新闻平台是最大的网络信息发布渠道和最大的信息交流平台。新闻热点的存在不仅为课堂教学提供了素材，还将理论知识与生活实际紧密相连，让学生意识到所学知识的实用价值与现实意义，从而让学生关注民事民生、社会发展、国家关系、国际格局的变化，在观察与思考过程中培养对于时事大局的敏锐洞察力，进一步加深其对社会主义核心价值观的理解，在价值层面达到新时代人才应该具备的眼界与素养。

在 2020 年新冠肺炎疫情期间，84 消毒液作为一种非常常见的消毒剂被广泛用于防疫工作。然而，在 3 月份有新闻报道：青岛部分复工市民突然出现高热、剧烈咳嗽、呼吸困难等症状，到医院就诊后，经过一系列排查，发现"罪魁祸首"是用来进行杀菌消毒的 84 消毒液与洁厕灵混合物。这则新闻当时在网络新闻平台上广泛传播，有很多经常浏览网络新闻的学生注意到了这则新闻，但他们并没有仔细思考这则新闻背后蕴含的化学知识，仅仅对时事新闻采取"看热闹"的态度。

在课堂上，教师将这则新闻投屏，让学生讨论为什么会出现这种结果。学生都很茫然，无法将所学的知识与生活现象建立起联系。这时，教师给出了 84 消毒液与洁厕灵的主要成分：次氯酸钠与稀盐酸。学生顿时豁然开朗：原来这是之前课上学过的，次氯酸钠与氯化氢之间发生了归中反应，由于该反应会产生剧毒气体氯气，所以才导致了市民中毒。由此，学生便形成了这样一种意识：课堂学习的化学知识是与生活紧密相连的，有些生活中的危险操作正是由于一些人对化学知识不熟悉，其后果轻者会导致试剂使用效率低下，重者甚至会威胁到人身安全。在此基础上，教师布置自主探究作业：回去后运用网络搜索一下以前的新闻，看看有没有类似的中毒事件，并写成自学报告在班级分享自己所学到的化学知识。

学生回家后纷纷上网查找，果然找到了不少氯气中毒的案例。其中有一篇报告指出：有一名环卫工人将漂白剂与洁厕灵混用，认为这样可以让厕所的瓷砖既干净又洁白，结果却由于氯气中毒而被送往医院抢救。在这篇报告中，学生写道："漂白剂的主要成分与 84 消毒剂相似，均是次氯酸钠，只不过两者的浓度有所不同。对于没有受过化学教育的人来说，可能无法识别这样的危险操作，那么作为学过化学知识的我们，更应该肩负起判断对错的责任，在力所能及的范围内运用所学的化学知识帮助他人，规避不当操作。"从该学生反馈的报告中不难看出，将时事新闻的现实价值与书本知识的教育价值相结合，既能巩固学生的知识，培养其自主学习的能力，又能让学生明白只有进一步完善知识储备，才可以在关键的时候挺身而出，帮助他人。这种社会责任感与科学精神的培养是化学教育中比理论知识教授更加重要的一环。

在学生分享完自学的知识后，无论是教师还是学生都受益匪浅。教育价值同时在师生间弥漫开来，这正是共生课堂"双主"共生共长特征的体现。此时，学生都情绪高昂，迫切地需要对价值更加深刻的内容进行探究。于是，教师以中毒新闻中涉及的罪魁祸首氯气为引子，展示了第二次世界大战期间德国将氯气作为化学武器投入战场的新闻报道，再次激起了学生的热议。学生纷纷表示，做出这一决定的科学家无疑是不人道的，任何利用化学知识伤害他人的行为都应该遭到谴责。下课后，很多学生都在教师没有布置自学任务的情况下自行上网搜索了相关的新闻与文献，认真研读了制造化学武器的犹太化学家哈伯的个人经历，并在下节课课堂上向其他同学分享。在此过程中，学生不仅对氯气这一单质的性质有了更丰富的了解，还明白了战争的残酷——扭曲的战时价值观可以将伟大的化学家（制造化肥）畸变为恶魔（发明化学武器）。在化学知识之外，学生发自内心地认识到了和平的来之不易，对于国家利益与战争本质也有了更深刻的认识。

2021年2月，各大网络新闻平台刊登了一则新闻报道：某电影院发生中毒事件，亲历者描述导致中毒的物质是"无色无味"，很多观众浑身乏力瘫软，现场一片混乱。很多学生看到这条新闻后，都自发讨论起了这场中毒事件的原因。他们通过自己所学的化学知识推测这种有毒物质极有可能是一氧化碳，多半是冬天煤炭不完全燃烧从而产生了这种有毒气体。不久后，官方公告发出：事故原因是锅炉煤炭在缺氧环境下燃烧产生了一氧化碳。当教师将这则公告在班级投影的时候，学生都为自己成功运用化学知识解释了生活现象而感到自豪。

《普通高中化学课程标准》（2017年版，2020年修订）："具有安全意识和严谨求实的科学态度，具有探索未知、崇尚真理的意识；深刻认识化学对创造更多物质财富和精神财富、满足人民日益增长的美好生活需要的重大贡献；具有节约资源、保护环境的可持续发展意识，从自身做起，形成简约适度、绿色低碳的生活方式；能对与化学有关的社会热点问题作出正确的价值判断，能参与有关化学问题的社会实践活动。"

### 三、网络技术——组织化"群学习"的技术支持

网络技术为组织化"群学习"提供技术支持，具体表现为：

1.实现概念、理论或不可见现象的可视化、数据化；

2.为趣味性网络教学资源的呈现提供更便利的平台；

3.为受限于技术而无法实施的教学设想创造条件；

4.为个人发展与集体教育的融合、互动建立连接。

以希沃班级管理助手（以下简称"希沃"）这一款网络技术软件为例进行说明。希沃是一款帮助教师掌控课堂、调动课堂气氛、提高学生参与度，最终

提高课堂效率的综合性网络技术软件。希沃带来的可能性是新型网络技术与教学实际情况的有机融合，能够从技术层面提高线下组织化"群学习"的效率，为网络资源与教学关系的集群化发展提供技术支持。以下主要介绍运用希沃提高线下组织化"群学习"效率的教学案例。

（一）课前检测分贝，学生自发降噪

在实际授课过程中，经常出现这种情况：上课铃已经打响，但学生依旧沉浸在下课放松的氛围中，交头接耳，班级纪律涣散，无论教师如何大声规劝学生进入上课状态都效果甚微。出现这种问题，最关键的原因是"噪声"这一概念无法通过直观的视觉或数据形象地被学生接受并理解。学生在发出噪声的过程中，无法站在客观的视角去看待自身行为对集体秩序的影响。由此带来的课间与课堂初期衔接上的混乱不仅会影响教师上课的情绪状态，而且会破坏学习的氛围，减少学生对本课内容的敬畏度，从而使得学生无法专注于知识的吸收与理解，最终影响学生整节课的课堂效率。

在传统的教学技巧中，有一种"以静制动"的方法：当学生开始吵闹时，教师不再进行言语劝阻，而是安静地站在讲台上观察吵闹中的学生；当学生意识到教师的反常行为时，会产生一定的羞愧情绪，同时进行自我反思，控制不当行为，最终所有学生都会沉静下来。希沃用现代科学技术在此原理上进行补充强化，提供了课前分贝检测功能。打开软件，可以在电子白板上投屏全班分贝的数据，当分贝达到被判定为"课堂纪律散漫"的数值时，软件会向全班播放警告提示，让所有学生意识到现在的课堂状态出现了问题，从而调整自己的言行举止。与教师大声劝阻的方法相比，这一软件将噪声的来源进行数据上的量化，将杂乱无章的声音变成可见可感的数据，从而使班级中每一位学生都能够清楚地认识到自己发出的噪声对于课堂整体氛围的影响，通过引导学生进行自我反思来达到降噪的效果。这不仅有效缓解了教师的压力，而且在维持课堂纪律方面效果显著。

（二）实时投影互动，展示趣味资源

传统课堂中的投屏主要通过投影仪来实现。投影仪虽然能够将试卷等物件的实像投影到白板上，但是被投影的对象必须是实物物件，无法将视频、图片等趣味资源进行投影，也无法对动态的直播内容进行投影，投影仪的投影效果较为单一，很难激发学生的学习兴趣。而且对学生当堂完成的试卷、作业进行投影时，教师需要让学生拿新的试卷替换投影台上的旧试卷，操作较为麻烦，耗时较多。

希沃提供的实时投影功能在呈现多媒体素材时展现出了极大的优势。其一，教师可以通过希沃用手机连接电子白板，将手机屏幕上的实时情况完美地投影到屏幕上。由于智能手机兼容性较好，能够储存图片、视频，能够观看直播，能够使用各种 App 来辅助教学，故而对手机屏幕的实时投影能够增加更加丰富多样的课堂素材。学生对手机的操作有天然的亲切感，用手机屏幕投影能够有效地调动学生的注意力，使学生在观看手机屏幕上的多媒体素材时感到趣味盎然，课堂效率得到了显著的提高。其二，当教师想要投屏学生的作业时，只需要用手机将学生的习题拍摄下来，点击希沃上的照片实时投影功能，就能现拍现投，不仅能够减少因更换试卷导致的时间浪费，还能与学生更加直接地互动，让学生对自己的做题行为产生更高的重视度。实时投影功能具有素材多样性、师生互动性、课堂趣味性等特点，在与多功能白板的搭配中表现突出，为建构共生课堂、发挥组织化"群学习"资源优势提供了重要的技术支持。

（三）多种抽选模式，学生集群管理

在传统的课堂中，当教师想要让学生解答一系列习题时，为了减少无用时间的损耗，一般会以大组为单位让学生一个接一个地接受抽查，没有被抽中的大组的学生往往会开小差、不认真答题。在这种情况下，学生之间彼此独立，利益无关，缺少互动性，无法将班级的学生视作"学习群"来进行统筹管理，课堂效率较低。为了解决学生之间缺少互动带来的问题，很多教师会采用小组合作学习的教学模式，但小组合作仅停留于形式，并未发挥小组合作生生互助、交流研讨、点面结合的优势。具体表现为：在小组合作的过程中，经常是组长或较优秀学生的个人秀，其他同学参与度低，且容易出现很多人聚在一起说闲话的情况，虽然表面上讨论得很热闹，但实际上学习效率很差。之所以出现上述情况，都是因为缺少有效而及时的学习成果检验机制。很多教师想要通过随机抽查全班或小组个别成员的方法来检测课堂学习的成果，但是苦于人工开展随机抽查耗时耗力，最终只能不了了之。

希沃针对此问题提供了便利的抽选答题模式，将班级学生、小组成员视作"学习群"进行统筹管理，用随机的方式大规模地检验学生的课堂学习成果，从而有效规避学生因侥幸心理导致学习状态涣散与课堂参与度低等情况。其一，希沃提供全班答题抽测模式，在根据习题集进行检查时，不再以大组为单位按顺序抽查，而是通过软件提供的便利抽测系统在全班范围内进行抽查，由于每一位学生都有被抽查到的风险，就可以有效防止部分学生出于侥幸心理而不认真思考问题。其二，希沃提供小组随机讲题模式，当教师需要对合作学习成果进行检验时，就先随机抽出一个小组，再对小组中的1—2名成员进行抽查。此外，可以根据抽查的结果施行"小组连坐"奖惩制度，只要发现有人没有参与讨论，或对于小组合作的任务没有任何思路，就追究组内每一位成员的责任。这样一方面可以调动组里每一位学生参与讨论，真正做到以群体而非以个人为单位完成研讨任务，另一方面也可以推动生生互助，让基础较好的学生主动去指导其他学生。这样既锻炼了讲师型学生的个人能力，又帮助了其他学生答疑解惑，真正发挥出了小组合作学习制的集群化优势。

（四）趣味抽奖表彰，实施多元评价

班杜拉的观察学习理论指出，对学生学习行为的奖惩能够有效刺激学生调整学习状态、规范学习行为、强化学习动机，实现学习目标的具体化。希沃提供了多种多样的抽奖表彰模板，将奖励环节变得妙趣横生：受表彰的学生在其他学生的共同见证下抽取未知奖品的过程是一种集群化熏陶教育的过程。对于受表彰的学生而言，这一过程既具有仪式感，又能使他深刻地体会到努力过后获得回报的喜悦；对于观看抽奖的学生而言，这个过程既是偶像影响内化的过程，又是将学习成果可视化、生活化、实用化的过程。很多学生可能对指标性分数并不在乎，甚至存在抵触情绪，但是通过趣味横生的抽奖活动，他们会意识到优秀的学习成果能够切实地为他们自身创造利益，是有实际价值的、值得努力争取的。

此外，运用希沃提供的学生日常评价系统能够将学生校园生活中的一点一滴记录下来并予以评分。当教师发现学生出现值得鼓励的行为时，就可以用希沃自带的照相功能拍下那一瞬间并进行储存，在 App 上给学生进行专项加分。这些素材可以直接通过线上家校沟通平台发送给家长，也可以在晨会、班会等场合公开投影予以表彰。当学生意识到自己日常生活中的一举一动都会被列入评价体系并在全班进行展示时，个人与群体的关系变得紧密，学生不再认为自己的行为仅代表个人，而会认为自己的行为是代表班集体的、是与群体的利益息息相关的。通过该功能，可以同时发挥自我监督与集体教育的功能，学生会主动规范自己的行为，积极主动地养成良好的学习习惯。通过对学生日常的言行举止进行记录与点评，教师能够全面、多层次地对学生各项指标进行客观的评定，而不仅仅以考试成绩作为评判学生的唯一指标，有利于建立多元评价机制。这种基于行为、评价、反馈、养成的互动化、一体化教学理念正是组织化"群学习"的重要特征之一。

## 四、教学关系——组织化"群学习"的人本优化

共生课堂的核心是共生关系，共生关系的核心是教学关系。教学关系不仅包括教师与学生之间的关系，也包括学生与学生之间的关系。对于传统教学关系的革新是"以人为本"教育理念最直观的体现，亦是组织化"群学习"能够取得教学效益最重要的影响因素。在网络背景下，线上教学模式逐渐融入师生的日常生活中，但线上教学过程由于缺少人与人之间面对面的交流与沟通，容易暴露出师生关系割裂、课堂互动性低等问题。组织化"群学习"的理念在线上教育中发挥着出色的指导作用。以下以基于腾讯会议 App 开展的有组织的集体线上课程为例，分析在组织化"群学习"过程中，"以人为本"建构良好的师生、生生关系的一般方法。

（一）师生互动的线上学习模式改革

"双主"关系的共生化是组织化"群学习"的重要特点之一。在网络背景下，教师的主导作用不仅包括主持课堂，也包括培养学生主持人、策划开展小组合作、统筹建立线上课程平台等；学生的主体地位不仅包括课堂学习的主体，也包括共享知识的主体、寻找资源的主体、运用技术的主体等。"教师主导，学生主体"的内涵得到了丰富，多加了一层"能者为师，学者为生"的概念。"双主"的互动过程既是交流、研讨、思维碰撞的"行为互动"过程，又是互帮、互助、互为师生的"角色互动"过程。

在传统的线上课程中，教师往往负责独立设计教学的每个环节，而学生只能被动地接受预先设定好的信息。在课堂上，教师通常作为唯一主持人对学生进行单向的讲解，而无法观察学生的学习状态；学生只能被动地收听教师的讲解，没有语音交流的权利，仅有一个小小的对话框能够给教师发送信息，但学生的信息反馈往往难以得到教师的关注，甚至在有的课堂中，教师会直接关闭

学生的交流框，彻底封锁学生的信息反馈渠道。在这种教学模式下，往往会出现"教师又累又枯燥，学生挂机开小差"的情况，造成师生关系的割裂。为了解决这种问题，组织化"群学习"要求教师开放权利，让学生主动参与课堂，在学生具有一定知识储备的基础上进行补充、完善、归纳，将构建知识点的任务与学生共享，实现师生双方的共生共长。

在腾讯会议平台上开展的一节作文课上，一位初中语文教师定下这节课要完成的目标是"初步认识剧本/小说写作中人物塑造的一般方法"，事先整理出4个知识点：欲望动机、激励事件、鸿沟理论、危机高潮。他首先根据班级学生人数进行分组，假设将学生分成A—D四个独立的小组后，他给每个小组的学生布置相关的任务：

①每个小组在课前自行观看《飞驰人生》电影，并派教师随机指定的一名成员简要概括这部电影的剧情，限时1分钟。

②小组A：派教师随机指定的一名成员分析主人公从头到尾想要实现的欲望动机是什么，主人公塑造的要求是什么。

③小组B：派教师随机指定的一名成员分析主人公的生活平衡被哪件事情彻底打破了，这个事件在整个故事中所起的作用是什么。

④小组C：派教师随机指定的一名成员分析主人公在追逐梦想的过程中经历了哪些困难，是如何脱险的。

⑤小组D：派教师随机指定的一名成员分析主人公在高潮动作前做了哪个两难选择，作用是什么。

这种以任务驱动的线上教学模式有以下几点好处。一是实现网络资源趣味性与教育性的统一，学生对看电影并思考问题的学习方式兴趣盎然。二是每个小组都有自己的任务，且由于教师抽测的随机性，每个学习小组都会积极讨论，得到统一的答案，学生参与度较高。三是学生是课堂的主体，充分发挥了学生的主观能动性；教师在学习过程中负责统筹规划，在学生提出的见解的基础上进行补充与完善，更易被学生接受。在整个学习过程中，师生共同参与，彼此基于对方提供的帮助与灵感完成各自的角色任务，互动性强，师生关系融洽。

在学生完成了教师布置的课前任务之后，课堂正式开始。教师首先给出30分钟的时间，让学生针对提前布置的任务进行交流与分享。在此过程中，教师不打断学生的分享，并且将主持的权利交给学生。当学生进行主持的时候，可以用腾讯会议自带的语音与屏幕共享功能体验当老师的感觉，这样一方面锻炼了学生的交流、表达能力，另一方面给予了学生表达、交流想法的渠道，让他获得分享知识的自豪感与自信心。每当一个小组的学生完成分享，教师便开放交流权，让旁听的其他学生对该组学生的分享进行点评或提问，给予没有获得交流机会的学生一定的表达空间，并且集众人之长对刚才交流的知识点进行补充与完善。当学生的点评也全部结束后，教师最后才针对刚才多位学生的分享与点评进行知识点的再补充、再完善，帮助学生一起归纳新知识，建构新的知识体系。

整个课堂贯彻了"师生互动""以人为本"的理念，将教师的主导作用与学生的主体地位进行有机结合，所达到的效果包括：降低了教师讲课的难度，减轻了教师一人准备全部素材的压力；学生参与度高，知识理解深刻，充分锻炼了学生的综合能力；师生关系平等、融洽，在网络资源与网络技术的帮助下，真正实现了师生双方的共生共长、情智共生。

（二）生生互助的线上学习模式创新

在上述师生互动的线上学习模式改革成功的基础上，教师可以指定一个综合性实践任务，随后进一步开放权利，充分发挥学生在网络资源与网络技术运用上的优势，鼓励学生先以小组为单位自行构建线上微课堂，在方向性任务的指导下发挥学生天马行空的创造力，让他们通过资源收集、数据分享、交流研讨等步骤自主设计教学流程，做出小组合作学习成果。当每个小组的成果都完成后，再搭建全班学生共同参与的线上课堂，由每个小组派主持人给其他学生介绍本组的学习成果，并且让学生进行交流、点评，相互学习长处，密切同学关系，实现生生互助，充分培养学生的综合能力，实现"课后再学习"的模式创新。

在上面的案例中，学生通过师生互动的线上组织化"群学习"已经初步了解了欲望动机、激励事件、鸿沟理论、危机高潮的概念与注意事项，但是并未尝试过运用这些知识来进行故事创作。于是，教师给每个小组布置任务：在3天的休息时间内，各小组成员合作编写一篇不少于5000字的小说或剧本作品，内容积极向上，题材不限，并在后记里分析创作过程中是如何践行课上所学习的故事创作理论的。同时，教师要求各小组每天晚上8：00开一场以小组为单位的会议，并由组长做好会议记录工作，简述每天会议的主要内容、任务进展情况等。最后，教师告知各小组成员：这期间准备的所有素材都将在 3 天后的课上与全班同学进行交流与分享。

线上课程与线下课程相比，最大的优势是学生具有自主性、资源具有趣味性、成果具有多样性。线上课程的时间充裕，资源丰富，延展限制少，课上与课后的界定较为模糊，只要学生愿意学习，处处是知识，平台皆课堂。这意味着教师不能像开展线下课程那样以固定知识点作为主要教学目标，而应该充分发挥学生的主观能动性，让学生在符合社会主义核心价值观的大前提下进行自主探究，创造出具有学生个性特色的学习成果。因此在上述任务布置过程中，教师只限定了内容积极向上，而不限题材，这避免了学生提交的作品千篇一律、缺少乐趣。当学生对自己正在创作的作品感兴趣的时候，他们的学习动机能够得到大幅的提升。当他们在学习过程中遇到问题时，他们会积极主动地与同伴进行交流，并运用网络技术收集相关的网络资源来解决问题。同组的成员在创造作品的过程中相互帮助、相互启迪、相互激励；不同组的学生相互竞争，彼此促进。在小组合作创造学习成果的过程中，形成了一种互帮互助、竞争共长的良好生生关系。

3 天后，各小组完成了自己的任务，学生热情高涨，迫不及待地想要向其他学生展示自己的学习成果。教师应该抓住这个机会，及时召开全班学生共同参与的线上课堂，让各小组按顺序进行作品的展示与分享，并接受其他学生的点评与提问。这个课堂与师生互动课堂最大的差别在于：师生互动课堂虽然很大程度上提高了学生的参与度，但最终目标依旧是建构知识体系，内化对新知识的理解；而生生课堂的目的在于帮助学生提高能力、建立自尊自信，让学生获得学习后再创造的成就感，提高学生的同伴意识与合作能力。因此，在这一过程中教师应该以鼓励、表扬为主，要接受学生思想的先进性，在符合社会主义核心价值观的大前提下，尊重学生作品的个性，不以群体价值排斥学生的主观价值。生生互助课堂最终的成果展示是激发学生学习动力的重要契机。教师最好能够在学生作品分享与点评结束后对学生进行鼓励与表扬，从较为权威的角度肯定其作品的优点，并提出合理的改进意见——这样不仅能够强化学生对于自己的学习成果的自豪感，而且能够拉近师生关系，让师生双方学会相互欣赏、话题共通。

生生互助课堂是师生互动课堂的延伸，旨在帮助学生优化对学习的认知与态度，培养良好的学习习惯，建立同伴合作意识，获得学习后再创造的成就感，是"课后再学习"的模式创新。在这个过程中，教师充分尊重学生的主体地位，充分发挥学生的主观能动性，学生往往会展现出惊人的创造力。在上述案例中，学生提交的作品涉及小说、散文等多种文体，涵盖了科幻、爱情、悬疑、动作等多种故事类型，作品质量高、趣味性强，能够很好地反映出学生的兴趣爱好，传递出学生对于世界的认知与价值判断。这些个性化的学习作品不仅能够帮助学生完成兴趣爱好的输出，增加其对学习过程的好感度，建立自尊与自信，提高综合素养，还能够让教师深入学生的内心世界，了解学生的喜好，拉近师生距离，从而使教师在后续的教学中调整策略，创造出更适合学生的教学方法，实现师生双方的共生共长。

# 第二节　非组织化"群学习"

## 一、非组织化"群学习"的意义

（一）非组织化"群学习"的定义

"立德树人，五育并举"的教育理念要求教育者全面贯彻党的教育方针，切实增强教育自信，系统落实立德树人根本任务，全方位加强学校思想政治工作，实施德育铸魂、智育提质、体教融合、美育熏陶、劳动促进五大行动，统筹各级各类教育内涵发展，培养德智体美劳全面发展的社会主义建设者和接班人。

在"立德树人，五育并举"的教育理念的指导下，组织化"群学习"、非组织化"群学习"相互渗透，相互补充，共同营造线上与线下相融合的学习环境，有力促进"五育并举"真正落到实处。开展线上、线下各种形式的组织化"群学习"，可以发挥校内学习群的补差、提优、延伸、互动等功能；而非组织化"群学习"的本质是"赋权"，鼓励学生基于学习主观意愿进行自主、个性化的学习，以充分发挥学生的主体价值，力求让学生的个性特长能够在校外学习群中得以发扬，进一步促进学生全方位、多层次、个性化的发展。非组织化"群学习"的定义：以学习者自发生成的学习主观意愿为动力，利用集群化的网络课程资源、网络技术、互动关系开展有学习目的和学习计划、各环节动态生成的非组织化新型线上学习模式。

（二）非组织化"群学习"的特点

非组织化"群学习"具有以下重要特点：

1. 学习环节动态生成

与组织化"群学习"不同，非组织化"群学习"的主要驱动力是学习者自发生成的学习主观意愿，而非经由教师引导并惯性参与的学习任务。因此，非组织化"群学习"通常无固定组织形式，且贯穿非组织化"群学习"的各个学习环节都是根据学习者的主观意愿与行为反馈动态生成，具有主观性、即时性、实用性、变通性等特点。非组织化"群学习"可以随时随地进行，它的组织形式、学习目的、学习计划都可以在实际操作过程中根据学习者的实际学习需求进行调整，具有较强的灵活性。

2. 个体中心三维发散

组织化"群学习"是以教学关系为核心来架设链接，最终实现网络资源、网络技术、教学关系三位一体集群化的学习过程。而非组织化"群学习"则是以学习者自发生成的学习主观意愿为中心向外发散，并统筹利用网络课程资源、网络技术、互动关系三种媒介来建构学习环节的学习过程。两种"群学习"的集群结构差异见下图：

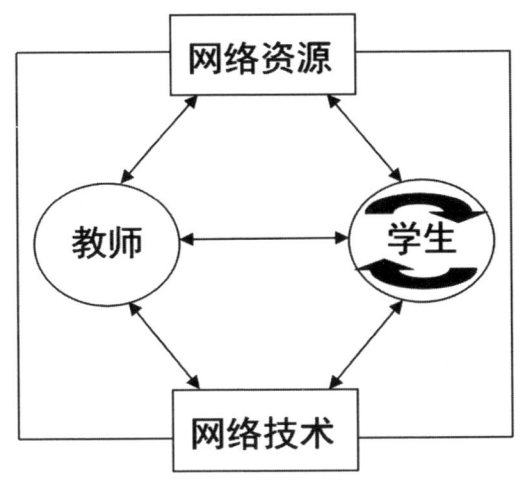

图7-1  组织化"群学习"的集群结构图

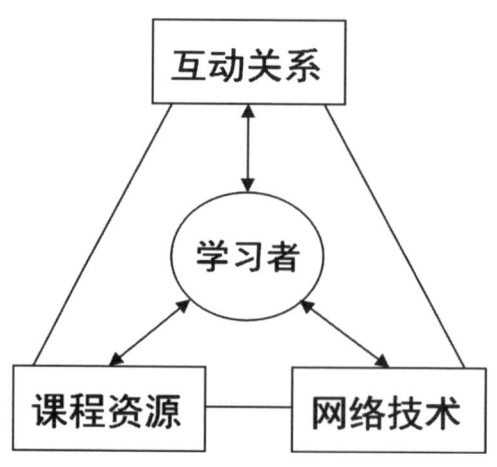

图 7-2　非组织化"群学习"的集群结构图

（三）非组织化"群学习"所解决的问题

1.学生知识基础的参差不齐

在组织化"群学习"中，教学着眼点主要落在组织系统内，例如以班级为单位的学生共性发展问题，虽然可以通过三位一体集群化的教学模式尽可能地让每一位学生的综合能力得到提升，但依旧受限于学生间的差异，无法针对每一位学生的特点采取个性化的教育对策。非组织化"群学习"是基于学生个体差异，通过线上开展的"赋权"学习对学生进行补差、提优，重点落实因材施教，让不同层次的学生获得与其基础相匹配的功能性辅导。

2.学生缺乏个性特长的辅导

基于学科教学开展的各科课程是学校教育的核心，学生在校的学习过程主要是以学科知识为中心来进行建构的。学科知识往往更注重知识体系的建构与学科逻辑的培养，但对学生个性特长的发展关注较少。非组织化"群学习"鼓励学生从自身的兴趣爱好出发，利用校外时间寻找与爱好相关的学习素材并进行自主学习，使学生的生活更加充实，使学生的特长得以发挥，最终促进学生的个性化发展。

3.身份差异抑制学生表达欲

部分学生在与教师交流的过程中会下意识地因为身份差异而隐藏自己内心真实的想法，刻意拉开与教师间的距离，从而造成交流过程中的隔阂。非组织化

"群学习"要求教育者深入了解学生的内心世界，充分利用网络提供的"去身份化"特性来建立与学生之间的互动关系，引导学生在线上交流的过程中吐露真心，鼓励学生遇到困难主动向教师寻求帮助。

## 二、非组织化"群学习"的兴趣驱动型课程资源

在组织化"群学习"中，网络资源的主要功能是激发学生的学习动机，帮助师生建构知识体系，开展共生课堂，助力于提高教师的职业素养与学生的学科素养；而在非组织化"群学习"中，网络资源的主要功能是针对学生的兴趣需求来提供个性化的校外课程资源，给予学生培养个性特长的渠道与拓宽知识视野的平台，从而对组织化"群学习"的教学功能进行补全，助力于培养学生的综合能力，实现人的全面发展。

（一）利用网络课程资源的丰富性培养个性特长

热爱是学习的内在动力，也是最具持久性、最强而有力的核心动力。不同的学生基于其个性特点培养出不同的兴趣爱好，并愿意通过对相关领域知识的学习来将爱好发展为特长。这一过程既发挥了学生自身的能力价值，又帮助学生获得了自尊、自信，有助于学生保持健康的心理状态。学校的课程资源主要服务于学科教学，且时间、空间有限，除了音乐、美术这两门学校内固定开设的学科之外，其他课程资源无法针对每一位学生的兴趣需求在学生的个性特长领域开展专门的组织化教学。在非组织化"群学习"中，丰富多彩、涉及各行各业的网络课程资源能够很好地为有需求的学生提供爱好特长领域的学习素材。

一位高中学生对编导知识很感兴趣，她的梦想是考入中国传媒大学的编导专业，成为一名导演。然而，她所在的学校并不开设编剧课，也找不到该领域的教师教授她专业的剧本创作知识。于是该学生通过 QQ 联系到我校教师，利用周末与寒暑假的时间进行网络授课。一方面，她从我校教师处学到了编剧领域的专业知识，有效建构起了基本的学科框架；另一方面，她利用网络下载了很多经典影片，并通过我校教师所教授的知识自主拉片，运用理论知识来分析影片的结构。在完成知识点的学习后，该生自行利用课余时间创作了其第一篇原创剧本，并通过网络联系我校教师对其作品进行修改、完善，在研磨剧本的过程中进一步锻炼了运用理论知识的能力。最终，该生在剧本创作领域

培养了基本的专业素养，将自己的爱好发展为了个性特长，也为她之后的艺考提供了有效的帮助。

学生利用丰富的网络课程资源来培养个性特长主要有三个渠道：①联系该领域的专业人士进行线上教学；②获取与该领域的知识相关的学习素材；③与具有相同爱好的人士进行交流互动。网络课程资源涉及各行各业，可以满足绝大多数学生的兴趣需求。在以哔哩哔哩、知乎等新媒体媒介为代表的网络平台上储存了海量的学习素材，既有各行各业的专业人士创作的教学视频或文章来指导学生入门，也有互动性与时效性很强的讨论区来进行同好之间的交流与帮助，更有丰富有趣的音频拓展资源来为学生提供学习素材。

非组织化"群学习"鼓励学生充分利用丰富的网络课程资源来发展个性特长，从自身的兴趣需求出发来建构知识体系，培养学生的自主学习能力，帮助学生成为综合型的人才。

（二）利用网络课程资源的广延性拓宽知识视野

在非组织化"群学习"中，网络所提供的兴趣驱动型课程资源不仅包括涉及学生兴趣爱好的课程资源，也包括基于学科教学所产生的学科探究型课程资源。在学校开展的学科教学过程中，学生不满足于课内传授的知识，想要进一步探究学科的奥秘，深入发掘学科的细化领域，展现出强烈的求知欲与好奇心——这种基于对学科的热爱而产生的求知需要很大程度上来源于组织化"群学习"过程中精心设计的共生课堂：它首先激发了学生的学习动机，让学生进一步感受到学科的魅力，帮助学生从被动学习转变为自主学习，最终进入"兴趣学习"的新阶段。这一阶段需要发挥非组织化"群学习"的课外知识延展功能。

我校教师班上的一位学生在组织化"群学习"过程中培养了对化学学科浓厚的学习兴趣，初步形成了"化学即生活，生活皆化学"的学习理念，经常运用自己所学的化学知识去解释生活中的化学现象。有一次，他发现将雪碧中的二氧化碳气体通入澄清石灰水后，澄清石灰水变浑浊，这与课堂所学的知识一致；然而，当将过量的二氧化碳继续通入已经变浑浊的石灰水时，他发现一段时间后浑浊的石灰水又变回了澄清，这一现象让他很感兴趣。于是他在哔哩哔哩上主动搜索了一堂高中化学微课，果然找到了这一现象的化学解释：碳酸钙会与过量的二氧化碳和水发生反应，生成可溶的碳酸氢钙。于是该学生又产生了疑惑：既然碳酸钙有这个性质，那么碳酸钠是否有这个性质呢？这是碳酸盐的通性吗？

于是他又在网上查找了化学爱好者在实验室中进行的各类实验视频，最终得出结论：碳酸盐都具有这个性质。他在此基础上联系教师曾经讲过的亚硫酸盐与二氧化硫的化学性质，推测：将二氧化硫通入澄清石灰水，同样会出现"先变浑浊，后变澄清"的现象，并且写出了相关的化学方程式。在利用网络课程资源完成了一系列延展知识的探究后，该学生带着他的学习成果来教师处求证，教师对他的探究结果表示了肯定，并将相关的知识点给他系统地梳理了一遍。利用网络课程资源开展的非组织化"群学习"不仅让学生学到了新知识，而且进一步加深了他对学科探究的兴趣。

学生对学科的热爱能够创造出巨大的学习动力，这种热爱需要通过组织化"群学习"来培养，而当学生将对学科的热爱转变为自发的探究兴趣的时候，则需要通过非组织化"群学习"来进行课外知识的补全。网络课程资源具有广延性，能够基于课堂知识向外延伸，横向进行知识拓展，纵向进行知识加深，从而为非组织化"群学习"提供保质保量的学习素材。其最终目的是帮助学生增加知识储备，建立学科自信，站在更高的知识维度建构知识体系，培养扎实的学科核心素养。

### 三、非组织化"群学习"的适应性网络技术

在非组织化"群学习"过程中，学习的内容并不局限于学科知识，学习的动机是由学生自发产生的，运用网络技术来实现学习目标的主体也是学生。因此，在这一过程中所运用的网络技术应该适应学生的实际情况，不仅仅要将学科教学的可行性作为第一选择标准，还应该重点考虑新颖度、现实性等因素。非组织化"群学习"中运用的网络技术应该以是否适合学生群体的特点、能否为学习主体带来切实的便利为参照标准。

（一）新媒体——好感媒介、以趣辅教

提供各类素材媒介的新媒体平台在年轻人群体中较为流行，较之传统的资源平台，新媒体平台不仅有更加丰富的资源类型，而且对于资源的呈现具有更强的趣味性。学生对充满新奇感与精致感的趣味学习媒介更有好感，更愿意使用这些新媒体平台来辅助自己课后的自主学习。

哔哩哔哩是新媒体平台的代表之一。作为一个综合性弹幕视频网站，这个

平台汇聚了各行各业具有一技之长的博主，他们会自行制作、剪辑各自擅长领域的相关视频并在平台上投稿，视频的类型涵盖了动画、音乐、舞蹈、知识、生活、时尚、娱乐、资讯、美食等近 20 个领域。除了自己制作视频外，也会有博主搬运国外的名人、科学家们制作的专业性视频，并在搬运的视频中补全字幕方便观众了解视频的内容。如果学生想要在课后自学外语，他可以在哔哩哔哩上搜索外语教学，平台会按照热度、观看人数等事先设定的条件帮他寻找博主投稿的外语教学视频。这些视频的呈现往往具有很强的趣味性，不仅能够普及知识，而且会加入很多年轻人感兴趣的时尚元素。除了可以通过观看视频进行学习，哔哩哔哩还提供了弹幕交流功能，如果在观看视频过程中有什么不理解的问题，只要打开弹幕，就会有很多同样具有专业知识的观众留言补充相关知识。当然也可以在评论区进行询问，与其他的学习者甚至视频创作者进行交流互动。

如果想要获取更加专业的知识，并且希望同该领域的专业人士进行问答交流，则可以使用知乎这个新媒体平台。比如学生想要学习外语，则可以采取以下两种方法：①搜索如何学习外语，从现有的问题及其下方的高赞回答中寻找对自己有帮助的内容；②自己提问如何学习外语，并邀请相关领域中获赞较多的专业人士来回答这个问题。知乎较之传统的百度提问等平台有着很明显的新媒体优势：回答者的专业知识更加扎实，即使询问相对冷门的知识也会有很大概率得到回应。同时，为了获得更高的赞数，作者提供的回答会刻意设计得更加通俗易懂、生动有趣，更容易帮助没有接触过这些知识的初学者理解相关领域的基本概念并快速入门。最后，知乎的评论区实时互动性更强，更容易与其他提问者或作者建立沟通渠道，知乎的作者一般很乐意对有价值的提问进行二次回答。

无论是哔哩哔哩还是知乎，都只是新媒体平台的冰山一角。随着网络技术的发展与国民素质的提升，越来越多提供趣味性与教育性兼容的网络资源的新媒体平台涌现出来，而学生对于这些平台有着天然的亲切感，不仅能够熟练地使用它们，也非常乐于利用它们来帮助自己获取课外的知识。"以趣辅教"将成为学生被"赋权"后践行非组织化"群学习"的必然趋势。

（二）现实性——需求为本、灵活变通

在组织化"群学习"中，教师运用的网络技术通常以其对学科教学的教育价值为第一选择标准，这些技术及与之对应的平台往往具有一定的专业功能，以便于开展基于网络技术的学科教学，如腾讯会议、钉钉、希沃等，但这些技术在学生群体中的普及率往往较低，且主要适用于学科教学。在非组织化"群学习"中，选择的网络技术应该优先考虑该技术在学生群体中的普及率与实用价值，以广受众、高便利、易操作作为选择网络技术的重要依据，且应根据学生学习的实际情况灵活调整，将网络技术用活、用巧。

例如，在组织化"群学习"中被用以辅助教学的腾讯会议虽然在构建线上课程领域中发挥着重要的作用，但除了在固定的时间、对固定的集体开展线上组织化"群学习"这样的情况，学生群体之间通常不会自发地使用腾讯会议来进行交流互动，会更加倾向于使用 QQ 等大众化交流平台。原因主要有三点：①绝大多数学生都使用 QQ，与同伴进行交流互动具有更强的即时性；②绝大多数学生都有 QQ 号，每台电脑或智能手机上都自带 QQ 软件，学生需要使用时非常方便；③学生对 QQ 的操作与功能很熟悉，省去摸索、适应其功能的过程。但另一种情况下，如果学生要与教师进行课后一对一的学业探讨或作业辅导，使用腾讯会议则可以利用投屏、板书、语音互动等功能提高教师的授课效率，方便学生更全面地理解知识的内涵。由此可见，在选择网络技术时要具体问题具体分析，根据学生的学习需求及时调整所用的工具。

在非组织化"群学习"过程中，网络技术的选择主要以广受众、高便利、易操作三点为参考标准。在选择非组织化"群学习"的网络技术的过程中，教师不必执着于某个特定的平台或者某个独特的功能，要遵循现实原则，以学生需求为本，根据实际情况灵活变通。只要存在能够为学生的自主学习提供便利的技术，就及时使用，以学生的需求为中心来构筑技术支持，切实地让技术适应学生的发展现状，为学生提供真正的便利。

## 四、非组织化"群学习"的"去身份化"互动关系

### （一）针对学生知识基础的个性辅导

在集体教学过程中，教师的授课要兼顾各层次的学生，对于重难点的把控更倾向均衡化，对知识点的诠释不会过于深入，但也不会太过浅显，目的是适应大部分学生的需求。这就导致对于少数知识基础薄弱的学生而言，课堂知识难度较高，很多内容无法及时消化、理解；对于少数基础较好的学生而言，

教学深度较浅，无法帮助他们拓宽学习视野，提升他们真实的学习能力。

针对这两种情况，非组织化"群学习"为这两类学生提供了课堂外的教学补充，以更好地完成补差、提优的工作，切实地让不同层次的学生获得适应其能力基础的辅导，从而使其在自己能力范围内更好地完成学习任务，获得学习的成就感。

学习基础较薄弱的学生在校期间不愿意主动询问教师问题，从而无法向教师暴露自身存在的学习漏洞，长此以往会导致学科知识结构的溃散，最终将学生拖入"不懂不问，不问不懂"的恶性循环之中。然而，在线上交流的过程中，网络的"去身份化"特性让这些学生面对教师时不再有强烈的紧张感，能够试着说出自己内心的困惑，以便教师对症下药，针对其薄弱处进行有针对性的辅导。同时，这类学生在网络上主动询问、尝试与人交流的过程本身就具有很强的教育意义，这不仅能够帮助学生填补知识漏洞，而且有助于他们打开心扉，锻炼基本的社交技能，这对学生长久的发展是有重要价值的。

学习基础较好的学生会及时向教师询问问题，消除疑惑，但是如果想要在此基础上进一步提升，则会面临时间不足、空间受限等问题。非组织化"群学习"提供的课后教学补充能够很好地解决这个问题。学生在遇到知识瓶颈时可以随时随地主动地找教师进行沟通，腾讯会议等平台提供了线上交流的空间。一对一的线上交流既方便，又实用，可以针对不同学生的学习瓶颈提供相应的教学辅导。以化学学科为例，有一个基础知识较好的初中学生对于"酸的性质"非常感兴趣，迫切地想要了解课内所学的非氧化性酸以外的知识，因此他在课后主动联系了教师，并且利用腾讯会议与教师进行线上的答疑，从而了解了部分氧化性酸的特性，增加了知识储备。

最后，如果学生有任何知识点上的困惑，都可以于课后主动寻找教师答疑解惑。在"去身份化"的线上交流平台里，学生的表达会更加自然，拘束感与紧迫感大幅降低，其提出的问题更具有创造性与实用性。针对学生知识基础的个性辅导过程源于学生自发的学习需求，是学生主体地位的生动体现，也是非组织化"群学习"的重要功能之一。

（二）基于学生真实想法的调查访谈

学生与教师存在身份、年龄、阅历、价值观、行为准则等多方面的差异，在一些触及学生情感世界的话题上，学生会本能地避免向教师倾诉自己的内心想法。当教师尝试就一些较为敏感的话题向学生进行数据采集时，学生往往会选择避而不答或隐瞒真实的想法。这不仅不利于教师采集数据，而且不利于拉近师生关系，无法帮助学生合理宣泄内心积攒的情绪，对师生双方的共同成长会造成不良的影响。

针对这种情况，非组织化"群学习"受惠于网络的"去身份化"特性，能够在与学生就一些情感性话题进行交流的过程中消除师生隔阂，便于学生说出自己内心真实的想法。网络的"去身份化"特性有以下几点优势：①消除了学生与教师面对面交流的紧张感；②避免了学生因害怕被教师责怪而隐瞒真实想法的情况；③为学生倾诉自己内心想法提供了良好的渠道；④能够帮助学生养成"遇到困难找老师商量"的意识，有利于构筑真诚相待、互帮互助的良好师生关系；⑤在进行问卷调查等互动行为时能够利用匿名功能保证数据采集的有效性。

"早恋"问题是一个对于学生来说很敏感的话题，大部分学生对恋爱行为都有自己独特的理解，并且正在初步形成恋爱观；但学生潜意识里会将"早恋"与"教师的责怪"画等号，这就导致教师想要就恋爱价值观问题与学生进行线下沟通时，学生往往会含糊其词，不愿向老师透露自己真实的想法。我校教师曾在进行"早恋"问题的调查研究时利用问卷星软件事先做了一份"关于中学生的恋爱价值观"的调查问卷，并通过网络发放给学生。学生在完成调查问卷的过程中表现出很高的积极性，不仅自己认真完成了问卷，而且会主动将问卷发送给关系较好的同龄人，号召其他学生一起填写。学生在填写问卷的过程中表现出较强的表达欲，内心深处愿意就恋爱问题倾诉自己的想法。同时，学生将参与这种倾诉的过程视为一个建立互动关系的过程，认为这是一件有意义、有乐趣的事情，希望与关系好的伙伴分享对某个问题的见解。

在问卷调查结束后，我校教师与部分学生就该问卷所设置的问题及对应的回答进行了线上的个人访谈，学生很乐于谈论自己的问卷选择并告知教师自己的理由，也更加愿意向教师分享自己对恋爱问题的看法。当教师对他们的想法给予了客观、公正的评价后，学生与教师的关系迅速拉近，部分学生甚至会在日后遇到困扰的时候主动找教师寻求帮助，师生之间的信任关系得以建立，这是一种共生共长的发展状态。

通过线上的问卷调查与个人访谈，学生获得了合理宣泄自己内心情感的渠道，且"去身份化"的特性帮助学生消除了心理隔阂，最终实现了数据采集与学生发展的双赢结果。而教师则顺利引导学生信任教师、依赖教师，与学生建立起了良好的师生关系，有利于在学生遇到困难的时候及时发现、对症下药。在非组织化"群学习"过程中，利用网络的"去身份化"特性开展深入交流已经成为建构网络时代良好师生互动关系的重要途径之一。

# 第三节　网络德育——"群学习"中的"安全屏障"

互联网为人类知识和信息的几何级增长提供了最好的释放空间。网络环境下，人人都是信息的分享者，又是信息的生产者。网络给予了人类一个极其开放和自由驰骋的空间。全球信息化以一种非常深刻的方式重构人类的生活方式，新旧道德规范并存、交替、更迭，这有时会造成规范内容的冲突和衔接的脱节，并引发大量的网络失范行为。在网络提供的虚拟空间中，人人都是自媒体，能够畅所欲言、获取资源、展示自我、实现人生价值等，网络正以无限的张力影响着人类。对于分辨能力、自控能力、自我管理能力等较弱，人生观、世界观、价值观还不成熟的青少年而言，在线上学习的同时，网络文明行为及由此带来的网络德育已成为绕不开的话题。

## 一、"群学习"中关注网络德育的迫切性

（一）网络"无限性"与"边界性"之间的矛盾

网络世界是一个没有边缘的虚拟空间，在网络上似乎可以纵横驰骋，畅所欲言，挑选自己感兴趣的话题，发表自己真实的看法。当然，人们在获得言论开放所带来自由的同时，也要承受"辨识陌生人""缺德辱骂""追新求异"等所带来的风险。当天真烂漫的孩子在网络上发表不堪入目的帖子，或是长期沉溺于游戏不能自拔引发家庭危机，这说明网络环境下开展德育工作尤其重要。

（二）网络"隐匿性"与"监管性"之间的矛盾

网络信息的传播交流方式不同于现实生活中面对面的信息交换，每一个人

都是信息传播交流网上的一个节点、一个符号，彼此的真实姓名与身份被隐匿，这种"数字化""虚拟化""隐匿性"的特点，有可能造成"相逢却不相识"的情况，也容易导致行为主体的责任心退化和社会监督机制的弱化。隐于网络中的个体可能会做出许多现实中不敢做或者不可能做的事情，做出不符合现实社会生活中的伦理道德规范的行为。在网络上真的能为所欲为吗？

（三）学习"主体性"与"被动性"之间的矛盾

网络是极佳的学习平台和助手，能让人随时随地进行泛在学习、协作学习、个性化学习等。由学习者的学习动机、学习意识、学习态度、学习行为、学习习惯等建构的学习文化，将直接影响线上学习的效率，并催生出两种新型的学习模式：①利用集群化网络系统对学习主体进行"赋权"的非组织化"群学习"，如学生因遇到学习困难，主动在网上找教师一对一答疑等；②利用集群化网络系统开展以集体为单位、教学关系为核心的组织化"群学习"，如利用腾讯会议、感知网校进行学习等。但真正能引发学习、提升学习效果的关键在于学习者拥有主观能动性。我校教师曾用问卷星在学校内开展网络问卷调查，竟然有90%以上的学生用网络平台搜题，而且有相当一部分学生直接把答案抄下来交给教师批阅，极少部分学生是先看懂解题思路，自己思考后再进行二次解答。似乎信息技术正成为抄作业的"帮手"？

## 二、"群学习"中网络学习行为失范的剖析

### （一）内心深处的孤逆

青少年处于特殊的年龄，被烙上了特殊的心理特征。他们结束了"少年不识愁滋味"的时代，进入了"多事之秋"。由于心理的不断发展，他们情绪自控能力比孩提时有了较大提高，学会掩饰、隐藏自己的真实情绪，出现心理闭锁的特点。过去爱说爱笑的孩子，进入青春期可能会变得沉默寡言。青少年的叛逆是成长过程的正常心理状态，他们渴望独立，却往往缺少控制情绪的能力；他们习惯孤独，又害怕孤独，渴望与他人进行平等的交流与对话，倾诉内心，发泄不满。网络的隐蔽性与匿名性使上网的人缺少"他人在场"的压力，"快乐原则"支配着个人欲望，日常生活中被压抑的一面在无约束或低约束的状况下得到宣泄。

（二）育人机制的漏洞

"社会、学校、家庭"三位一体的育人机制，理应要为青少年的健康成长撑起"保护伞"，然而有时事与愿违。父母的离异、隔代的溺爱等诸多原因，致使一些家庭的教育黯然失色；学校德育的针对性、实效性不强，重学习成绩，轻"五育并举"，学生往往关注成绩多，以德为先意识较为淡薄；市场经济下物质主义、享乐主义、极端功利主义也影响了一些孩子的道德判断标准。这些现象的出现在某种意义上表明当今社会的育人机制仍存在漏洞。

（三）良好学习文化的缺失

当前，世俗价值观崇尚"以学习成绩论英雄"。孩子从幼儿园甚至更小时就被迫参加各种培训，"不能输在起跑线上"的观念已深入一些家长的内心，他们最大的愿望是竭力提高孩子的学业成绩。这种愿望传递给教师，再由教师传递给学生，最终转化为学生的压力，由此演变成愈演愈烈的"成绩战"，迫使孩子一律向考试成绩看齐。

功利性学习使孩子对学习的兴趣几乎荡然无存：读书只能读教材，看报纸新闻是浪费时间……缺少主动性的机械化学习使不少孩子从小就不喜欢学习。网络上报道的初三、高三学生毕业后撕书，如雪花般的教材满天飞，这或许是对良好的学习文化缺失现状的尖锐讽刺。

互联网能够实现优质资源共享：一些优秀教师通过网络分享优势教育资源；教育相关部门、互联网企业等各方积极为学习创设各种网络载体，开发各种学习软件；一些知名大学提供慕课等公共学习平台，而且不少都是免费……这些都在一定程度上实现优质资源的共享，即使是教育薄弱地区的孩子也能够通过网络获得必要的学习素材。但优质资源有时并不能取得理想的学习效果。

究其原因，网络上开展的"群学习"，无论是组织化还是非组织化，都会因学习者主体性的缺失而无法发挥其应有的功能。"多窗口齐开"的线上学习状态、网上抄题等，这些不良的线上学习行为都源于良好学习文化的缺失，学生只想应付当前的学习任务，而不愿真正地投入学习中。这种不良的学习氛围的影响正在不断地扩散。

### 三、"群学习"中加强网络行为的规训性

苏霍姆林斯基曾说："如果您想培养真正的人，那您就应竭力使您的学生在他的童年和少年时代把兴趣的中心放在做人上。"当前在网络的强大吸引力之下，学生最大的兴趣聚焦在网络的"无限功能"，每天上网成为他们一日三餐后的必然选择。重新思考和建构"后疫情时代"的教育新常态，使网络"群学习"成为一种新的学习方式，使学习真正做到"减负增效"，强化网络德育是必不可少的环节。立德树人是教育的根本任务，"敦品励学、卓立行健"是我校的校风，力争培养爱学习、能探索、正能量的新时代网民是我校在"十二五""十三五"两项省规划课题中孜孜以求并努力实践的目标，通过德法并重、人技共管，学校、家庭、社会、司法合力，努力为学生营造风清气正的网络学习新环境，提升网络时代新德育的实效。

（一）以法束人

网络世界的虚拟与现实世界的真实虽然有区别，但道德与法律的通行准则是一致的。家有家规，国有国法，我国自1994年2月18日颁布《中华人民共和国计算机信息系统安全系统保护条例》以来，涉及网络的法律法规有30多部。2020年颁布的《中华人民共和国民法典》中涉及互联网的重要法律条文共有23条，其中，涉及网络侵权民事法律责任和处理原则的有4条，涉及保护涉网络其他人格权的有4条，涉及数字经济的有4条。这些法规条例对依法治网、净化网络文化环境起到了不容忽视的积极推动作用。除了有法可依，国家各部门强化有法必依、执法必严、违法必究，增设网络违法犯罪举报网站、网络警察等，加大网络违法行为打击力度，强化网络执法。各行政部门、社会公益部门或志愿者等，携手加强网络监管，规范网络行为，加大线上线下文明上网公益宣传力度。政府及教育相关部门、学校等，可邀请心理、网络等方面的专家，制定网络法治教育的特殊"套餐"供学生在网络上查阅。法律部门与学校协同，加强学生网络法治教育，营造良好网络舆论环境，让每位学生恪守道德规范，弘扬美德，践行社会主义核心价值观，坚守法律底线，知法守法，做遵纪守法的网民。

（二）以术管人

"技术是仆人，而不是主人。"让网络更好地服务于人的发展，必须要强化网

络文明建设。社会各界、互联网企业、网络监管部门、家庭、学校等多方合力，加强对网络信息的监控管理和对学生的正面教育引导。面对网络上良莠掺杂的信息，首先，要建立相关监控机制，通过技术、行政、法律等手段，控制信息源头，以达到正本清源目的。相关技术、监管部门及有关互联网企业应按照国家法律法规，承担社会责任，担负起保护青少年的职责，做好技术监管，过滤不利于青少年成长的有害信息，为青少年输送健康、科学信息等。其次，加强线上学习网络平台管理，尽可能做到学生线上学习时，平台能自行屏蔽干扰学习的其他信息或窗口，确保线上学习过程中干净整洁的网络界面。再次，一些面向成人的网站应该实行实名登记制，禁止青少年登录或设置登录条件；加大网络文明宣传力度，可以通过生动有趣的网络公益广告等，让文明上网成为一种风尚。以技术为手段，多方合力，为青少年创设有利于其健康发展的硬、软件环境，让技术成为青少年发展的服务者。

（三）以德育人

法律能规范、约束网民行为，技术能删除或屏蔽不良信息和平台，但治标不治本，网络中道德失范的行为和言论仍层出不穷，其中最令家长和教师恼火的是学生借网络抄作业的行为。抄作业不仅欺骗了家长和教师，还因为不暴露学习中的漏点和错点，最终欺骗了学生自己，使其学业成绩一落千丈。网络德育关键点在于青少年的自我内化、自我反省、实践导行。学校、家庭、社会三方在网络德育方面必须明确目标，达成共识，形成合力，各尽其责，为青少年反省、内化、慎独等创设积极、具有正能量的外环境，以此驱动学生内化道德、法律规范，以德育人；青少年网民应严于律已、正视问题、慎独自省，做一个内心强大的人，达到"从心所欲不逾矩"的境界。

1.学校是网络德育的主阵地

班主任、心理辅导教师、信息技术教师、校德育专职人员可携同部分学生代表、家长代表，一起组建校网络德育小组，定期召开专题会议，以学生网络活动中出现的问题为导向，各尽其能，对学生进行心理辅导、正面教育与疏导。鼓励信息技术水平较高的学生加入校志愿者团队，与信息技术教师一起参与学校网站管理、网络建设和校微信公众号的推送，激发学生学习的主观能动性。班主任和学科教师：召开主题班会，进行专题讨论，发倡议书，开展"网上啄木鸟"行动等，帮助学生提高自我保护意识、增强信息辨别能力和自律能力。对于学生利用网络找题、抄题等线上学习中普遍存在的问题，教师应做好家校沟通，主动了解实际情况，找到问题的症结，对个别自控能力弱、基础薄弱的学生进行学业辅导；对自控能力、学习主动性较强的学生线上搜题找答案的情况，教师在鼓励的基础上应该进行正确的引导，帮助这类学生掌握自主探究学习的方法。心理辅导教师：根据学生网络行为中存在的具体问题，面向全体学生开展心理健康教育课，定期对学生进行心理健康知识讲座，普及心理健康的观念和基本知识；建立心理咨询室，定期开放；开设心理咨询热线，引导学生表达自己的困惑，使其学会适度发泄，重疏导而非"填堵"。信息技术教师：结合教学内容，挖掘教材中的德育元素，从技术层面上指导学生认清平台和软件可能存在的安全隐患；校园网站安装节点过滤器和安全软件，以此屏蔽不健康的内容；发动师生一起参与共建网络资源库，推荐绿色网站，以减少学生浏览不良网站、使用盗版软件的可能。

特定的网络环境会激发学生的学习兴趣，强化线上学习行为。在我校随处可使用的电脑和网络平台为学生线上学习提供了必要外在环境；几乎所有学生都拥有自己的手机、电脑，这也使得校外学习行为随时随地都有可能发生。我校生源结构差异大导致学生信息素养差异大，在国家统编的信息技术教材以外，我校自行编制适应校情、学情的信息素养读本，内容包括学生线上学习的指导意见、学生线上学习行为监控的操作规则、家长指导学生规范线上学习行为的建议等，指导学生如何选择教学资源、学习工具，增强学生对资源的选择能力，培养学生的信息意识和信息检索、鉴别、选择能力，帮助学生养成良好的线上学习习惯。

2.家庭是网络德育的原点

父母是孩子的第一任老师，家庭是教会孩子文明的第一所学校，家长对于孩子的健康成长至关重要。在网络日益普及的今天，许多家长对于孩子上网感到忧心忡忡。有些家长对网络缺少正面的认识和理解，人云亦云，偏听偏信，一味地禁止孩子接触网络；有些家长平时与孩子沟通少，对孩子沉溺于网络置之不理。两代人之间存在代沟，重组家庭、单亲家庭等特殊原因也易造成孩子的心理阴影，导致孩子喜欢在网上与人交流，倾诉自己心中的苦恼，或打游戏消磨时间，寻找刺激快乐。

对于组织化"群学习"，家长是既支持又担心。支持：精选优质网络教育资源，充分实施共生课堂，不仅实现知识互通与资源共享，而且锻炼学生的自主学习能力、表达能力、资源获取能力等；线上学习可以节省家长接送的时间，并能减少培训的费用。担心：对于自控力较弱的孩子，家长往往采取禁止或者限时使用的方法，担心孩子会借线上学习之名打游戏，担心长时间在线上学习会影响孩子的视力，于是很多家长倾向于监管式线上学习，或伴读，或偶尔视察一下。"强监管"的家长没有敞开心扉和孩子探讨、分析线上学习的优劣，以及如何理性对待网络游戏，怎样适度上网，如何慎重对待网络信息，是否注意保护隐私等。不少家长缺少相应的知识储备，或粗暴式干预，或机械式说教，或自己游戏不离手、没有起到示范作用。

科技发展呼吁着家庭教育方式要与时俱进。在网络环境下，家长和学生的知识和能力可能处在同一起跑线上，不少孩子的信息技术水平远超家长。因此，家长必须更新家庭教育观念，以学习者的身份创设平等、民主、积极、和谐的家庭学习文化，正确引导孩子上网，培养孩子良好学习兴趣，帮助孩子建立正确的娱乐观念，提高孩子信息素养。此外，还需要经常了解孩子上网情况，掌握孩子上网内容，控制孩子在网上花费的时间，帮助孩子处理好线上学习和线下学习的时间、空间统筹关系，使网络成为孩子深度学习的良好载体。

3. 主体赋权是网络德育的本源

网络道德与现实道德不同之处在于约束机制，网络上主要依靠主体的自律，即自己约束和控制自己。当然，网络道德他律作用也是存在的，只不过由于虚拟世界的特殊性，这种作用难以充分发挥。如果没有道德上的自律，那么网络道德规范无法成为实存的道德行为和道德风尚，而只能成为无意义的虚设之物。慎独能促进网络道德的内化，让学习者在没有社会和他人监督的情况下，仍能保持清醒的自我约束，坚持符合社会规范的道德信念。慎独是一种道德境界，是自律的前提和保障。青少年由于年龄、个性特征，自律反省能力较弱，因此有必要借助外力（人和技术）强化学习动机、激发学习兴趣、端正学习态度、养成良好的学习习惯，主动落实有效学习行为，提升学习品质，逐步形成促进自主发展的学习文化。

在传统的线上学习中，学习者有可能是一个孤立的学习体，教学组织形式单调，缺少互动，再加上网络上存在的诸多诱惑，都让线上学习似乎成为"苦行僧"的差事。增强学习主动性，树立"我要学"的主体意识非常必要。家长需要为孩子提供不影响线上学习的学习环境。线上学习虽然无法实现面对面的交流，但共生理念指导下的线上组织化"群学习"可以做到"心中有人"，鼓励师生、生生之间交流互动，共生共长；通过网络输出正能量，让学习者保持饱满的学习状态等。

心理学研究表明，任何一种学习都是在一定的动机激发下进行的，学习的自觉性、主动性和创造性与学习动机的强度密切相关。线上学习有效发生的关键是形成学生自主发展的学习文化，即明确的学习动机、正确的学习态度、良好的学习习惯、强大的学习能力、自控的学习行为等。自主发展的学习文化的形成并非一蹴而就，它在内外力不断交织、相互作用的过程中逐步形成。

对于自控能力弱的学生，教师可采用写日记、周记等"道德长跑"的方式，及时了解学生的心理动向；也可采用私下调查访谈方式，或利用网络的"去身份化"特性与学生交流互动，了解学生内心的真实想法与动机。有时，当师生面对面交流时，学生限于时空及师生特殊的地位，不能坦诚相待；但网络具有平等、隐匿性等特点，学生更愿意线上交流一些当面不便交流的话题，尤其是教师利用休息时间与学生交流，学生能感受到教师的真诚关爱，有时比当面沟通效果更好。当然，有些家长和教师以虚拟身份与孩子交流互动，有时可以达到一定的规劝效果，有时却适得其反，因为当孩子知道真相后，会丧失对家长和教师的信任。无论是组织化"群学习"，还是非组织化"群学习"，一切外力只有转化为内驱力，学习才能真正发生。

（1）激发学习动机

学习是学生自己的事，学习的本质是促进自身发展、提升适应社会的能力。只有明白、领悟、体验到"我为什么要学，我要学什么"这些学习的根本问题，学生才能实现由外部学习动机向内部学习动机的转换，并产生自主学习的意识。比如，给出明确的学习目标和任务，告知学生学习如此重要，不学习后果很严重，这些话对于学生来讲，听的实在太多太烦，对于激发其学习内驱力收效甚微。教育者可结合具体情境、体验和任务，出一道情境题：假如你是老师，班内学生线上学习效果不好，你会如何劝导他们；假如你是家长，你的孩子沉溺于网络游戏，你将如何去做等。让学生在小组内商量，拟订方案，并在班内探讨一下方案的可行性、可预见的效果。学习本来就是学生自己的事，线上学习中存在的问题也是学生自己的问题，创设真实、复杂的情境，让学生以教师、家长的身份去思考、去解答，这也是项目化学习的雏形，让学生体会教师和家长的用心良苦。

（2）调动学习兴趣

兴趣是带有情绪色彩的认识趋向，是学生智能活动中最活跃的因素，更是其学习积极性的重要源泉。兴趣往往是学习的先导，兴趣会转化为学习动力。对于作为网络"原住民"的学生而言，网络是他们最喜欢和最留恋的无形场域。利用网络进行有效学习，明确、有趣的学习任务和学习主题对于激发学习兴趣至关重要。学习任务的确定，必须有三个前提：一是基于学科学习的需要，二是基于学生个体经验或体验，三是学科逻辑与学生经验逻辑相统一。任务要明确，具备可操作性。比如，道德与法治学科，教学内容是关于环境污染的危害，布置研究性学习方案，让学生结合身边环境污染情况，谈谈其危害性，并试着列举治理方法。课前，学生根据学习任务分小组，明确各自任务，利用问卷星进行调查，了解同学对环境污染危害知晓情况，上网查询并向相关部门人员咨询。有的学生还特意到医院去询问哪些疾病与环境污染有关，并用手机拍摄了学校周边、自己居住小区的环境情况，制作PPT向其他同学汇报他们调查情况并得出结论。这一学习过程中，有基于真实个体经验的环境问题，有学科学习与信息技术融合，对于可触摸的实践学习和有主题的线上学习，学生像研究者一样研究探索，兴趣盎然。

（3）指导学习策略

无论组织化"群学习"还是非组织化"群学习"，落点都是学生利用网络的自主学习。相对于课堂的规范学习而言，线上学习是自由个体化学习方式，但自由不是放任自流、随波逐流，而是学习者有目的、有主见地学习。在自主学习中，具有良好自我识别能力的学生能清晰地分析自己、诊断自己，并根据自己的特点，及时反馈、调整好自己的学习策略。网络平台与软件正如通向罗马的路，有千万条，选择适合自己的学习路径与网络平台、软件非常重要。教师可以制作相关微视频指导学生有效利用网络，也可师生一起建成资源库，上传到绿色网络平台和网站。线上学习成效显著的学生可在班内分享线上学习心得、经验、感悟，如"我是怎样克服网络游戏的诱惑的""我在感知网校是这样学习的，我的效果很好"等，这些线上学习中的问题及解决策略，可谓"取之于学生，用之于学生"，真实可借鉴，具有实用性。

（4）养成学习习惯

美国心理学家威廉·詹姆士有一句名言："播下一个行动，收获一种习惯；播下一种习惯，收获一种性格；播下一种性格，收获一种命运。"学习习惯是学习者在长期学习实践中形成的无须意志努力和监督而自发形成的行为倾向。我国教育家叶圣陶先生曾说，教育就是要养成良好习惯。学习习惯的重要性可见一斑。线上学习由于缺乏监控，诱惑太多，对于没有学习定力、学习毅力的学生来说，不是出于内心强烈学习需求，线上学习实效性很低。良好学习习惯将直接决定着学习效率。从线上学习类型、主客观因素上分，学习习惯的养成，包括组织化"群学习"间的群监管，通过群内成员间的相互监督、群外人员协助监督进行，如家长等特定人员监管，安装一定安全监管软件和设置密码等指向技术监管；非组织化"群学习"，通过学生自我约定线上学习细则进行自我监控、自我评价，提升学生自律能力，并在学习过程中不断总结经验，根据学习的实际情况调整学习的进度和方法，积极探索构建适合自己特点的、最佳的自主学习模式。

养成良好的学习习惯有很多方法，如设置线上学习的休息时间，打卡学习，每周自我约定线上学习的时间和网页等；通过群内其他学习者评价、学习成绩评价，考量一段时间内线上学习的量与质，以他人和自我评价的反馈信息，不断强化学习习惯，锤炼学习毅力。自我控制能力较强的学生能自觉约束和控制自己，努力抵制外界的诱惑，不断增强战胜学习困难的决心和毅力。

人是什么？一半是天使，一半是野兽？网络德育最终落脚点是培养自觉、自主、自律的人，让技术成为天使的"仆人"，而不是野兽凶狠的爪牙。信息时代不能因噎废食，粗暴地切断孩子与网络的联系，学校、家庭、社会三方应搭建互动平台，创设超级链接，各司其职，各尽其能，创设"人、技术环境、课程教材"深度融合网络德育的新生态，为孩子的成长共创美好蓝天。

**参考文献：**

［1］莫妮卡·R.马丁内斯、丹尼斯·麦格拉思著，唐奇译. 深度学习：批判性思维与自主性探究式学习 [M].北京：中国人民大学出版社，2019：165.

第八章

# 教师文化——共生课堂的师资培养

物种因为多样而形成互惠共存的生态链，文化因为多元而构造着和谐共处的精神家园，学校也因为教师的个性化发展而彰显出生机和活力。学校文化主要是人的文化，其中教师文化又决定着学生文化的形成，是文化中的核心和灵魂。教师文化是教师参与教育生活的样式，是以教师自身为载体，以教育生活为场景，以教育行动为表征而形成的文化图景与文化图式的统一体。在教学活动中，共生理念下的课堂教学注重环境的开放性和生成性，教师与学生共同参与、共同谋划、共同经营，实现师生之间以及师生与环境之间的意义对话和心灵沟通，课堂充满着生命气息和人文关怀，人的生命活力得以张扬，师生共同成长相互促进的共生目标得以实现。当然，教师文化对师生关系的影响是多方面的，教师文化对师生关系的直接影响表现在教师的行为上，间接影响则通过教师的态度、价值观等隐蔽的方式传达给学生。无论是直接，还是间接，教师文化与师生关系存在着互为影响、协同发展的关系。

# 第一节　教师 E 教育专业发展标准

随着互联网技术的迅速发展，人们的日常生活都脱离不了网络，各行各业开始寻求新的发展道路。与互联网的有机结合给教育行业带来了春天，教育 E 时代正以不可阻挡的势头闯进人们的视野。那么，究竟什么是 E 教育？E 教育具有哪些特点？它对教师专业发展提出了哪些新标准？以下是我校教师对以上问题的粗浅回应。

## 一、E 教育的概念与特点

E 教育的 E 是 Electron（电子）的缩写，简单来说，E 教育即在互联网背景下开展的教育，可以理解为"互联网+教育"。随着计算机网络及多媒体信息技术的飞速发展，互联网在各行各业中的应用不断深入，教育行业顺应时代潮流，随即产生了"互联网+教育"的新概念。它是互联网与教育跨界联合的产物，利用了互联网的大数据整合交换的优势，充实了当代教育内容，优化了当代教育的功能，促使传统教育产业升级。

2017 年 1 月，国务院印发了《国家教育事业发展"十三五"规划》，对"互联网+教育"进行了全面阐述。国家要以教育信息化推动教育现代化，积极促进信息技术与教育的融合创新发展，努力构建网络化、数字化、个性化、终身化的教育体系，形成人人皆学、处处能学、时时可学的学习环境。此外，"十三五"规划中还提出了协调推进"互联网+教育"的具体措施：加快完善制度环境，进一步改善基础条件，全力推动信息技术与教育教学深度融合，推进优质教育资源共建共享。国家对 E 教育的大力发展做了深远而详细的规划，可见 21 世纪信息化时代中 E 教育的重要性。

互联网具有传递性、自由性、实时性、交换性、共享性、开放性的特点。现代教育具有终身化、全民化、民主化、多元化、现代化的特点。E 教育在两者基础上便拥有了跨时空性、丰富性、便捷性等优点，满足了当今社会普遍倡导的终身化教育和个性化教育的要求，它能够突破时空的限制，让教育模式多元化、教育生态多样化。最终，E 教育将挣脱时空的藩篱，摆脱文化的桎梏，逐渐走向个性化、多元化。"互联网+教育"让生活与学习密不可分，促使人们尽快进入终身学习的环境中。

## 二、教师专业发展的概念以及标准

目前，对教师专业发展的概念、理解大致分为两类：一是教师的专业成长过程，二是促进教师专业成长的过程（教师教育）。教师专业发展的特点是以专业知识为导向和以自我学习为中心。在我国，学者对教师专业发展概念的理解主要倾向于第一种，即教师专业发展是教师专业成长的过程。教师专业发展是教师逐步提升个人教学能力素养的过程，是专业成长的过程。

这个观念，首先是由叶澜教授提出的，她认为教师专业发展主要指教师个体的一种专业成长过程，教师个体在其职业生涯中不断更新、演进和丰富其内在专业结果的过程，侧重于教师个体的、内在的专业性的提高。后来赵昌木教授在此概念上进行了延伸，他认为教师专业发展是教师不断提升专业知识，不断接受知识、提高专业能力的过程。

2012 年，教育部通知印发《中学教师专业标准（试行）》。它是引领中学教师专业发展的基本准则，贯彻师德为先、学生为本、能力为重、终身学习的基本理念。它从三个维度对教师提出了要求，分别是专业理念与师德、专业知识、专业能力。此标准为中学教师队伍建设提供了基本依据，是中学教师培养培训的主要依据，是教师管理的重要依据，是中学教师自身发展的基本依据。让广大中学教师能在自我专业发展上有明确的目标，增强专业发展的自觉性，提升专业发展水平。

## 三、E 教育对教师专业发展的影响

互联网时代为教育带来了前所未有的挑战，"互联网+教育"对教师专业发展产生了巨大影响。一定程度上，信息技术的发展加速了教师专业发展与互联网的融合，加深了教育与互联网产业融合的深度。"互联网+"的出现，更是缩短了教师成长的周期，拓宽了教师成长的途径，丰富了教师成长的内容。

首先，在"互联网+教育"中新手教师和专家教师成长的速度都是以往难以企及的，两者都拥有了更广泛的平台，丰富的开放性的教育资源，新手教师的成长周期大大缩短，教师专业发展的阶段界限变得模糊。多样化的共享资源能满足多层次的教师专业发展的需求，以及教师专业发展的个性化需求。

其次，"互联网+教育"拓宽了教师专业发展的途径，从以往的面对面的开会学习，到现在的线上网络公开课、视频会议、网络研修等。各种网络平台的出现，也为教师专业发展提供了多方位的发展机会，为教师的自主学习、自我超越提供了广阔的平台，激发了教师不断发展的内在动力。网络平台的多样性，也拓宽了学习模式，如个体指导、小组探究、名师引领、相互观察等模式都可以借助网络的发展，快速有效地呈现学习成果，记录学习过程，加深了互动性，增强了教师专业发展成效。随着移动终端的发展，教师能够合理利用碎片时间来学习，使得时间利用更高效。教师专业发展途径发生变化，教师培训的方式由线下逐渐转为线上。丰富多样的网络平台，各式各样的教育 App，使得异地沟通更便捷高效，让教师们可以足不出户学习到多样知识。

最后，"互联网+教育"使得教师角色与功能发生了巨大变化。在"互联网+"时代里，学生是教育的主体，教育者希冀培养其自主探究能力，尊重其个性化发展，教师在课堂中更多时候是一个耐心的倾听者和适时的引导者，课前课后是学生学习的交互者，展现的是一种平等互重的师生关系。教育者更注重的是共生共长、情智共生的师生关系，师生间共同成长。同时，教育的重心也从传统的知识传授转为学生思维的发展和能力的培养。这意味着教师不再是教书匠，而将真正成为教育者。教师利用信息工具组织呈现思维动态的过程，多样化地展示知识生成思路，协助学生更高效地理解吸收，提高其认知水平。在"互联网+"时代，学生更自信，他们渴望能多样化展示自我；教师更洒脱，他们呼吁师生共同成长进步。

因此，"互联网+"时代呼吁教师不断接受新知识，提高专业认知、知识和增强专业能力。教师通过不断的探索和反思，拓宽专业知识面，不断提高专业水平，实现专业成长。

## 四、E 教育对教师专业发展提出的标准

"互联网＋教育"让教师不得不思考自己要如何将互联网融入教育，该如何对待互联网环境中的学生学习以及师生关系。这一系列问题反映的就是网络时代对教师提出的更具时代特征的专业要求，也是对教师专业发展提出的新标准。

（一）具备与时俱进的教育观念

互联网时代通过大数据进行信息交换，人们接受信息的速度之快远超之前所有时代。"互联网＋教育"带来的跨时空的知识共享，打破了传统教育中教师对知识的垄断，一定程度上削减了教师的权威性。教师必须拥有与时代相匹配的教育观念，不断学习跟上 E 教育时代的脚步。

1.自主发展意识

自主发展意识包括自我认识、自我选择、自我发展、自我控制等。自我认识就是正确认识自己，对自己有明确清晰的认知。自我选择是根据自己的需求，利用网络丰富的资源，从中挑选适合自己的内容进行自我学习。自我发展是指依据自我设计的规划，在不同阶段中进行可行的实践。自我控制是利用互联网做好自我评价与反思，修正自己的错误。"互联网＋教育"呼吁教师不断接受新知识，通过不断学习、探索、反思，不断总结教育经验，拓宽专业知识面，提高专业教学水平，实现专业成长。

2.独立意识

信息大爆炸时代，迅猛的信息轰炸让生活变得杂乱无章。教师在信息检索的时候，应当具有清晰的思路，有独立的意识，不被纷乱的信息所扰乱，不被多媒体软件牵着走。教师要学会整合，从宏观的角度去解决问题，找出本质内核，独立思考。不论是选择信息检索工具，还是制作多媒体课件，教师应有意识地选择最恰当的工具辅助教学以及提取最符合需求的教学内容进行教学。

3.创新意识

"互联网＋教育"的时代需要培养具有创造能力的人才。因此，在 E 教育课堂中教师更要注重培养学生创造精神与能力，注重个性化的教育。在互联网时代，学生不断接受新知识，拓宽新视野，他们是朝气的象征，想要走在最新潮的事物面前。教师应对新事物抱有好奇探索的积极心态，包容异质思维的产生，鼓励学生用发散性思维去看待分析问题，鼓励学生自我创造、发展，实现其独

特的个人价值。

（二）具有立德树人的师德品质

网络的普及是一把双刃剑，人们在享受网络带来的便利的同时，也不得不提防网络带来的危害。虚假淫秽的资讯也通过网络暗地里进入人们的生活，这对青少年危害极大。作为教师，应当以德为先，对网络信息拥有判断力，做到主动审视信息，剔除有害信息，要有清醒的认知、正确的价值观，对网络事件有独立的思考，不跟风从众，为青少年的健康发展筑起一道坚实的堡垒。

1. 正确价值观引领

网络信息纷繁复杂，教师在选择信息时，必须拥有正确的价值观，为青少年剔除负面信息，弘扬真善美。信息时代，社交软件具有简易性、共享性、交互性等特点，学生在社交软件上能够便捷地了解世界，与社会的接触面也更广。此时，教师拥有一双火眼金睛就尤为重要，作为学生群管理员，教师有义务在大是大非面前坚定立场，给予学生正确的价值引领。

2. 尊重身心发展规律

教师的使命是促进学生的健康成长。网络提供了便利的沟通渠道，便捷的社交软件便于教师与学生、家长进行沟通，帮助学生、家长解决教育实践中的困惑与问题，更好地了解学生的兴趣爱好、心理特点、思想变化等，从而更好地及时引导、开解学生，适时为学生家长提供辅导与帮助，促进学生的健康发展。

（三）具备良好的信息化素养

信息化素养包括正确选择、运用网络资源平台，拥有信息处理和整合能力等。教师根据具体教学需求来选择相应的网络资源平台，是推动教学正常开展的基础。合理利用好网络资源平台，能够丰富课堂内容，调动学生学习积极性，提高课堂效率。

1. 选择网络资源平台

正确选择恰当的网络资源平台是节约课堂时间、提高课堂效率的基础。每一款网络资源平台都有它独特的优势，教师要使用好网络资源平台，为活力课堂打下坚实基础。在备课阶段，教师可利用学科网进行信息检索。沟通交流时，可利用QQ、论坛、微信、邮箱、论坛、贴吧等多款社交软件或社交平台达到信息畅通、沟通无碍的效果。课堂课件展示可使用PPT、希沃白板，学生作业共享可使用综合教学系统、希沃教学助手。学生互动环节可以利用智慧云互动课堂，利用其可视化的小组加分、随机抽取学生姓名等功能，提高课堂互动率，激发学生间的竞争意识。

2.信息处理和整合能力

信息爆炸时代，教师要拥有独立清醒的头脑，来辨别信息真伪，做好信息处理和信息整合。网络上搜索到的信息五花八门，教师应根据自己的需求对信息进行筛选，保留正确合适的信息，剔除无用信息。而对于反复出现的无效信息，教师更要果断摈弃。教师最终呈现给学生的内容，应该是独立思考后将信息整合的结果。

（四）具有自主研发的创新能力

E 教育时代，教师应具有创新能力，深入学习利用、开发教学软件新的功能，制作更具新意的教学课件和预设更具活力的教学活动。当教师掌握一定的编程能力时，还可以根据教学需求，自主研发新的教学 App，推动教学变革。

1.学习利用教学软件的新功能

目前的教学资源软件更新换代速度快，教师必须有开拓创新、勇于探究的意识，不断学习新知识，才能跟上信息技术更迭的脚步。教师一旦熟练掌握教学软件的新功能，使得课堂教学活动更生动有趣，那对学生学习兴趣的激发大有帮助。

2.制作有新意的课件和教具

一堂好课的标准之一是教师有独到的见解，有新意的课件与教具最能展现教师独特的风格。那些网络上随意下载的传统的千篇一律的课件，对教师专业发展没有太大的帮助。只有融入了教师的心意与创意的新课件，才会激发学生的学习意识，更好地营造良好的课堂氛围。由于学生对新事物的好奇，有创意的个性化的教具在调动兴趣的基础上，还有利于提高学生实践操作能力。

3.研发新的教学软件

互联网让兼容并包、互利共生的理念迅速深入人们的脑海。我校凭借自身师资力量，抱着创新探索的精神和开放共享的理念，建立了供我校教师资源共享的网络机制。丰富多样的网络资源与开放式的网络共享环境，加快了我校教师的专业成长。见下图：

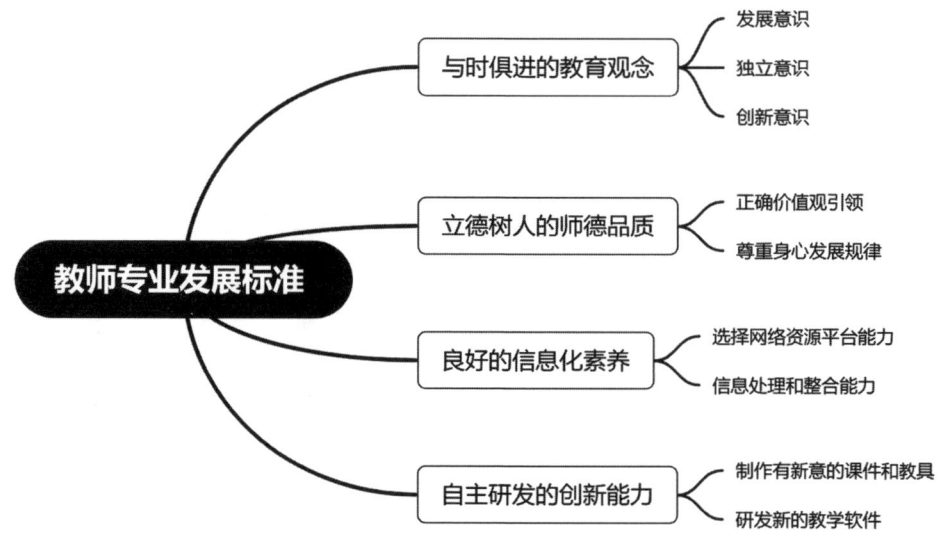

图 8-1　教师专业发展标准

## 五、浮桥中学教师 E 时代专业发展标准细则

为了进一步提高我校教师专业发展需求，我校针对教师自身发展情况及信息化设备配备情况，详细制定了我校教师 E 时代专业发展标准细则表。

### 太仓市浮桥中学 E 时代教师专业发展评价表

| 教师姓名 | | | 任教学科 | | | | |
|---|---|---|---|---|---|---|---|
| 维度 | 领域 | 评价内容 | | 评价等级 | | | |
| | | | | A | B | C | |
| 师德 | 职业理解与认识 | 1. 贯彻党和国家教育方针政策，遵守教育法律法规。<br>2. 理解中学教育工作的意义，热爱中学教育事业，具有良好职业道德修养。<br>3. 在正确的价值观引导下，指导学生正确使用信息工具，检索信息，指引学生明辨是非。<br>4. 尊重中学生独立人格，维护中学生合法权益。尊重学生身心发展规律，利用社交软件，及时关注和开解学生。 | | | | | |

| 专业理念 | 信息意识与信息化的理解 | 1. 正确认识信息技术发展趋势对教育产生的影响。<br>2. 有自主发展意识，特别是有为改进教学而积极学习和使用各种信息工具的想法，并努力付诸行动。<br>3. 有改进工作和教育研究寻求信息的想法，有利用大数据为教育发展服务的愿望。<br>4. 对新事物有探索好奇的积极心态，包容异质思维的产生及结果，鼓励学生自我创造发展。 | | | |
|---|---|---|---|---|---|
| 专业能力 | 信息处理与整合 | 1. 明确了解为解决问题自己所需要获取的信息是什么，能制定获取信息的多种策略，选择可靠的信息来源。<br>2. 掌握搜索引擎检索的方法，对获取的信息有明确的分析、批判性的思考，选择所需内容进行个性化编辑。<br>3. 掌握用信息技术截取、编辑影像声音的简单操作方法，适当用于课堂教学中。<br>4. 会熟练使用 WPS 等办公软件对信息进行处理加工，以便检索与利用。 | | | |
| | 信息平台选择与运用 | 1. 了解教育公共服务平台的类型和作用，会利用平台构建网络学习空间。<br>2. 掌握网络教学环境中常用多媒体设备的操作方法，如希沃白板、鸿合教学助手等。<br>3. 利用移动设备的教学应用软件，创设小组合作学习的情境。<br>4. 掌握交互式电子白板内置资源的教学应用功能，促进师生共生共长、情智共生。 | | | |
| 创新实践 | 技术创新与教学 | 1. 创造性地利用大数据获取学情信息，为下阶段教学做扎实准备。<br>2. 具有相应的自主研发的创新能力，特别是有对教学资源平台升级后新功能的探究运用能力。<br>3. 能根据课程需要，利用互联网素材制作具有个性化的课件及有新意的教具。<br>4. 在掌握一定信息技术后，自主研发符合学情、符合学校发展需求的教学软件。 | | | |
| 个人特色与存在问题 | | | | | |

我校积极制定 E 时代教师专业发展评价表，提升学校教师对 E 时代教师专业发展的重视程度。新校区内拥有一流网络设备，成为促进教师专业发展的有利土壤。我校教师积极开设校内公开课，各教研组内利用此评价表，对每一位开设公开课的教师进行公平、合理的评价。运用此评价表，学校能有效督促教师不断学习网络相关的知识与技术，促进教师专业发展；教师将更有意识地配合教学流程加入信息技术辅助教学，让课堂更高效、学生互动更深入，从而充

分体现我校"双主互动、情智共生"的教学主张；学生则拥有更高程度的课堂参与度，专注程度有了显著地提升。

# 第二节　网络环境下教师发展共同体建设

随着信息技术和网络技术的迅猛发展，以及新课程改革的深入推进，优质均衡的学校教育已经不能依靠少数名师来支撑了，网络环境已逐步成为教师进行知识体系建构、促进专业发展的理想学习环境。尤其是我校这样的农村中学，在影响学校发展的两大基础性因素——生源和师资均相对薄弱的情况下，要想获得令人满意的教育教学质量，在激烈的竞争中有立足之地，更需要最大限度地放大团队的作用，从而实现"1+1>2"的效果。基于这样的认识，我校着手于教师发展共同体研究。教师发展共同体就是以学科为单位，由学校组织实施，以我校教师为主体，以市级学科带头人为核心，以学科教研组、备课组为主要组织形式的教学研究组织，它是教师参与研训的最基层的组织，也是最重要的组织。教师发展共同体基于网络媒介技术，自定发展目标，自主选择培训内容，自由确定合作结合对象，是一个纯学术研究的教师发展小共同体。共同体不追求人员数量，只问教研合作的实效，学校行政不加指令性的干涉，旨在让教师在实践中增强自我发展的意识，在实践中提高整体素质，在修炼中体验成功带来的快乐，以适应开放教育发展的需要，从而让教师驶上专业成长的快车道。

## 一、基于网络的教师专业发展共同体：理念、特点及其优势

麦克卢汉所言的"人的延伸"，是社会生产力和科学技术得到发展，引起社会实存变化而带来的结果。特别是在当代社会，以网络为代表的媒介深刻地改变了整个社会的结构关系和价值观念。由于"社会变迁必然对教育带来冲击和影响"，因而教育必然要适应社会发展的要求，这也决定了教师专业发展的时代任务："如何整合、利用网络工具、资源、服务和环境，建构科学的教师

专业发展的新型模式"，以进一步探索教师专业发展的可能空间。基于网络媒介技术的教师专业发展，是以"融铸人本理念，打造共生课堂"为核心理念，以"双主互动、情智共生"为课堂教学主张，建立在"共同体"基础上的教师专业化新型模式，其理念、特点与以往有所区别，也凸显了一定的优势。

（一）网络环境下教师专业发展共同体理念的变化

以往的"实体性"思维在网络虚拟空间的冲击下受到了质疑。借助于网络虚拟空间的延伸，人类思维的"空间学"发生了本质性位移。这场观念学的革新远比传统媒介（电视、DVD和电影等）彻底，主要表现有：其一，媒介化成为最显著的生存特征，个体的思维触角由以往的"个体—个体"或"个体—较小群体"转为了"个体—整个社群网络"，线性思维逐渐被立体思维所取代；其二，利用和组织媒介的意识空前高涨，借助媒介进行"交往"的交互性思维得以深入整个社会；其三，由于媒介信息的剧增，个体思维容量和更新程度较以往扩大。上述的"思维革命"深刻地改变了社会运转的固有习惯，对社会生产生活等诸多方面产生"弥散性"的影响。

在教育领域，就教师的专业发展而言，也发生着与此密不可分的观念运动。其中，较为主要的有：

1. 虚拟空间被纳入，教师共同体的边界扩大，较之传统以制度、组织等实体性要素建立起来的共同体，理念发生了变化；

2. 共同体的"自组织"运行形成以网络媒介为核心的"自为中介"，而不是"人—人"的媒介思维；

3. 倡导最大限度的资源共享，形成思想多元、文化多样的精神机制；

4. 借助思想资源共享，鼓励创造性思维的生成。

（二）网络环境下基于共同体的教师专业发展特点

在20世纪70年代末期至80年代初期，出现了网络的雏形。90年代，美国提出了"信息高速公路"计划，以网络为代表的新兴媒介技术成为社会创新与发展的关键词。在被称为"比特时代"的当代社会，网络更是发挥出联结个体与社会的重要作用：个体/群体以网络为依托，开始了更为自主、自由、开放和民主的建构活动，并以此为基础来认识和改造世界。在一定程度上，这打破了以往媒介技术的"中心主义"，尤其是"当大众媒介转换成去中心化的传播网络时"，势必会形成"不稳定的、多重的和分散的主体"，"互动性"的交往机制就会取代既定的"模式化实践"。因此，如果把网络联结的社会关系和生活空间看成是虚拟共同体，那么这一共同体更为直接和立体地展现了自主性、交互性、开放性和共享性的特点。在网络环境中，由于虚拟空间的扩大，教师共同体不再单纯地建立在实体要素之上，而是被纳入网络虚拟空间来融合业已建立的实体性的教师共同体。与此相适应，以教师共同体为组织基础、以教师个体—教师群体共同提高为目标的教师专业发展不可避免地也会改变，且与传统教师专业发展的方式和特点有所不同。

1. 由"相对的自主发展"转向"自由的自主发展"。传统教师专业发展的方式，总体上呈现为"主体—客体"的关系，对自主性的给定是有局限的；但网络共同体的介入打破了这种局面，变成了"主体—主体"的关系，从而为教师自由自主的发展奠定了基础。

2. 由"线性的中心化交流"转向"多元的中心化交流"。由于"主体—客体"关系的限制，传统的教师专业发展基本上是"主体—客体"的线性互动，呈现"教育者中心"的特点；但网络共同体形成的是多元主体，强调自主和去中心化的交流与协商。

3. 由"模块式的共享"转向"菜单式共享"。由于自主范围的扩大，网络资源的丰富，以往较为固定、模块化的内容共享发展为教师自主选择符合自身需要的"菜单式共享"。

4. 由"封闭"转为"开放"，在时间和过程上更能彰显灵活性。

（三）网络环境下基于共同体的教师专业发展优势

以网络虚拟空间为依托建立的教师共同体，并不是教师专业发展共同体的全部，而是一种价值优势的补充。它不仅有效地继承了实体性教师共同体的总体优点，而且提供了实体性教师共同体难以拥有的平台资源和实践空间。

1. 广度。网络对话克服了面对面交流方式受人员、时间、场地限制的缺点，最大限度地拓宽了对话的广度，在不影响教师正常教学的前提下，使个人观点得以即时或延时地表达。

2. 精准度。研修主题的产生路径为"自下而上"，避免"空降"或领导指定。研修主题直指班级管理和课堂教学中的问题，有的放矢，极具针对性，有助于提升教师的实践智慧。

3. 深度。线上研讨避免了面对面讨论不充分现象的发生，确保研讨的深入和彻底，真正使教师在平等、交互与开放的氛围中实现思维的碰撞，从而带给每位成员以深思与启示。

4. 推广度。自动录播与网络传输实现了课例研讨与课堂教学的同步与异步推进。研讨因为有了视频的支持而更加"言之有据"，课例因为有了精彩的点评而更具魅力。课堂中的亮点与创新也因为有了"教学切片""空中课堂"而被更多的教师问津与借鉴。

5. 信任度。多元、开放的"移动教室"为教师的互助合作注入了新的生机，教师在彼此尊重与信任的心理氛围中共同探讨问题，建立积极的情感联系。在此过程中，他们变得更加开放与善于合作，进而影响和带动整个共同体的健康发展。

## 二、建构基于网络的共同体，实践中深化教师专业发展

教师专业发展的根本是实现教师的专业自主，即要以教师的自主追求为内在动力，这是前提条件。建构教师专业发展的共同体（包括网络共同体）是对个人模式的突破，但并不能否定教师自主追求的主体动能。借助网络优势建立的虚拟共同体，实际上发挥着以日常化的力量介入教师专业发展的作用，不仅体现了共同体建构的要求，而且最终为教师的自主追求提供良好的外部支持。基于网络的共同体建构，主要是在网络信息技术的支持下开展了一系列研修活动，实现了教师的专业发展和团队素质的整体提升。

（一）网络对话，选定研修主题

研修主题是教师发展共同体开展活动的前提与核心。发展共同体的教师将日常班级管理和课堂教学中遇到的问题与困惑在"团队研修"QQ 群中提出。此讨论群是教师探讨教学问题、共享教学经验、实现互助合作的主要阵地，许多教师在这里得到了启发，学到了知识。

一位入职不久的年轻教师在这里提出了自己的困惑——"如何让学生在合作学习中都有所收获"。一石激起千层浪，这问题立刻激起了发展共同体成员的研讨兴趣，大家各抒己见。许多由于有教学任务而没能参与即时讨论的教师课后主动"补课"，查看留言，发表见解。栏目中的留言提示音不绝于耳，讨论氛围浓厚。这个问题也是许多教师在实际教学中面临的困惑，通过即时与延时的网络对话，

"提高学生合作学习的有效性"便成为本次教师发展共同体研修活动的主题。

（二）线上研讨，确定教学方案

研修主题确定之后，提出该问题的年轻教师主动承担了研究课的任务，开始在网上查找相关资料：从小组合作学习的理论建构到方法指导，从适合小组合作学习的环境创设到问题探究。一番整理、归纳、总结、借鉴之后，教案初稿"新鲜出炉"，该教师把教案发布在网络研修平台上等待大家的"检阅"。

随后，栏目里有头像晃动，又一轮讨论高潮出现了。有的教师围绕具体教学环节和教学方法提出修改意见，有的教师提供可以使教学内容更具趣味性与吸引力的背景资料和教学资源。几经调整与丰富、几次思想交锋与观点碰撞之后，集教师发展共同体全体成员智慧于一身的教学方案终于定稿。

（三）网络传输、空中课堂，实现同步异地观评课

教案敲定以后，便进入了研修活动的课堂实践阶段。年轻教师的授课如行云流水，从容而自信。授课教师为什么如此镇定？为什么没有新手教师上公开课前的紧张与慌乱？原来自动录播和即时网络传输技术改变了传统的听课方式，实现了同步异地观评课。

年轻教师在录播教室上课，发展共同体其他成员在另一间教室观摩。观摩课没有了十几双甚至几十双眼睛的注视，如同常态课一样，教师尽情发挥，学生畅所欲言。与常态课唯一不同的是，教室内的自动录播系统已经将课堂教学过程拍摄下来，并通过网络即时传送到另一间教室的大屏幕上甚至是教师的手机上。观课教师从不同视角和维度对课堂教学展开观察，对整个教学过程进行全方位审视。上课结束后，团队成员展开了全面而细致的点评。点评中，教师通过录像定格、播放、回放，对课堂教学中的各个环节和细节逐一展开研讨并提出完善意见。课堂上的"亮点"被制作成"教学切片"上传至学校网站的空中课堂，以供全校教师随时随地、足不出户地观摩、学习和借鉴。

## 三、网络环境下教师发展共同体对教师专业发展的促进作用

（一）促进教师观念的转变

在网络信息技术的支持下，发展共同体实现了信息、资源的有效流动与人际的多元交互，而"共享、平等、协作、创新"的互联网精神也悄然改变着教

师的教育观念，使教师以更加开放的心态面对批评与质疑，以专业发展为目标，更乐于主动分享经验与成果。

团队中的不同教师分别调整各自的角色定位，使彼此成为解决问题的平等合作的伙伴。以学习为主旋律，新手教师从优秀教师、专家型教师那里汲取丰富的教学经验，迅速成长；老教师从新手教师那里重拾工作热情，更新思维方式与知识储备，再次提升。他们自由交流，平等协作，共同提升教师的集体教学智慧。

（二）提升教师教学诊断能力

教师教学诊断能力是指教师运用先进的教育理论，诊断自己或他人课堂教学中的问题，分析课堂教学中特色或问题形成的原因，进一步提出优化课堂教学建议的能力。教学诊断对于准确发现课堂教学中的问题、提高课堂教学质量和促进教师专业发展具有重要作用。

通过同步或异步的在线分析，教师反思自己的教学行为与方式，学习和吸纳新的教学理论，寻找和应用适宜的教学方法，思考和评价课堂教学对学生的意义，汲取其他教师的经验，从而克服了对专家、学校领导以及教研员等他人诊断的依赖，提升了团队的教学诊断能力。

（三）增强教师自主发展意识与能力

研修平台通过创设网络学习空间为教师发展共同体搭建起自由发声的平台，以此培养教师主动发展的意识和能力。英国教育家利特尔认为，教师专业发展必须包含深化讨论、开放论争和丰富各种行动的可能性等几个方面。在网络环境下，发展共同体的教师与同伴开展合作，主动在共同体内"公示"自己的问题，获得来自同伴的支持与帮助，在持续的交流与磋商中自主选择、主动建构，逐步实现自身专业知识的不断充实和能力结构的进一步完善。

几年来，网络环境下的教师发展共同体突破了传统共同体的局限，形成了一个衔接互动、多维度贯通的学习新时空，成为促进教师专业发展的有效途径。教师们在持续的学习和交流中，认同了"以学习求发展""以协作、探讨促提升"的发展共同体核心理念，形成了浓郁的教研氛围，养成了研究、追问的习惯，逐步探索课堂教学改革的新途径、新方法，努力追求着"大家不同、大家都好"的发展目标，快乐地徜徉在专业成长的道路上。相信随着网络信息技术的不断发展和其在教育领域的广泛应用，网络环境下的教师共同体建设对教师专业发展的支持也会不断延伸和拓展。

# 第三节　师生共生关系与教师文化创新

当今社会信息源的多元化使得教师和学生同处在一个信息源的平面上，对学生而言，学校和教师不再是唯一的信息源了，"教"与"学"场域界限逐渐消失，教师在教育上的主导因素在弱化，甚至退化为学生自主学习的主力因素。同时，由于互联网的普及，教师的知识权威被消解，学生的文化反哺能力显著提升，学生在认知和掌握技能方面的优势使得教师倍感压力，甚至无所适从，学生在科技上的进步太快，教师追不上，导致教师和学生在沟通上会存在以前不存在的问题。所有这些变化，不得不要求教师重新审视自己在师生关系中的位置，以一种全新的眼光看待、研究学生，尊重、关心他们，和他们站在同一水平线上研究问题、解决问题。当教育过程中出现问题时，教师也应该本着向学生虚心学习的态度，认真地征求学生的意见，以求得妥善解决。师生关系开始转向学伴关系，即多元、平等、生动的立体型，具有平等性、主体性、成长性，师生教学合一、教学相长，呈现美美与共和谐态势的新型关系，师生便可以在平等的基础上实现优势互补，共同发展。教师和学生作为教育过程中的人，也是共生课堂学习文化中的要素，在此过程中，教师的经验、常识、制度、观念、态度、意识形态等也发生了颠覆性的变化，他们的一切教育行为既构成了教师的文化，又定格着这种文化，它是最真实、最实在的教师文化。

## 一、转变是教师文化形成的应然状态

师生关系是教育过程中最基本、最重要、最复杂的人际关系，它是支撑教育大厦的基石，人类的教育活动是在师生关系中展开并完成的。传统的师生关系，教师是主动的，是支配者；学生是被动的，是服从者。教师、学生、家长乃至全社会都有一种意识：学生应该听从教师的，听话的学生才是好学生；教师应该管住学生，不能管住学生的教师不是好教师。师生之间不能平等地交流，甚至不能平等地探讨科学知识。如今，网络教育环境中，传统教学为了知识灌输和知识移植而设计的以"人—人"系统为核心的教学环境被知识探究和创新学习创造的"人—环境"的创新学习环境所代替。"人—环境"打破了师生之间的权利制衡，消弭教育中教师的特权性、控制性，彰显了学生个体作为人的主体性。网络时代的教育环境把师生置于同一创新教学环境之中，师生共同探究知识、共同创造学习资源、一起分享学习过程的集体智慧。教学时空中教师从促进学习者变为教练和指导者，师生智慧碰撞、知识共生共长。教育是师生共同期待的，学习是师生和谐共处的知性化认知过程。网络教育环境中的教师和学生是共生共栖的关系，是一种互为导师的关系。教育教学质量的改善由师生共同努力承担，师生交互作用越出彩，就越能使师生双方都有所历练和成长，进而影响着教师文化的变革。

当然，教师文化的发展并非孤立的，而是在与其他文化样式的互动与博弈中不断推进的。教师文化发展就是文化转变，所谓文化转变，是指教师的各种文化样态在相互斗争、相互构成、相互吸引中不断更新的过程，它是推动教师文化发展的动力引擎。譬如，在日常教育生活中，教师是追求方便，按照经验、常识而行，还是追求创新，付出脑力，按照观念、理论而行？这是一场教师自身开展的自在文化与自为文化的斗争。再如，在教师空间中，是将讲台作为一个普通的发言台还是作为教师表演和建构自己身份的舞台，这就是一场在技术文化与象征文化间展开的博弈。这场斗争、博弈的结果是两种文化的共生。在教师文化系统内，没有文化形态间的矛盾、互动，就没有教师文化的转变。具体而言，教师文化系统的内在矛盾是教师推动教师文化发展的内部动力，是实现教师文化发展的物质性动因。教师文化发展就源于这两对矛盾，源于这两对文化之间的互动。在文化转变中，教师文化的存在不再是凝固的、僵化的，而是鲜活的、流转的；教师文化的发展不再是可以预定的、线路式的，而是动态生成的、"节外生枝"式的。这两对文化间的并存、互构、共生的运动，使教师文化有生命、有活力。所以，文化转变是教师发展的又一形式，是教师文化的生命性所在，也是师生共生关系中交融共生的固有内涵。

## 二、创生是教师文化形成的实然诉求

"一切为了学生，为了一切学生，为了学生的一切"是我们广大中小学教育者所坚信的理念和口号。但是，我们认为这是一种保姆式教育理念，在这样的保姆式教育背景下，学生的主动性、能动性以及创新性等都受到压抑和限制，而不具有更多的创造性和实践能力，缺少创造勇气和实践精神。保姆式教育方式一直被尊崇，一方面影响了教师的专业发展，使得教师将更多的时间和精力投入学生的管理中去；另一方面也影响了学生的主动性和能动性的发展，正如一些教师认为的"对学生总是放心不下"，从而忽视学生的自主发展，我们认为这也是违背教育规律的，忽略了"教"与"学"是一对矛盾。这种保姆式教育的思维方式和观念，形成了保姆式的教师文化，在显性和隐性方面对核心素养的发展也造成了一定的阻碍。

然而，教师文化是教师的教育生活样式，是教师在教育生活中应对教育事件、参与教育活动的独特方式。这些教育事件、教育活动，有些是可以预见的，有些是不可预见或难以预见的。因此，试误、摸索是教师的日常化行为之一。在尝试、探索中，教师形成了诸多应对教育生活的实践图式，如经验、常识、习俗的图式，观念、理论、制度的图式，以及遵循意象、意念而行动的图式等。无论哪种图式，都蕴藏着教师的教育智慧，凝结着深刻的教育道理，具有其独特的适用场景。教师文化就是由这些形形色色的实践图式、生活样式构成的。教育生活在变，教育事件层出不穷，教师的生活样式不能不发生变化。教师文化总是处于生成之中，每个新的实践图式的加入都改变着教师的文化图景，丰富着教师的行动策略，从而不断推动教师文化的发展。

对教师而言，是教师文化内在的博弈、互动、互构、共生的运动，使教师文化成为一种有生命、有活力的存在。

## 三、双主融合是教师文化形成的内在价值

既然教学效能取决于两个主体性的发挥，那么，课堂教学就是师生双主体构成的一个有机体，是师生主体间展开的一场对话、互动、共生的实践，是师生共同体生成一种主体性的教育结构。只有确立了这一主体间的教育结构，教学关系论才可能真正实现三重超越：一是超越主客体地位论争，走向课堂学习共同体；二是超越知识授受中心，走向学习者全面发展；三是超越教材知识，走向课堂知识创生。正如叶澜教授所言，教学过程的基本形态是开放、交互反馈与集聚生成，应将"教学"（非"教"与"学"两件事的组合）作为一个分析单位，来认识教学过程中师生活动关系的内在不可分割性、相互规定性和交互生成性。

换言之，现代教学的根本特征不是传递性，而是共生性；它指向的不单是学生知识存量的增长，更是知识质的新生。故此，现代课堂教学共同体的最佳表述是"教学共生体"，其关注的焦点理应是师与生、教与学、主导与主体间的内在整合与深度融合问题，是师生协同中涌现出来的共生价值与增值效应，是以师生"一体"、教学"同心"、相辅相生为显著特征的教学共生元建设问题，也是教师文化追求的内在价值。

在课堂教学中，师生都是主体，都有影响教学方向与进程的主动权，"师生共同体不是群体利益博弈的场所，而是建立在共同价值追求之上的有机系统"。在这一共同价值面前，师生间是形式意义上的主体共存关系，谁对教学目标实现的贡献大，谁就暂居优势地位。随着教学任务的转变，师生间的主体位置关系可能发生转换。课堂教学中，用和睦相处、求同存异、凝聚合力的主流价值观把师生的教学正能量在课堂舞台上汇聚起来，让共存、共生、共强的价值观成为课堂教学的一种时尚，让所有师生在教学过程中实现教学效能最优化。

## 四、智慧共长是教师文化形成的目标

新教育时代，师生间共享知识的教学思维终将被超越。而把知识融入问题情景，激活师生主体性能量，让课堂成为智慧迸发与共生的灵动装置，将成为教师文化形成的目标。因此，按照教学共生体的架构来创造新课堂，就必须把课堂建设成为知识的熔炼厂、思想的创生场与智慧的创新体。应该说，共生的价值观只是为新课堂搭建提供了软环境或价值场，赋予课堂以知识、思想、智慧创生的机制与功能才是新课堂构建的实质环节。其实，课堂学习是学习者对人类知识、文化的"创生性占有"，这既是一个"学生创造能力的开发、生成和积聚，以及对创造性活动的理解和体验过程"，也是一个教师"用科学、文化内含的创造力，去激发、促进学生个体生命创造力的发展过程"。

在课堂教学中，真正在课堂中运转的是问题的显现与求解，是智慧的涌现与创生，是师生主体间的一种智慧共生现象，其智慧创生的方式与水平也非单主体或学生群体的创生活动所能比。在课堂问题探究中，师生大脑都处于敞开与不设限状态，新问题"生长元"不断向前延伸，在彼此的交汇碰撞中，连锁反应现象、头脑风暴现象、主体协同效应等次第呈现，师生智慧在拼接、互生、汇流、聚合，课堂知识的裂变、质变、剧变现象次第发生，一种更科学、更合理、更有力的问题应对策略悄然生成，课堂走向一个个巅峰与高潮……这就是师生间的智慧共生现象。课堂教学中，师生最为关注的是能否为新知识的自由生长铺平道路，能否在智慧生成中释放出自己的智能与主体性能量，主客体论争悄然退居次要位置。应该说，课堂越是逼近智慧共生体，师生间的身份界限越模糊，教师主导与学生主体间的互倚性、内联性、融合性越强，"教"与"学"日益迈向无缝链接、高度默契，这也是教师文化形成的终极目标。

雅斯贝尔斯曾说，对话是真理的敞亮和思想本身的实现，对话以人和环境为内容，在对话中可以发现所思之物的逻辑及存在的意义。因此，搭建师生文化交流平台，能够给师生提供与现代知识群体文化交流和对话的机会，提升其文化创生反思力。鉴于良好师生关系在教育教学活动中的独特、重要的地位，广大教师仍应该不断努力，用自己的行动赢得学生的认可，实现自我价值。学校办学，以教师为本；教师教学，以学生为本；教师和学生是学校的两大主体，师生关系的好与坏直接影响着教学效果的好与坏、培养目标的实现与否。历史在前进，时代在变化，经济全球化对人们的生活方式与生存方式的影响无处不在，也影响着校园内师生两大主体关系的变化。

回顾我校几年来以"融铸人本理念，打造共生课堂"为着力点的教学改革历程，我们最大的感受是，师生关系变革离不开教师文化的浸润和力挺，教师文化在师生关系变革中生长和丰富，两者之间你中有我、我中有你，是一种激励共生的关系。正是这种关系的协调融合，才促使学校坚定地走上"办老百姓满意的教育"的办学之路，才使"一个都不能少，一个都不会差"浮桥中学的办学特色逐渐彰显。

**参考文献：**

[1] 叶澜，白益民等. 教师角色与教师发展新探［M］. 北京：教育科学出版社. 2001：208-209.

[2] 赵昌木. 教师专业发展［M］. 济南：山东人民出版社，2011：7-9.

[3] 杨辉祥. 网络资源建设与教师专业化发展 [J]. 电化教育研究，2006（10）：21-22.

[4] 赵建华，姚鹏阁. 信息化环境下教师专业发展的现状与前景 [J]. 中国电化

教育，2016（4）：96-105.

[5] 胡鸿保，姜振华. 从"社区"的语词历程看一个社会学概念内涵的演化 [J]. 学术论坛，2002（5）：123-126.

[6] 戴维·H·乔纳森主编，郑太年、任友群译. 学习环境的理论基础 [M]. 上海：华东师范大学出版社，2002.

[7] 武俊学，李向英. 构建网络环境下教师学习共同体——教师专业发展的创新途径 [J]. 现代教育技术，2006（1）：69-72.

[8] 施克灿，彭彬. 从师道尊严的角度看新型师生关系的建构 [J]. 当代教师教育，2008（2）：48-51.

[9] 张东娇. 师生关系新走向：双向式"师道尊严" [J]. 教育科学，2007（1）：60-63.

[10] 李定仁，肖正德. 20 世纪西方师生关系观：回溯、反思与重构 [J]. 外国教育研究，2006（11）：7-12.

# 第九章

# 创生管理——共生课堂的数据保障

信息技术的发展，使原有的学校教育教学管理制度显得有些捉襟见肘。对于学校管理者而言，信息技术促使教育教学更快捷、更高效，倒逼着教育教学管理制度在传承中创新。面对网络环境下教学管理的新命题，太仓市浮桥中学采用小闲智慧教育平台来进行大数据的采集与分析，使用电子班牌来呈现班级文化，展示学生风采，其最终目的是使教育教学管理走向深度化和精准化。

# 第一节　网络环境下学校管理的新命题

信息技术的发展使初中拥有了新的管理论点，同时，也对初中提出了更为完善的管理要求。在教学管理中应用网络技术，切实创新当前的教学管理制度，对当前的教学现状进行有效思考，是实现初中教学网络化改革的重点要求。

## 一、网络环境下学校教学管理现状剖析

### （一）教学管理制度有待完善

在教育管理过程中，已有的教育管理模式和当前的社会发展要求有着一定的出入，很多学校制定的规章制度落后于时代与科技，有进行创新的硬性需求。在实际的教学过程中，一些人文性的内容没有引起学校足够的重视，虽然规定了应完成的任务、如何完成任务等内容，但是缺少人文关怀，无法切实地利用网络技术对师生进行减压减负，实现人性化的管理。

### （二）教学管理理念较为陈旧

管理者本质上是服务者，只有保持这样的态度服务广大师生，才能真正保证教学工作的顺利开展。然而，很多管理者错误地将自己定位为职权部门，虽然考虑到了自己制定的管理要求，却忽视了管理对象的实际需求，这对于教师和学生来说有时很难接受，出现这些情况的重要原因是缺少健全的管理制度。教学管理者应该开拓思维，建立终身学习的意识，多站在被管理者的立场将心比心地思考，解决问题，从而实现教学管理理念的革新。

### （三）技术支撑不能满足管理需要

由于资金限制，学校的教学管理系统并不完善，硬件设施存在的问题无法得到及时的解决，一些人文性需求较难得到满足，这大大增加了管理者的管理难度。在实际教育教学管理中，管理者虽然具有一定的信息技术应用能力，但硬件的支持无法满足其管理的需求。

## 二、网络环境下改变教学管理模式的必然性

从我国当前学校教育管理工作的要求来看，其本质上需要信息化技术的支撑，利用信息化技术，提升工作效率。学校管理工作中，职能部门分工明确，信息大都是通过网络进行传递的。这种无纸化办公方式，避免了传统化纸质沟通的弊端，从整体角度上，提升了平时教育教学管理工作的效率。在崇尚公平化管理的背景下，要求各种信息都应公开化和透明化。网络环境为这些信息提供了发展的必备条件，满足当前的教学管理特点，为教学管理提供了必要性的支撑。

## 三、建立网络环境下教育教学管理的基本范式

### （一）建立完善的规章制度

良好的规章制度是落实教学管理目标的重要前提。初中的教育管理者应重视分析当前教学管理的特点，明确其和传统教学管理中的不同之处，建立一个科学的教育教学管理目标。在制定各项规章制度时，应保证规章制度的合理性和合法性。

规章制度的具体价值在于促进师生发挥自己的创造力，它只是作为一种手段存在的，并不是主要目的；规章制度必须以有利于教师的教学活动与学生的学习活动为第一要义。在学校中应注意营造平等、积极的氛围，从而充分调动教师的教学积极性，引导教师和学生参与到学校的管理与建设中去。在制定具体的规章制度时，应充分尊重教师和学生，将其作为重要的依托点，保证教育教学管理的规范性，规范教师的教学行为，增强学生的学习兴趣，保证课堂教学质量的提升。

### （二）重塑管理中的主体定位

教师与学生应享有对教学管理的全过程知情权。教育者应该通过反馈、选择等各项活动，发挥学生的聪明才干，引导教师在学校中实现自己的管理价值，提高教学活动的趣味性，为学生和教师提供一个良好的发展空间。在网络化的背景下，教师应重视转变自己的教学观念，利用多媒体教学技术辅助教学，提升学生的道德素养、综合素养。教师应注意引导学生，使其学会运用各种网络学习资源，学会通过一个便捷化的方式接受学科知识，为学生设计个性化的学

习方案。在网络环境下，教师应重视做好课堂教学方案的设计，建设一个个性化的管理系统，发挥网络信息技术的优势，针对当前的教学流程制定出一个合理化的教学计划。

例如，可以利用校领导联系学生的制度，对创新课程与授课教师进行公示，建立一个完善的信息反馈制度，从而引导学生和教师参与到教育教学管理中来，提升教育教学的实效性。

（三）提高教育管理者的水平

教育管理者首先需要认识到管理者和被管理者之间的关系，将两者放在同等的位置上看待，两者唯一的区别只不过是社会分工的不同。当前的教育管理者需要有现代化的管理意识，应该注意引导和激发教师和学生的积极性，让学生和教师参与到管理中来，强调确立以人为中心的管理意识，将专制型的管理理念转为民主化的管理理念。教育管理者还需要建立终身学习的意识，努力提升自己的职业水平，在社会的不断发展中找到创新化的教育理念。网络背景下知识量迅速增长，教育管理者对于电脑技术一知半解是远远不够的，需要学会理解并正确运用网络技术来辅佐管理。

（四）增强技术支撑

学校应重视加强校园网络建设，为教师和学生提供良好的网络支持。管理部门应该配备网络化办公设备，以保证基本的办公效率。在软件方面，应组织专门人员做好调研工作，设计一个符合当前学校教育实际情况的教学管理系统，做好功能和栏目的设置，满足当前教学的基本需求，让管理者和教师、学生能够迅速地进行沟通了解，体现人文化管理特征。

（五）优化教育教学常规管理

学校应该在各个环节中施行全方位的计算机教育教学管理，统筹安排教务工作与学生档案信息等。学校的管理者应该分级落实，保证管理时间缩减到最优化，以提升管理的效率。教师可以建立一个班级主页，将班集体中学生的各项活动风貌展示出来，引导学生自己设计个人主页，鼓励学生展示个人风采，提升个人能力。在网络化的背景下，设计各个教学环节，为学生建设一个容量大的开放性课堂，做好学校资源的建设，积累相应的校本资源。可以定期开展各学科的教研活动，发挥信息技术的基本作用，保证在网络上进行合理的互动，保证校本教研常态化，让教师展示个人教学特色，保证教师之间的教学资源能够共享。

（六）引领教师的专业化成长

教师应对传统管理制度进行创新，积极利用各类教学交互平台（小闲智慧教育、电子班牌系统等）以及 QQ 群、微信群等解答学生在学习中的疑惑，为学生提供动态化的学习体验，加入案例学习、问题探究、交流沟通、自我评价等方式，搭建一个自主学习的课堂，形成良好的自主学习氛围，构建学习共同体。教师可以利用网络随时随地参与备课和教学活动，保证教学的基本质量。同时，教师应注意做好专业化成长，加强和专家的沟通和互动，加入各种教研团体，构建新型的互动关系，形成良好的教研格局。在信息化的背景下，教师应重视提升自己的信息素养，拥有应用现代化教学技术的能力。学校可组织开展校内培训，使教师将理论知识运用到实际生活中；还可派教师外出参观学习，提升教师的信息化素养，让教师学会使用微课和制作微课。

综上所述，在学校的教育教学管理中，管理者和管理对象都应切实发挥自己的主体性，将教育教学管理看成是一项系统性的长期工程，注重管理方式与时俱进，实现教育教学管理和网络环境的深度融合，保证学校教育教学管理的一体化，提高管理实效。

# 第二节　精准教学系统在学校管理中的应用

人类社会已经进入第四次科技革命时代，教育信息化正全面展开，近年来形成的建设基础、应用成果以及理念和习惯，使我们深刻认识到信息技术对教育改革的影响。网络环境下的教育以其泛在、开放、平等、协同、共享的特点，使学习者开展个性化学习成为现实，挑战着原有以班级授课为主体的教学方式。教师借助网络技术，科学全面地了解学生的学习过程，运用数据分析，诊断学生学习过程中出现的问题，反思教学中的不足，并针对问题开展相对应的教学研讨活动，制定针对性的教学改进的策略。利用信息技术为教学模式、学习方式的深度变革提供新方法和新动力，是教育信息化 2.0 阶段的必然走向。

2019年9月，我校迁入投资2亿元的新校区，教育信息化的硬件基础建设达到较高水平。学校现有2组100M宽带，所有教室和整个校区实现无线网全覆盖；校内设有开放式的网络信息终端区，学生可以随时前往查阅资料；每班配备了多媒体一体机和电子班牌系统。这些硬件建设为创新教学模式与方法打下扎实的基础。

教育大数据在推动教育改革与发展方面的战略地位凸显，以教育大数据采集、评价分析和应用为代表的技术体系与集成平台已成为推动教育改革的重要载体和前沿阵地之一。2018年，我校省"十三五"规划课题"'互联网+'背景下农村初中共生课堂学习文化建设的研究"规划立项，课题组要研究的问题之一：转变教师传统的教学理念和低效的教学方式。以往在教学中，我校教师很难通过现有的教育资源、艰辛的教学劳动达到预期效果，教学缺少幸福感，经常处于"逼着学生学习、上课辛苦讲授、课后我找学生辅导"的教学困惑中，久而久之，教学能力的提升速度就放慢了，有时甚至停滞不前。

2018年，学校开始启动以教育大数据为核心的"智慧校园"建设工程，学校借助小闲智慧教育平台，开展基于大数据的深度挖掘和深度应用，变革教学方式和教研方式，实现人与技术的深度融合，打造师生、生生共长的共生课堂。依据全班学生学习情况大数据，教师及时调整教学进度，及时为学生调整学习路径和建议；依据教师实际教学情况，教务处组织开展教研活动，将有共性问题的教师组织在一起，开展有针对性的研修活动等。

小闲智慧教育平台借助信息技术，在精准把握课程标准和学生发展实际的基础上，精准设计目标，精选教学内容与形式，精准测量学习表现，使整个教学过程达到可度量、可调控的精准要求，实现班级内授课的差异化教学。

**一、数据采集，全面反馈**

小闲智慧教育平台的应用基于教学大数据的采集与分析，为此，教师在平时的教学过程中要做好学生学习情况的基础性数据的搜集。在数据的采集过程中，学生学业数据容易丢失，缺乏完整性，这会使得学生学情分析的精准度大大降低。

我校从2011年开始，始终在"双主互动、情智共生"教学主张引领下，以小组合作和学习用表为两大抓手，不断深入推进课堂教学改革。语文、数学、英语、物理、化学、道德与法治、历史这7门学科已经形成了较为完整的学习用表。应用好这些学习用表，做好基础数据的搜集，有利于各学科开展一系列的探索与实践。

课前，教师要精心备课，认真研读课程标准，分析各知识点的重难点，依据学情编制学习用表，制作教学课件等。在编制学习用表的过程中，借助太仓智慧教育云服务平台组卷网，按章节知识点，挑选适合学生学习的习题。借助信息技术，教师将每一课的学习用表、教学课件上传至太仓智慧教育云服务平台个人空间，实现教学资源的体系化。考虑到不同学科学习用表的数量不一致，有的学科每周都有5张左右的学习用表，在数据搜集过程中有一定的困难。为此，部分学科进行调整，将单元练习作为学业数据搜集的重点。如我校英语学科，每次单元练习都运用组卷网系统，精心设计每题考查的知识点、难易程度，每次练习都运用小闲智慧教育平台中的智能阅卷系统批阅。

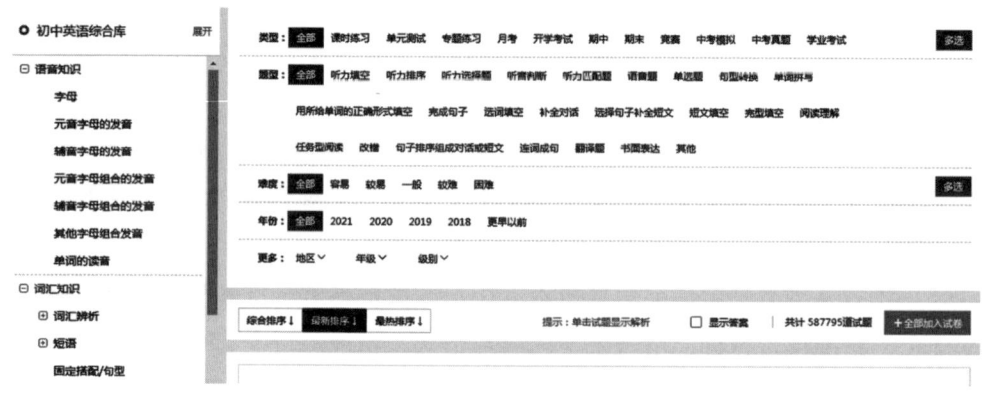

图9-1 小闲智慧教育平台中的组卷系统截图

数据采集的准确性的前提是数据源（练习）的科学性和针对性。为此，学校在集体备课的基础上，根据《太仓市教科研训一体化半日研修活动实施意见（试行）》，制定了《太仓市浮桥中学教科研训一体化半日研修活动实施方案》，将学科教研活动与备课组集体备课活动整合。半日研修活动的方式有多种，通过视频会议系统，组织教师参加市级层面的研训活动；市教师发展中心不定期派学科教研员到校指导研训活动，学校每月一次邀请部分市级骨干教师参与研训活动。这些活动有效地提升了我校半日研修活动的质量，提升了教研活动和集体备课的实效，编制出了校本化、精准性的学习用表和单元练习，有效保障了数据采集的准确性。

## 二、数据分析，精准评价

当教学过程中的学情数据能够以教学过程中"伴随式"的方式被采集，并应用到教学管理和教学实践中，将会产生极大的价值。教师借助小闲智慧教育平台，对学生学习用表和单元练习等学习情况进行数据采集，对过程性和结果性学习数据进行跟踪与分析，精准记录和监测学生的学情，定期诊断学生学科知识的掌握情况。每次练习有难度分析、得分分析、大题分析、小题分析、逐题分析等，将相关数据转化成可视化图表，便于教师基于数据诊断情况改进教学的策略和方法。

以九年级英语 Unit6 单元测试为例：

1.试卷难度及得分分析

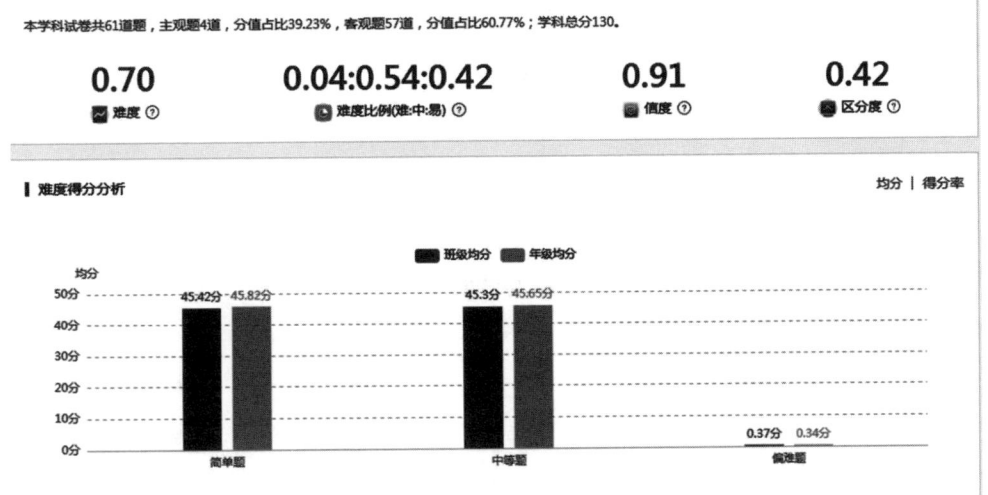

图 9-2　试卷难度分析图

## 2.大题分析

| 题型 | 包含试题 | 分值 | 占比 | 年级 | | 初三(3)班 | | 初三(4)班 |
|---|---|---|---|---|---|---|---|---|
| | | | | 均分 | 得分率 ⇕ | 均分 | 得分率 ⇕ | 均分 |
| 单项选择题 | 1.1、1.2、1.3、1.4、1.5、1.6、1.7、1.8、1.9、1.10、2.11、2.12、2.13、2.14、2.15、2.16、2.17、2.18、2.19、2.20、3.1、3.2、3.3、3.4、3.5、3.6、3.7、3.8、3.9、3.10、4.11、4.12、4.13、4.14、4.15、4.16、4.17、4.18、4.19、4.20、5.21、5.22、5.23、5.24、5.25、5.26、5.27、5.28、5.29、5.30、5.31、5.32、6.33、6.34、6.35、6.36、6.37 | 79.00 | 60.77% | 59.46 | 75.27% | 61.17 | 77.43% | 58.30 |
| 主观题 | 7.1、8.1、9.1、10.1 | 51.00 | 39.23% | 32.35 | 63.43% | 33.76 | 66.20% | 32.79 |

图9-3　试卷大题分析表

## 3.小题分析

| 题号 | 题型 | 分值 | 年级 | | | | | 初三( |
|---|---|---|---|---|---|---|---|---|
| | | | 标准差 | 难度 ⇕ | 区分度 ⇕ | 均分 | 得分率 ⇕ | 均分 |
| 1.1 | 单项选择题 | 1.00 | 0.36 | 0.84/简单 | 0.16/偏低 | 0.84 | 84.40% | 0.81 |
| 1.2 | 单项选择题 | 1.00 | 0.24 | 0.94/简单 | 0.06/偏低 | 0.94 | 94.00% | 0.95 |
| 1.3 | 单项选择题 | 1.00 | 0.32 | 0.89/简单 | 0.11/偏低 | 0.89 | 88.60% | 0.88 |
| 1.4 | 单项选择题 | 1.00 | 0.44 | 0.74/简单 | 0.26/尚可 | 0.74 | 73.70% | 0.90 |
| 1.5 | 单项选择题 | 1.00 | 0.23 | 0.95/简单 | 0.05/偏低 | 0.95 | 94.60% | 0.95 |
| 1.6 | 单项选择题 | 1.00 | 0.30 | 0.90/简单 | 0.10/偏低 | 0.90 | 89.80% | 0.79 |
| 1.7 | 单项选择题 | 1.00 | 0.36 | 0.85/简单 | 0.15/偏低 | 0.85 | 85.00% | 0.95 |
| 1.8 | 单项选择题 | 1.00 | 0.26 | 0.93/简单 | 0.07/偏低 | 0.93 | 92.80% | 0.90 |

图9-4　试卷小题分析表

## 4. 逐题分析

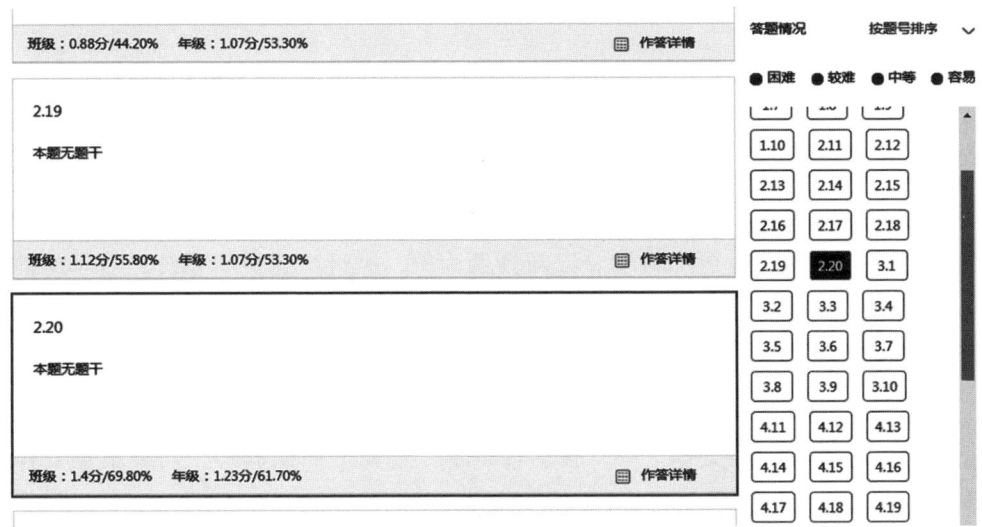

图 9-5  试卷逐题分析图

对于学校教务部门而言，通过数据，能精准分析每一个班级、每一位教师、每一门学科的数据。数据分析的重点在教师之间的差异性、班级之间的差异性、试卷的整体质量、考试成绩的整体分析等，包括试卷的整体难度、信度、区分度、效度和不同难度题目的比例等。实现全面监控学校的教学现状，便于适时改进学校的教学管理措施。

教师可以通过练习的难度、难度比例、信度、区分度等数据，全面了解学生对本单元知识的理解和掌握情况，为下阶段学生的学习提供依据。同时，科学有效地评价练习的质量，能不断提升教师选题、命题能力，进一步改进练习的针对性和检测性。教师通过大题分析、小题分析、逐题分析，筛选学生错误率较高的题目，进行重点讲评；同时也能详细了解学生对各知识点的掌握情况，为下阶段教学的改进提供依据。

对于学生来说，通过数据，精准分析自己的学习现状，对于出现的错题认真分析，寻找原因。同时，还可以利用错题生成功能，及时生成错题本，进行练习，有效巩固知识，为后续阶段的学习打下坚实的基础，逐步实现个性化学习的目标。

### 三、数据增值，优化教学

精准的大数据分析，可以帮助学生更好地了解自己，也可以帮助教师更好地了解每一位学生，从而做到有的放矢、因材施教。

一是选好教学起点。教学的起点至关重要，起点过低、过高都会影响到整节课的教学效果。以往主要靠教师的个人经验，现在基于大数据的精准分析，使得教学起点的选择更加科学。以新授课为例，通过数据分析系统，对学生前一节课（章节）的课后作业完成情况进行精准分析，教师在备课前就已经对学生的学情有初步了解，可以精准备课。

二是确定教学重点。正确把握一节课的教学重点，精心设计并有效突破重点，是一节课成功的关键之一。教学重点不一定完全照搬教参，而要根据具体学校、班级、学生的基础和能力做适当调整。

三是有针对性的课堂提问。课堂提问和师生互动也是课堂教学的重要环节。什么时候互动、提什么问题、让哪位学生回答等，都会对课堂的教学效果产生一些影响。

随着学校办学规模的逐步扩大，越来越多的非太仓籍学生进入我校就读，我校接收的小学毕业生来自本地和外地公办学校、民办小学，生源差异性较大。通过对历次数据的分析，我们发现在数学学科和英语学科方面，学生的差异较大。为每位学生提供适切的教育，是我校一直努力追求的目标。从 2018 年 9 月开始，我校开始在数学和英语学科实行走班教学。采取小分层的方法，也就是在原有行政班不变的情况下，以 1 名教师承担 2 个班数学或英语教学任务为基础，分成 AB 班，学生根据大数据分析和自我学习能力的分析，自愿进行选班。教师在备课过程中有针对性地开展备课，让每位学生都能在适切的课堂中学习，得到最优发展，让因材施教在班级授课制下成为一种可能。学校基于大数据，建立分层走班动态监测和调整机制，允许学生每 2 个月跨层流动一次，鼓励学生从低层次向高层次发展，同时提醒学生要以大数据分析为依据，选择适合自己能力水平的层次。通过大数据的应用，促使学生强化自己的过程性学习管理，申请跨层时，必须要有与之相匹配的学习改进措施和行动。对于教师而言，走班教学改变了原有的班级授课模式，这为教师教学带来了挑战，教师需要针对两个层次的学生，开展有针对性的备课；要以学科课程标准为核心，依据大数据提供的分析情况，设置分层教学目标，安排分层教学内容，设计分层教学作业，提升教师专业素养。

### 四、数据赋能，共生共长

小闲智慧教育平台为学校、教师、家长、学生提供了一个精准化的互动交流平台。学校鼓励教师运用大数据分析，科学评价学生和课堂教学效果，让教师主动将数据与学生关联、与课堂关联、与教学关联，深入进行教学反思，积极改进课堂教学，在大数据中逐渐提高数据分析能力，建立时间差异化教学和个性化学习的理念。对于家长和学生而言，通过大数据分析，关注学生的考试结果或学业现状，如每次考试的优势学科和薄弱学科分析、每一个薄弱知识点分析、历次考试的动态跟踪（进步、退步）、错题分析及私人错题库、学习评估和后继学习建议等。同时，根据常态化的课堂和课后作业数据分析，得到合理化的、针对性的学习建议，如时间安排、方法指导等，从而提高学习效率，减轻学业负担。学生依托信息技术，实现技术赋能学习，切实提高自主学习的动力和选择性学习的能力，逐步实现个性化学习，助力自身个性化发展。

大数据平台的应用的确为师生的"教"与"学"提供了极大的方便。但我们也要看到，如果师生过分依靠大数据平台，使得师生之间、生生之间缺少面对面的交流和沟通，教师无法把握学生是否真正实现对知识的理解，学生之间不能有效地开展互动交流，将不利于学生的成长和身心健康发展，也不利于学生学习能力的提升。师生之间、生生之间的互动，也需要眼神和情感的交流，让学习成为一种观念，一种师生自觉、自发的行动，并逐渐成为教师群和学生群中的一种文化现象。

# 第三节　电子班牌在学校管理中的应用

### 一、电子班牌的兴起

班牌是一个班级的标志，代表班级的形象。当前教育提倡引导学生培养自己的个性，加入多样化的教学形式，为学生建设一个开放性的课堂。班牌已经突破了传统的形式，内含班徽、照片、成就等多种元素，其发展趋向于多样化。每个班级都希望将自己的特点浓缩到这个小小的牌子上。根据班级教育的实际需求，电子班牌被开发出来。它拥有液晶屏幕显示功能，实现了信息技术和当前教育教学的深度融合，可以利用多种新媒体设备实现播放。目前，电子班牌的名称还没有一个统一化的规定。随着教育信息化的推进，电子班牌也得到了相应的发展，已经走向了成熟化。

## 二、电子班牌问题分析及解决途径

（一）用户操作不易

电子班牌功能繁多、操作复杂，对于新入学的学生来说上手具有一定的难度。很多学生没有见过电子班牌，更不会使用电子班牌，很容易丧失对电子班牌的兴趣。由于电子班牌的主要使用者是学生，在设计时应考虑到学生的接受问题，设计一些比较简单的交互界面，便于学生入门。必要时，学校可以组织开展电子班牌使用培训，帮助学生深入了解电子班牌的操作方法。

（二）不重视数据的收集和分析

很多师生对电子班牌的运用仅局限于传递日常信息。事实上，电子班牌不仅可以实现信息的传递，而且能够对信息进行处理。师生在使用电子班牌的过程中，应该做好学生日常学习数据的分析，引导学生养成良好的学习习惯，分析学生的学习情况，真正发挥电子班牌的教学价值。

（三）缺少个性设置

电子班牌在当前的教育中，已经拥有很多的功能模块，这些功能和模块名目繁多，而且并不符合每个学校的实际情况。因此，在设计电子班牌时，应重视根据每所学校的不同情况，制作相应的功能模块，保证每所学校都能得到更为切合自己实际的服务。

（四）可持续服务问题

电子班牌投入使用后，需要做好管理、维护和升级工作。学校应该配备专门的人员对电子班牌进行维护与监控，保证电子班牌能够持续性地为师生提供服务，发挥其长久性功能。

（五）数字资源的建设问题

网络资源鱼龙混杂，处于青春期的学生缺少对信息有效筛选的能力，很容易被不良信息诱导，从而偏离正确的价值观。因此在开发和设计电子班牌系统时，应该坚持以学生作为中心，多普及积极的、正能量的内容，符合学生的心理健康发展需求，且有意识地提高系统的趣味性，保证对学生有一定的吸引力。

## 三、电子班牌在教育教学中的应用

（一）辅助教育教学常规管理

利用电子班牌，学生能够了解到实时的校园动态和班级信息，实现学生对于学校教学情况的及时掌握。师生可以利用电子班牌进行打卡，完成传统形式下的签到工作。利用这种方式，将有关的数据上传到云端，引导学校和家长及时掌握学生是否来上学，关注学生的动态。比如在英语的课堂教学中，可以通过电子班牌，为学生展示一些每日一词、每日一句。通过这样的方式，增加学生的词汇量，让学生学到更多的英语知识。同时还可以为学生展示更多的课外知识，比如收集一些名言警句，一些趣味性的小故事，激发学生的学习兴趣。学校可以将有关的教学安排通知发送到电子班牌上，也可以自制成相应的电子奖章，加上一些有关的主题性宣传，深化学校的教育管理。电子班牌的管理，需要教师、学生和学校的三方配合，只有这样才能让电子班牌发挥特别的育人价值。学校可以制定将电子班牌应用于教育教学中的具体策略，保证学校教育活动具有主题化。比如：在特殊的节日中，在当前的社会热点事情中，结合具体的学科活动，引导学生积极参与其中。学生是被管理的主体，教师则是其中的纽带，需要对于学生做好教育指导。

（二）支撑走班教学

利用电子班牌能够充分完成走班教学这一实际问题。学生能够利用电子班牌，拥有自己的个人账号，选择班级，完成相应的选课活动。选课结束后，学生可以登录自己的个人账号进行管理，电子班牌能够显示出课程信息、课程名称、任课教师、授课要点等有关信息，学生刷卡也能查询自己的有关信息。在课后，学生能得到相应的课堂评价，做好本节课教学活动的总结。教师可利用电子班牌，在课前、课中和课后做好一系列教学活动，提升学校管理的效率，避免在课堂中发生教学事故。

（三）提升德育教育成效

利用电子班牌，推送有关德育教育和安全教育的知识，借助数字化的形式，以趣味性的方式让学生接受德育知识和安全教育知识，树立正确的人生观，提升学生的个人道德素养，实现互联网育人的教育目的。德育教育是教育中的一个重要环节，将电子班牌作为德育教育的重要抓手，让学生的课余生活得到丰富，引导学生树立良好的价值观念，引导学生养成良好的个人品质，为学生建设生活化的德育课堂。学校利用电子班牌，将有关的德育知识传递给学生，做好学校德育教育活动的指引工作，让学生自主创建相应的方式；教师加入进行辅助，创建相应的德育主题活动。通过实践途径的融合，突出学校的德育教育活动效果，促使学生在课间活动中形成相应的德育文化，引导学生产生相应的共鸣，形成良好的学习风气，保证学生的茁壮成长。

（四）构建班级网络学习空间

利用班级网络学习空间，建设相应的班级文化。以电子班牌展示班级的有关文化，让学生成为课堂教学中的主人，引导学生主动参与到课堂教学中来，强化学生身上的责任意识，培养学生的班级荣誉感。电子班牌可作为学生的班级网络学习空间，储备班级文化，让学生所在的班级形成自己的文化特色。在学习的过程中，学生是主体。做好电子班牌的管理，能够充分发挥出学生的学习积极性和主观能动性，积极加入电子班牌的使用和创造中来。在刚开始使用时，学校应先对教师进行培训，再引导学生进行实践。教师应进行组织引导，以班级为基本的单位，让学生积极地参与其中，丰富电子班牌的组成内容，建设自主化的班级文化。

（五）助力家校师生互动

学生在电子班牌的终端可以进行刷卡和考勤，拥有对教师和课堂教学做出评价的权利。教师在登录后台后，可以发现学生对自己的评价，得到相应的教学反馈。学生在校内的所有情况都能通过电子班牌得到显示，反馈至云端。家长也能借助于微信等 App 查看学校的情况，和教师进行有效沟通。利用电子班牌，有效采集学生的行为数据，加强教师和学生之间的互通。

（六）推动智慧学习环境的建设

智慧学习环境能够充分引导学生感知学习情境，为学生提供合理化的教学资源，对学生在学习中的各种情况进行分析，做出最后的评测。利用这样的方式，为学生提供良好的学习场所，满足学生的学习活动空间；为学生提供学习的必备资源，学生在课外也能利用电子班牌查看和学习相关的音频和视频，还能和教师取得相关的联系，帮助学生及时解决学习中的疑惑。

除此之外，电子班牌对学生的基本学习情况也能做出相应的分析，为学生构建相应的电子化档案，实现物理环境和虚拟环境的有效融合，保证智慧环境的建设工作完成。在校园文化中，学校应重视组织一些特色的活动，利用电子班牌，充分提升学生的学习积极性，比如：将学生原创的手抄报、课本剧等通过电子班牌进行展示，为学生拓展更多可以展示的空间，保证学校的各种教育活动拥有良好的效果，形成班集体的凝聚力。

综上所述，电子班牌是一个具有发展前景的事物，其融合了信息技术和教育教学，为班级文化建设、校园文化建设，提供新的载体。利用电子班牌，能够充分拓展学生的学习空间，在课堂教学中为学生做好德育教育，提升学生的个人素养。通过信息技术支撑，让德育教育变得更加生活化。班级的特色文化被传递出来，由此形成新的学习文化；同时也能促进学生的个人成长，引导学生养成良好的个人修养，让学生融入集体中，增强学生的自身荣誉感。

**参考文献：**

[1] 郝亚南. 网络环境下教学管理模式探究 [J].中国文艺家，2017（5）：211.

[2] 陈方斌. 基于网络环境下的开放教育教学管理模式 [J].今日科苑，2007（4）：106-107.

[3] 曹萍，梁文超. 基于网络环境下远程教育教学管理模式实践与探索 [J].现代远距离教育，2004（6）：34-37.

[4] 马肖玲，陈建生. 浅谈网络环境下院（系）教学管理工作的新模式 [J].中国轻工教育，2004（2）：26-27.

[5] 鲍争志. 基于大数据的初中精准教学研究与实践 [J].中小学数字化教学，2020（9）：69-72.

[6] 唐艺. 小班牌　大魅力 [J].班主任之友（中学版），2020（5）：18-19.

[7] 姜红霞. 电子班牌有妙用 [J].少先队活动，2019（11）：51.

[8] 王大龙. 电子班牌与教育教学管理的融合与应用 [J].浙江教育技术，2015

（4）：59-61、64.

[9] 尹恩德. 小班牌　大舞台——镇海区探索电子班牌在教育教学中的应用 [J]. 浙江教育技术，2013（3）：13-14.

[10] 尹恩德. 电子班牌在教育教学中应用初探 [J]. 中国教育技术装备，2013（14）：41-42.

# 后记：跨越八十年的文化接力

太仓市浮桥中学创建于 1939 年。前辈先哲建校之初，提出办学要"敦品励学、愈困弥坚"，面对教育发展要"前程万里、勇著先鞭"。站在 21 世纪课程改革的新起点，浮桥中学全体师生谨记于心、笃之于行，不忘教育初心，牢记办学使命，勇立潮头，奋楫争先，与国家同命运，与新课程改革同行，一起踏上新课程改革之路。

我们历经"启动探索、整体推进、重点突破"三个阶段，从初期的无所适从，甚至盲从，到逐步自立成景；从关注教师的"教"、学生的"学"，到关注学习文化的建构和师生协同发展，形成了浮中人认同并为之奋斗的新的课堂形态——共生课堂。在网络时代，共生课堂赋能给信息技术，更赋权给教师与学生，师生"教"与"学"的方式在发展中演进，师生的学习行为在持续改进；共生课堂的内涵不断地创生和丰富，并逐渐形成了促进师生共生共长的学习文化。

在此，感谢参与本书撰写的同事们，因为你们的勇敢实践、持续研究、挥洒智慧，才有本书的付梓。感谢江苏省教育学会名誉会长杨九俊、南京师范大学教授王一军、太仓市招生办教师苗长广，感谢太仓市教育局及太仓市教师发展中心的领导和专家的关心。

作为农村初中的一线教师，我们的理论基础、实践探索仍显不足，与前辈先哲的殷殷期盼仍有距离。虽然我们已踏上研究之路，但教育探索永无止境。虽不能至，心向往之，我们一直在努力的路上……

钱月琴

2021年4月